POR SUPUESTO 2

SPANISCH FÜR ANFÄNGER MIT VORKENNTNISSEN

LEHR- UND ARBEITSBUCH

VON Joaquín Masoliver
Brigitta Barnéus
Kjell Rindar

Ernst Klett Verlag
Stuttgart · München · Düsseldorf · Leipzig

POR SUPUESTO 2

LEHR- UND ARBEITSBUCH

VON Joaquín Masoliver
Brigitta Barnéus
Kjell Rindar

UNTER MITWIRKUNG VON Sabine Segoviano-Rosenblum

ZEICHNUNGEN VON Goran Lindgren
Kjell Ivan Anderson
Marlene Pohle

Gedruckt auf Papier, das aus chlorfrei gebleichtem Zellstoff hergestellt wurde.

1. AUFLAGE 1 5 4 3 2 1 | 2001 2000 1999 98 97
Alle Drucke dieser Auflage können im Unterricht nebeneinander benutzt werden, sie sind untereinander unverändert. Die letzte Zahl bezeichnet das Jahr des Druckes.

REDAKTION: Dr. Carlos Segoviano, Cristina Palaoro.

LAYOUT UND UMSCHLAGGESTALTUNG: Christine Schneyer.
UMSCHLAGFOTOS: Institut für Auslandsbeziehungen, Stuttgart; Cecilia Hahn, Buenos Aires; Sabine Segoviano-Rosenblum, Stuttgart

DRUCK: Klett Druck H. S., Korb. Printed in Germany.
ISBN: 3-12-515440-5

POR SUPUESTO 2

INHALTSVERZEICHNIS

QUELLENNACHWEIS: «Este libro» de Gloria Fuertes: Ediciones Cátedra, Madrid, Seite 28; «Descanso en el Hostal Sant Marçal», «Senderismo en el Pirineo», «Naturaleza para todos los gustos», «Vacaciones naturales en Eilat», «Disfrutar del baño turco», «Viena para niños»: Revista Clara, Barcelona, 68, 69; «Son para niños antillanos» de Nicolás Guillén: Biblioteca Ayacucho, Venezuela, 87; «Pasatiempo» de Mario Benedetti: Editorial Nueva Imagen, Buenos Aires, 114.

BILDNACHWEIS: Cristina Fernández, Barcelona , 10; Sabine Segoviano, Stuttgart, 13; J Roos/ Megapix, 14; A Rodríguez/Cover, 22; Q Llenas/ Cover, 23 (1); Ruth Segoviano-Rosenblum, Heidelberg 23 (2,3); M Raurich/Stock Photos, 32; C Ehlers/Tiofoto, 34 (1); Hedling Eva/Tiofoto, 34 (2); Q Llenas/Cover, 35 (3); Ruth Segoviano-Rosenblum, Heidelberg, 35 (4); N J Norenlind/ Tiofoto, 35 (5); V Muñoz/Stock Photos, 36 (1); Sabine Segoviano, Stuttgart 36 (2); M Bäcker/ Bildhuset, 36 (3); L Özkök, 37 (1); Pressens Bild, 37 (2,4,6,8); Lindeborg/Pressens Bild, 37 (5); B Eriksson/Pressens Bild, 37 (7); J Belver/ La Vanguardia/Pressens Bild, 37 (9); J Belver/ La Vanguardia/Pressens Bild, 41(2); Pressens Bild, 41 (3,4); L Klint, 44; Ruth Segoviano-Rosenblum, Heidelberg, 45 (1,2,4); Cristina Fernández, Barcelona, 45 (3); U Jörén/Mira, 46 (1); Ruth Segoviano-Rosenblum, Heidelberg, 46 (2); R Gaillarde/Gamma/ IBL AB, 46 (3), 47 (3); Cristina Fernández, Barcelona, 47 (1,4); G Johansson/Bildhuset, 47 (2); Cristina Fernández, Barcelona, 50; Ruth Segoviano-Rosenblum, Heidelberg, 59; Institut für Auslandsbeziehungen, Stuttgart, 67 (1,2,3,4,5); Institut für Auslandsbeziehungen, Stuttgart, 69 (1,2,3,4); Ruth Segoviano-Rosenblum, Heidelberg, 79; B Gerard/Gamma/IBL AB, 82; E Hedling/ Tiofoto, 88 (1); Christine Schneyer, Hochdorf, 88 (2); Christine Schneyer, Hochdorf, 89 (1); Abrahams/Network/Europapress, 89 (2); G Jörén, 89 (3); Sabine Segoviano, Stuttgart, 89 (4); Ruth Segoviano–Rosenblum, Heidelberg, 90 (1); Christine Schneyer, Hochdorf, 90 (2); B Ehrs/Bildhuset, 90 (4); K Ekström, 90 (5); Institut für Auslandsbeziehungen, Stuttgart, 91 (1); Ruth Segoviano-Rosenblum, Heidelberg, 91 (2); Christine Schneyer, Hochdorf, 91(3); Ruth Segoviano-Rosenblum, Heidelberg, 105; Enrique Sánchez, Madrid, 109.

Índice de materias

■ In der Spalte „Grammatik" erscheinen in Klammern die grammatischen Strukturen, die zunächst rein lexikalisch verwendet und erst später als grammatische Phänomene eingeführt und geübt werden.

■ Die Spalte „Vokabular" enthält hauptsächlich Vokabeln und Wendungen, die dem deutschen Lernenden Schwierigkeiten bereiten können.

UNIDAD 3: Un amigo del extranjero

UNIDAD 4: ¿Qué vamos a hacer?

Por supuesto 2

Necesito unas aspirinas

En el comedor del hotel

Tengo dolor de cabeza

Mariluz ha trabajado mucho toda la semana. Ha hecho dos entrevistas y ha escrito tres artículos. Además ha salido casi todas las noches con amigos y compañeros de trabajo. Y el sábado por la mañana está muy cansada. Tiene dolor de cabeza y le duele el vientre. Normalmente toma un café con leche fuera del hotel, en una cafetería, pero esta mañana desayuna en el comedor del hotel.

Ya hay varias personas en el comedor y Mariluz se sienta en una mesa libre lejos del bufé. Esta mañana no soporta el olor a aceite frito.

- ¿Café o té?
- ○ Café, por favor.
- ¿Quiere un zumo de naranja?
- ○ Sí, por favor. ¿Tiene aspirinas?
- Sí, un momento. ¿Cuántas quiere?
- ○ Dos o tres, si es posible.

En la mesa hay una taza de café, un vaso con zumo de naranja, una cesta con panecillos y otra con mantequilla y mermelada.

El ambulatorio

Llega la camarera con el café y las aspirinas.

- ¿Quiere un poco de leche?
- ○ Así está bien, gracias. Oiga, ¿hay una farmacia cerca del hotel?
- Sí, claro, hay una en la calle de la Paz. ¿Es para usted? ¿Está enferma?
- ○ Tengo una jaqueca impresionante y no me siento nada bien.
- Pues mire, lo mejor es el ambulatorio. Está en esta misma calle, en el número 67, delante de la comisaría.
- ○ Muchas gracias.
- No hay de qué. ¿Qué habitación tiene?
- ○ La 562.
- Buen día y... ¡que se mejore!

En la farmacia

Mariluz ya ha desayunado y ha leído el periódico. Ha estado en el ambulatorio y poco después ha ido a la farmacia. Pero la farmacia está todavía cerrada. En la puerta hay un pequeño letrero con la lista de las farmacias de guardia, pero están todas lejos.
Mariluz espera un rato fuera de la farmacia.
Al cabo de de unos minutos llega el farmacéutico y abre.

FARMACÉUTICO: Hola, buenos días. Ha tenido que esperar... Lo siento. ¿Qué desea?
MARILUZ: Unas aspirinas.
FARMACÉUTICO: Hay cajas de 20 y de 10. ¿O quiere aspirinas masticables?
MARILUZ: No, no, está bien. Una caja de 10, por favor.
FARMACÉUTICO: Vale. ¿Necesita algo más?
MARILUZ: Ah, sí, compresas higiénicas y una caja de tampones, si tiene.
FARMACÉUTICO: Sí, cómo no. Allí, detrás de usted, están todos los productos de higiene. ¿Alguna cosita más?
MARILUZ: Un paquete de... ¿Cómo dicen ustedes aquí...? Tiritas, creo..., y algo para desinfectar.
FARMACÉUTICO: ¿Mercromina?
MARILUZ: No, mejor una botella de agua oxigenada.
FARMACÉUTICO: Muy bien, como quiera.
MARILUZ: Bueno. ¿Ha puesto las aspirinas?
FARMACÉUTICO: Sí, una caja pequeña.
MARILUZ: Está bien. ¿Cuánto es?
FARMACÉUTICO: Mire, son 1150 pesetas.
MARILUZ: Tenga... Oiga, ¿a qué hora abren las farmacias aquí?
FARMACÉUTICO: Normalmente abro a las nueve, pero hoy he abierto un poco más tarde porque he tenido problemas con el coche.
MARILUZ: Ah, es que me ha llamado la atención, por eso....

El estudiante de medicina

Juan Carlos Benito, un estudiante de medicina que vive en Salamanca, tiene un poco de fiebre. Probablemente es sólo un pequeño resfriado.
Su padre es médico, pero en este momento no está en casa. Juan Carlos toma el libro de recetas de su padre, escribe una receta y va a la farmacia a buscar la medicina.

En la farmacia el farmacéutico lee la receta, mira a Juan Carlos y pregunta:

- ¿Es muy grande el perro?

Cristina Sánchez, torera

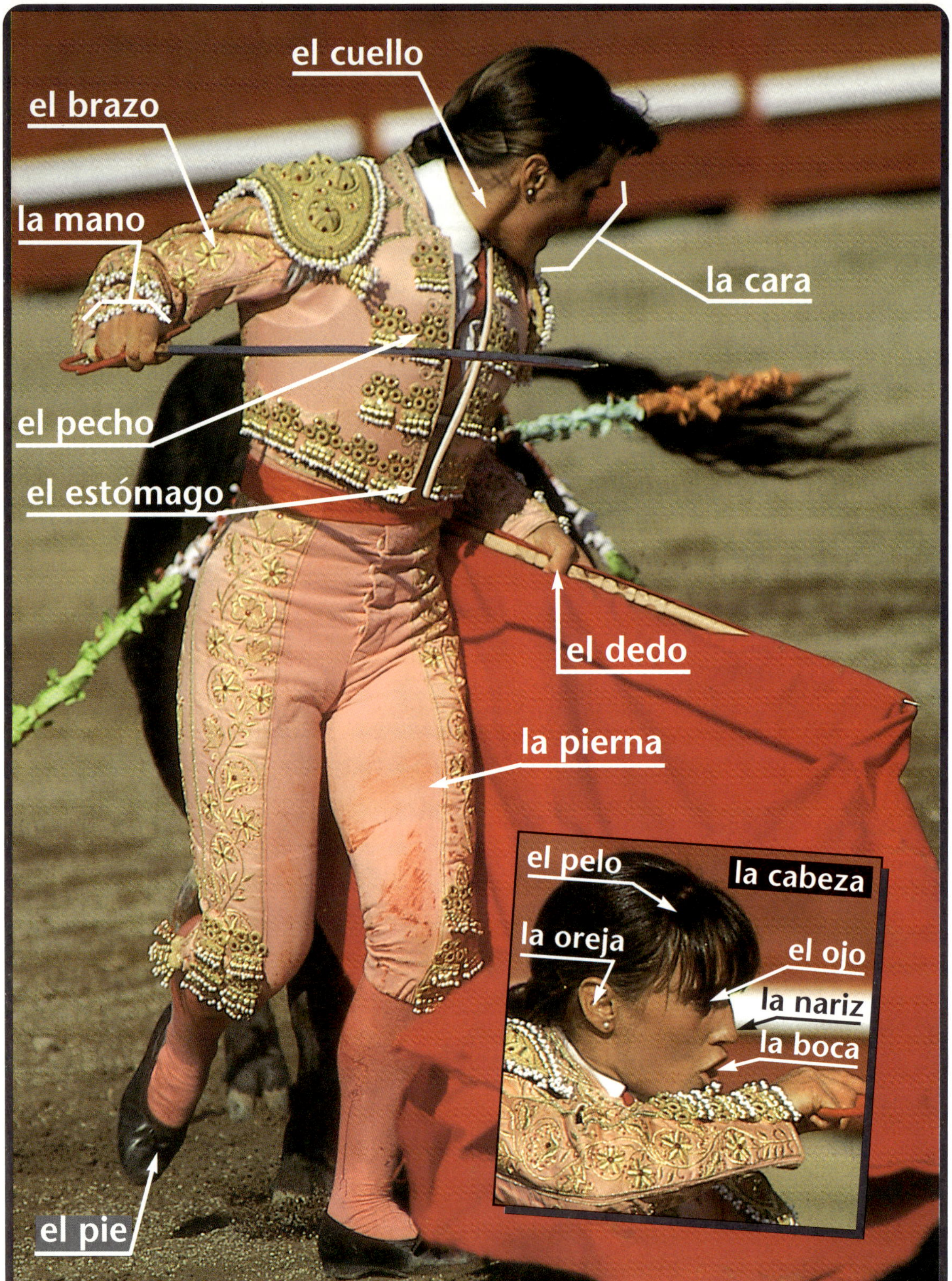

¿Cómo estás?

¿Cómo estás?

La mar de bien.

Pues..., regular.

No me puedo quejar.

Estupendo.

Pues..., mejor que antes.

Me siento fatal.

Tengo la depre.

- Estoy un poco nervioso.
- Estoy enfadado.
- Estoy preocupado.
- Estoy cansado.
- Estoy un poco resfriado.
- Estoy hecho polvo.

- Estoy nerviosa.
- Estoy enfadada.
- Estoy preocupada.
- Estoy cansada.
- Estoy resfriada.
- Estoy hecha polvo.

- Estoy un poco triste.

Guía Médica *(anuncios auténticos)*

JAVIER DOMÉNECH
Enfermedades Coronarias
Calderón de la Barca, 4
Consultas de 4 a 7
Mañanas: 27 67 38
Tardes: 22 51 85

A. COBO GARCÍA
Garganta – Nariz
Oídos – Audiología
Hernán Cortés, 15
Soliciten hora

M. PELLÓN
Clínica Dental
c/Castilla, 7, 3º Dcha.
Horario: De 3 a 7
Teléfono 21 07 03

Vázquel Correa A.
Aparato Digestivo
Medicina Interna
Alameda Principal, 25
Teléfs. 21 84 85

L. HERRERO FDEZ. ABASCAL
Oftalmólogo
Lentillas
Cirugía de la Miopía
Bulevar Demetrio Herrero, 8

CASTILLA PERTÍÑEZ, R.
Dermatología y Enfermedades Venéreas
San Lorenzo 29, 1º
Teléfono 22 69 65

J. M. Lomba
Medicina General
Acupuntura
Tratamiento del dolor
Rualasal, 1–1º izquierda
Teléfono 37 42 84

DOCTOR BARRUECO
Ginecología y Partos
Pasaje del Arcillero, 3

Tengo dolor de cabeza

minigramática

Estar mit Adjektiv

Mariluz está cansada. *Mariluz ist müde.*
Mariluz está enferma. *Mariluz ist krank.*

Estar bedeutet eigentlich „sein“ im Sinne von „sich befinden“. Man verwendet **estar** u.a. vor Adjektiven, die einen vorübergehenden Zustand bezeichnen, z. B. müde, krank... (Siehe auch § 42 in der Grammatik im Anhang.)

Das unregelmäßige Partizip Perfekt

Ha hecho dos entrevistas y ha escrito tres artículos. *Sie/Er hat zwei Interviews gemacht und drei Artikel geschrieben.*
He abierto el libro. *Ich habe das Buch geöffnet.*

Unreglemäßige Partizipien haben folgende Verben:

escribir *schreiben*	he escrito *ich habe geschrieben*
hacer *machen*	he hecho *ich habe gemacht*
poner *legen*	he puesto *ich habe gelegt*
abrir *öffnen*	he abierto *ich habe geöffnet*

Das vollständige Verzeichnis der unregelmäßigen Partizipien finden Sie in der Grammatikübersicht, §§ 23–41.

Präsens von „querer“

querer *wollen; wünschen; mögen; lieben*
qu**ie**ro
qu**ie**res
qu**ie**re
queremos
queréis
qu**ie**ren

Bei einigen spanischen Verben mit einem **„e“** im Wortstamm wird dieses in bestimmten Personenformen im Präsens zum Diphthong **„ie“**.
1. Um welche Formen handelt es sich?
2. Liegt die Betonung dieser Verbformen auf dem Stamm oder auf der Endung?
3. Wo liegt die Betonung bei den Verbformen, die keinen Diphthong aufweisen?

1. todo el, toda la todos los, todas las § 112

Complete el esquema.

vida ◆ papel ◆ meses ◆ día ◆ primavera ◆ temas ◆ madres ◆ Navidad ◆ lápices ◆ torres ◆ pared ◆ martes ◆ nueces ◆ postre ◆ semanas

todo el	toda la
________	________
________	________
________	________
________	________

todos los	todas las
________	________
________	________
________	________
________	________

2. ¿Qué has hecho...? § 7

A. Traduzca, por favor.

1. Was hast du den ganzen Tag über gemacht?
2. Wieviele Briefe hat er während der ganzen Woche geschrieben?

3. Wo habt ihr die ganzen Bücher hingelegt?
4. Wer hat alle Türen geöffnet?

B. Trabajen en parejas. Pregunten y contesten.

3. ¿Le gusta...? / ¿Te gusta...? § 48

A. Pregunte a seis compañeros de clase y tome apuntes.

... el olor a
- aceite frito
- café
- azahar
- perfume
- tabaco

B. Y ahora cuente a su vecino lo que sabe.

Ejemplo:
A la señora Braun le gusta el olor a café pero a Petra no le gusta.

4. ¿Qué dice usted?

1. Sie erzählen, daß Sie auf den Markt gegangen sind und Obst gekauft haben.
2. Sie geben im Hotel Bescheid, daß Sie heute außerhalb zu Abend essen.
3. Sie fühlen sich nicht wohl.
4. Sie möchten eine deutsche Zeitung.
5. Sie haben einen Brief auf spanisch geschrieben.

El ambulatorio

5. ¿Ya lo sabe en español?

Lesen Sie noch einmal die Texte „Tengo dolor de cabeza“ und „El ambulatorio“. Wie heißen folgende Ausdrücke auf spanisch?

- ja, bitte
- ein wenig Milch
- am besten
- so ist es gut, danke
- möchten Sie...?
- gute Besserung!

6. Mariluz está enferma

1. ¿Qué ha hecho Mariluz durante toda la semana?
2. ¿Cómo y con quién ha pasado las tardes?
3. ¿Cómo se siente el sábado por la mañana?
4. ¿Dónde desayuna normalmente?
5. ¿Y el sábado?
6. ¿Adónde va después del desayuno?

7. Normalmente...

Bilden Sie sinnvolle Sätze.

Ejemplo:
Tú escribes normalmente con bolígrafo pero hoy escribes con lápiz.

sujeto	actividad	normalmente	hoy
tú	viajan	con bolígrafo	a las diez
yo	cena	en autobús	poemas
nosotros	escribes	a las ocho	tarde
Sergio	leemos	cine	nada
la clase	comprenden	vino	discoteca
mi familia	vais a...	piano	agua
vosotros	bebo	temprano	flauta
mis padres	termina	todo	en metro
ellos	toca	novelas	con lápiz

8. Crucigrama

verticales

1. • ¿Va usted a Ronda?
   ○ Sí, __________ a las cuatro.
2. Ahora quiero __________ al cine.
3. Mariluz come a las dos, tú y yo __________ antes.
4. Un periodista habla con una persona para escribir un reportaje.
5. 4 + 4 = __________ .
7. Trabaja en un autobús o en un taxi.
9. __________ artículo es muy interesante.
12. Mariluz tiene dolor de cabeza. __________ unas aspirinas.
15. En el __________ «Víctor» ponen una película muy interesante.

horizontales

3. Allí comemos.
6. Yo __________ de Valencia, pero no vivo allí.
8. ¿Cuántos reportajes has __________ ?
10. El Guadalevín, el Guadalquivir, el Misisipí son __________ .
11. • Perdón, ¿dónde está el estanco?
   ○ __________, señora, allí al lado del banco.
12. ¿Sí o __________ ?
13. Tú, ¿de dónde __________ ?
14. Hoy he __________ cinco postales.
16. (Yo) __________ ver esta película.

En la farmacia

Estar + Partizip

minigramática

La farmacia está cerrada.
Die Apotheke ist geschlossen.
El banco está cerrado.
Die Bank ist geschlossen.

Cerrado, **abierto**, **hecho** sind Partizipien. Wenn das Partizip das Ergebnis einer Handlung ausdrückt, wird es mit **estar** verwendet. Das Partizip ist veränderlich: **cerrado**, **cerrada**, **cerrados**, **cerradas**.

9. Expresiones de tiempo y de lugar

A. Ordnen Sie folgende Ausdrücke nach Zeit- und Ortsangaben und übersetzen Sie sie.

- hier in dieser Straße
- an einen freien Tisch
- um zehn Uhr
- heute
- normalerweise
- außerhalb
- die ganze Woche
- zur Apotheke
- heute morgen
- hier in der Nähe
- jeden Abend
- am Sonntagmorgen
- vor dem Polizeirevier
- in der Ambulanz

B. Formulieren Sie sieben Fragen mit den Zeitangaben und stellen Sie sie der Person, die rechts von Ihnen sitzt.

C. Geben Sie die Antworten nun an die Person weiter, die links von Ihnen sitzt.

10. Pfeilübung

*Sie (**A**) treffen Mariluz (**M**) auf der Straße. Sie war gerade in der Apotheke. Lassen Sie das Gespräch unterschiedlich verlaufen, indem Sie den Pfeilen folgen.*

A: Grüßt und fragt, wie es „M“ geht.
↓
M: Antwortet und fragt, wie es „A“ geht.

Linker Zweig:
↓
A: Antwortet. Fragt, ob sie zusammen in einer nahe gelegenen Cafeteria frühstücken sollen.
↓
M: Antwortet, daß sie schon gefrühstückt hat, aber gerne einen Kaffee trinkt.
↓
A: Schlägt vor zu gehen.

Rechter Zweig:
↓
A: Antwortet. Fragt, wo „M“ war.
↓
M: Antwortet, daß sie in der Apotheke war und ... gekauft hat.
↓
A: Fragt, ob „M“ im Café X *(erfinden Sie einen Namen)* einen Tee trinken möchte.
↓
M: Antwortet: „Warum nicht?“ Sie ist müde und würde auch gerne einen Tee trinken.

11. El botiquín

¿En qué coinciden las propuestas «oficiales» de los farmacéuticos españoles y alemanes?

+ MATERIAL BÁSICO +

- ❑ Alcohol y agua oxigenada
- ❑ Venda de gasa
- ❑ Venda elástica
- ❑ Gasas
- ❑ Esparadrapo
- ❑ Tiritas
- ❑ Mercromina
- ❑ Solución yodada
- ❑ Tijeras
- ❑ Pinzas
- ❑ Termómetro
- ❑ Bicarbonato
- ❑ Sal de fruta
- ❑ Antigripales
- ❑ Analgésico-antitérmico
- ❑ Jarabe contra la tos
- ❑ Manual de primeros auxilios

+ DIE HAUSAPOTHEKE +

1. Mullbinden
2. Verbandpäckchen
3. Rolle Heftpflaster
4. Dose Pflasterstrips
5. Wundschnellverband
6. Verbandwatte
7. Sicherheitsnadeln
8. Verbandklammern
9. Splitterpinzette
10. Verbandschere
11. Dreiecktuch
12. Antiseptischer Wundpuder
13. Wunddesinfektionsmittel
14. Brandgel
15. Fieberthermometer
16. Desinfektionsmittel
17. Schmerztabletten
18. Halstabletten
19. Mittel gegen Durchfall
20. Mittel gegen Erkältungskrankheiten
21. Mittel gegen Insektenstiche
22. Erste-Hilfe-Anleitung
23. Notfalladressen und Telefonnummern

12. Farmacéuticos sin fronteras

Lean el texto y comenten en alemán el significado de «botiquín» en este contexto.

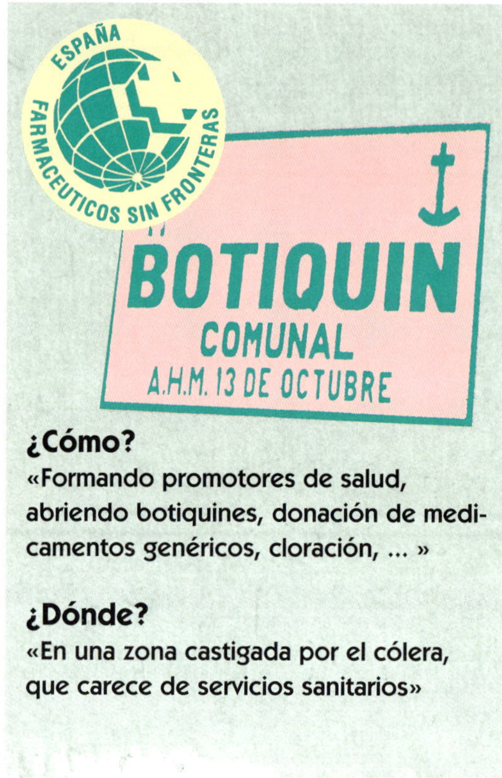

13. Quiero colaborar

Sie möchten einen einmaligen Betrag spenden. Tragen Sie Ihre persönlichen Daten auf dem Vordruck ein.

DESEO COLABORAR CON FARMACEUTICOS SIN FRONTERAS DE ESPAÑA CON UNA APORTACION DE :

SOCIO	❑ 1.000 pts.	❑ 2.000 pts.	
COLABORADOR	❑ 5.000 pts.	❑ 10.000 pts.	❑ ______
❑ MENSUAL	❑ TRIMESTRAL	❑ SEMESTRAL	❑ ANUAL

DONACION UNICA ____________

Nombre ____________

Apellidos ____________

Domicilio ____________ nº ______

Población ____________ Cod. Postal ______

Teléfono ______ Profesión ______ Fecha Nacimiento ______

Cumplimentar y enviar a Farmacéuticos Sin Fronteras de España **Apartado 8122. Madrid**

14. Hoy es sábado

A. Complete el texto con el verbo correspondiente en presente o perfecto.

1. Mariluz no ha ________________ mucho esta semana.
2. Ha ________________ cinco artículos.
3. También ha ________________ dos entrevistas.
4. Todas las noches ha ________________ con amigos y colegas a tomar unas copas o a cenar.
5. Hoy es sábado. Mariluz ________________ cansada,
6. y ________________ que está enferma.
7. Ahora ________________ dolor de cabeza.
8. Mariluz normalmente ________________ té por la mañana.
9. Hoy no ________________ fuera del hotel.
10. No ________________ tomar zumo de naranja.
11. Mariluz ________________ si hay una farmacia cerca del hotel.
12. A las 10 ya ________________ estado en el ambulatorio.
13. En la farmacia Mariluz ________________ ________________ tiritas, aspirinas y alcohol para desinfectar.
14. Después ________________ 675 pesetas.

B. Y ahora comente con su vecina/o si las constataciones son correctas o no.

15. En la consulta del médico

Escuche el diálogo entre el médico y tres pacientes.
¿Cuál es Mariluz?

1 ❑ 2 ❑ 3 ❑

16. Es primavera

Traduzca al español.

Mariluz ist sehr müde.
Sie hat den ganzen Tag gearbeitet.
Sie hat die ganze Nacht geschrieben.
Es ist neun Uhr und Carlos hat angerufen.
Es ist Frühling und die Sonne scheint.
„Bist du müde?“ hat Carlos gefragt.
„Müde? Ich? Überhaupt nicht!“

17. Desayunos

Escuche primero la cinta.
Marque con una cruz si las siguientes constataciones son correctas o falsas.

	C	F
1. Esteban desayuna en una cafetería.	❑	❑
2. Toma café con leche, cereales, bollos y un zumo de naranja.	❑	❑
3. Cuando Juan desayuna fuera de casa, toma mucha fruta.	❑	❑
4. Es típico tomar churros y porras para desayunar.	❑	❑

¿Cómo se puede ir?

En la agencia de viajes

De Valencia a Pamplona

Al día siguiente Mariluz va a una agencia de viajes con su amigo Sergio. Él es fotógrafo y han trabajado juntos muchas veces. Ahora quieren ir al norte de España.

MARILUZ: Oiga, por favor, ¿cómo se puede ir a Pamplona?
EMPLEADA: Depende de ustedes. Pueden ir en autocar, en tren o en avión... De aquí a Pamplona hay unos 500 kilómetros.
SERGIO: Tenemos que estar en Pamplona a eso de las siete. Claro, el tren es más barato...
EMPLEADA: No, el autocar es más económico.
SERGIO: De todas formas quizás mejor el tren ... ¿Cuánto tarda el tren?
EMPLEADA: Unas nueve o diez horas.
MARILUZ: Podemos salir por la mañana... ¿Hay uno sobre las diez?
EMPLEADA: Sí, pero no es diario. Sale todos los días excepto los domingos. Mire, hoy tiene uno que sale a las 8.20. Es la mejor combinación... Salir de aquí a las ocho y veinte en el Talgo. Llega a Pamplona a las 17.00.
MARILUZ: Ah, muy bien... ¿Venden billetes ustedes?
EMPLEADA: Depende. ¿Para qué día?
MARILUZ: Para mañana.
EMPLEADA: No, lo siento. Entonces tienen que ir a la estación.
SERGIO: Bueno, muchas gracias por todo. Ha sido muy amable.
MARILUZ: Adiós. Muchas gracias.
EMPLEADA: No faltaba más.

Navarra, reino independiente entre los años 905 y 1512, es parte de la «España húmeda», con maravillosos paisajes. Su población es en gran parte de origen vasco. Allí se encuentran algunas importantes estaciones del «Camino de Santiago» como por ejemplo Roncesvalles, Puente la Reina, Estella...

Pamplona («Iruña» en vasco) es una antigua fundación romana. Su Ayuntamiento es un edificio barroco con una hermosa fachada de dos pisos y elegantes balcones.

Son famosas las fiestas de San Fermín en Pamplona, los primeros días de julio, también por los «encierros» que se celebran por la mañana temprano.

Para ir a la estación

- Perdone, ¿para ir a la estación...?
- ¿Perdón?
- ¿Voy bien para ir a la estación?
- Sí, sí, todo recto. La primera calle a la derecha y, luego, la... segunda a la izquierda.
- Muchas gracias.
- No hay de qué.

Ida y vuelta

Es tarde y en la estación no hay mucha gente. Un grupo de jubilados está hablando sobre el último partido de fútbol. Una vendedora de lotería trata de vender un número a unos emigrantes de Marruecos que están esperando el tren para Algeciras. En la ventanilla no tienen que hacer cola.

- ¿Sí?
- Dos billetes a Pamplona, por favor. Ida y vuelta.
- ¿Para qué tren? ¿Cuándo quieren salir?
- Mañana por la mañana..., para el tren de las ocho y veinte.
- ¿Primera o segunda?
- Segunda clase, por favor.
- ¿Fumadores?
- No, no.
- ¿Pasillo o ventanilla?
- Da igual, pasillo... No, ventanilla mejor.
- ¿Paga en efectivo o con tarjeta?
- En efectivo. ¿Lleva restaurante el tren?
- Bueno... Lleva servicio de cafetería.
- Muchas gracias. Ah, perdone, ¿sabe de qué andén sale?
- No. Tiene que mirar mañana en el horario de salidas, en el panel. Son 13.650 pesetas.

¿Lotería?

- ¿Compran un número?
- No, señora. Vamos a Marruecos, a casa.
- Pero a lo mejor tienen suerte...
- No, señora. No tenemos trabajo. Vamos para siempre a casa.
- Mucha suerte, entonces.
- Gracias, señora, gracias.

De Valencia a Pamplona

Präsens von „poder“

minigramática

poder *können*

puedo
puedes
puede
podemos
podéis
pueden

Bei einigen spanischen Verben mit einem **„o“** im Wortstamm wird dieses in bestimmten Personenformen im Präsens zum Diphthong **„ue“**.

„man“

¿Se puede entrar? *Darf man hineingehen?*
No se pueden comprar aquí. *Man kann sie hier nicht kaufen.*
Se habla alemán. *Man spricht deutsch.*

Den deutschen Wendungen „man darf“, „man kann“, „man spricht“ entspricht im Spanischen oft die reflexive Form **se puede, se pueden, se habla, se hablan.**
(Siehe § 108 in der Grammatikübersicht.)

Adjektiv, Vergleich

Barato. *Billig.*
Más barato. *Billiger.*
El tren es más barato. *Der Zug ist billiger.*

Mit **más + Adjektiv** wird die Vergleichsform auf spanisch gebildet.
(Siehe § 83 im Grammatikanhang.)

mejor

Quizás es mejor el tren. *Vielleicht ist der Zug besser.*
Es la mejor combinación. *Das ist die beste Verbindung.*

Mejor ist sowohl die Vergleichsform als auch die Superlativform von **bueno.**
(Siehe § 84 in der Grammatikübersicht.)

1. Expresiones

Subraye en el texto las siguientes expresiones.

gern geschehen ◆ jedenfalls ◆ das hängt von Ihnen ab ◆ gegen sieben Uhr ◆ außer sonntags ◆ am nächsten Tag ◆ das kommt darauf an ◆ etwa neun Stunden

2. unos + números § 54

Fragen Sie sich gegenseitig nach der Entfernung zwischen den verschiedenen spanischen Städten.

Ejemplo: • ¿Cuántos kilómetros hay de Valencia a Pamplona?
○ ____________________

	Alicante	Barcelona	Bilbao	Granada	Huelva	Madrid	Málaga	Pamplona	Sevilla	Valencia	Valladolid
Alicante		518	807	362	706	412	490	665	612	166	605
Barcelona			622	875	1115	621	995	434	1021	352	662
Bilbao				827	927	395	955	159	864	626	277
Granada					344	432	128	843	250	528	625
Huelva						636	308	1047	94	763	650
Madrid							542	411	542	350	193
Málaga								953	214	643	735
Pamplona									953	496	327
Sevilla										669	587
Valencia											543
Valladolid											

1. Alicante – Bilbao
2. Madrid – Barcelona
3. Barcelona – Huelva
4. Málaga – Valladolid
5. Sevilla – Málaga
6. Valencia – Barcelona

3. se puede/no se puede § 108

Pregunte según el ejemplo:

- ¿Por qué no aparcamos aquí?
- ○ No, aquí no se puede aparcar.

1. 

- Tenemos que cruzar la calle ahora.
- ○ Mira, aquí ______________.

2. 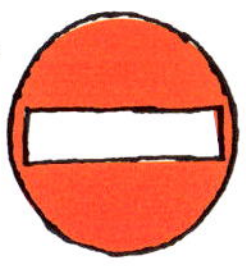

- A ver. Tienes que entrar por esta calle.
- ○ ¿Aquí? ¿No ves? Por aquí ______________________.

3. 

- Mira, aquí tengo que torcer a la derecha.
- ○ ______________________.

4. 

- A ver. ¿Puedo aparcar aquí delante del bar?
- ○ ______________________.

5. 

- Por favor, ¿tienes un cigarrillo?
- ○ No, además ______________.

6. 

- ¿Puedes parar un momento aquí?
- ○ No. ¿No ves? Aquí ________ ______________________.

4. Vamos a comparar

Usted está en Madrid y quiere ir a Pamplona. Compare los precios para los distintos trenes en los «días azules».

A. ¿Cuánto cuesta un viaje de segunda clase...

- en el IC 104? ____________
- en el IC 178? ____________
- en el TALGO 42? ____________
- en el TALGO 374? ____________

B. ¿Qué tren toma usted y por qué?

HORARIOS NUMERO DE TREN

RELACION	IC 178(1) DIARIO	IC 100 DIARIO	Talgo 374 DIARIO	DS 544(2) DIARIO	Talgo 42 DIARIO	DS 570(3) L.M.X.J.V.D.	Talgo 378 DIARIO	IC 104 DIARIO	IC 142 DIARIO	IC 170(4) L.M.X.J.V.D.
M. CHAMARTIN	7.00	9.00	11.00	12.00	14.00	15.00	16.00	17.00	18.30	20.00
GUADALAJARA	7.34	9.34	11.32	12.35	|	15.35	16.33	17.32	19.04	20.33
Calatayud	9.10	11.12	13.08	14.31	|	17.27	|	19.10	20.53	22.11
ZARAGOZA. P.	10.00	12.02	14.00	15.27	16.55	18.23	18.55	20.09	21.50	23.03
Jaca	:	:	:	:	:	21.54	:	:		
LOGROÑO	:	:	:	:	:	20.35	:	:		
PAMPLONA	Barna. S. (Ll.14.13)	13.56	Barna. S. (Ll.18.00)	Barna. S. (Ll.20.00)	Barna. S. (Ll.20.35)	:	Barna. S. (Ll.22.35)	22.00		

(1) No circula del 15/07/95 al 11/09/95
(2) Circula del 15/07/95 al 11/09/95
(3) Circula los días 01/07/95 y 15/07/95
(4) No circula del 01/08/95 al 02/09/95

Teléfonos de Información:
BARCELONA: 93/490 02 02
LOGROÑO: 941/24 02 02

PRECIOS DIAS DE TRAFICO MEDIO (DIAS AZULES)

NUMERO DE TREN

RELACION		103-141-142 170-178-179 543-544 570-573		41-42 100-104 107-171 DIARIO		378-379 L.M.X.J.S		378-379 V.D.		374-377 DIARIO	
		2ª	1ª	2ª	1ª	2ª	1ª	2ª	1ª	2ª	1ª
MADRID. CH.	Zaragoza. P.	2.500	4.600	2.900	5.000	2.900	5.000	3.600	5.500	3.600	5.500
	Pamplona	3.300	6.100	3.800	6.700	3.800	6.700	4.800	7.300	4.800	7.300
	Logroño	3.300	6.100	3.800	6.700	3.800	6.700	4.800	7.300	4.800	7.300
GUADALAJARA	Zaragoza. P.	2.200	4.000	2.500	4.300	2.500	4.300	3.100	4.700	3.100	4.700
	Pamplona	3.000	5.600	3.400	6.000	3.400	6.000	4.400	6.600	4.400	6.600
	Logroño	3.000	5.600	3.400	6.000	3.400	6.000	4.400	6.600	4.400	6.600
ZARAGOZA	Pamplona	1.600	2.800	1.700	3.000	1.700	3.000	2.100	3.200	2.100	3.200
	Logroño	1.600	2.800	1.700	3.000	1.700	3.000	2.100	3.200	2.100	3.200

5. «Bonocity»

A. Lea primero lo que ofrece el «bonocity».

B. Beschriften Sie dann die Zeichnung.

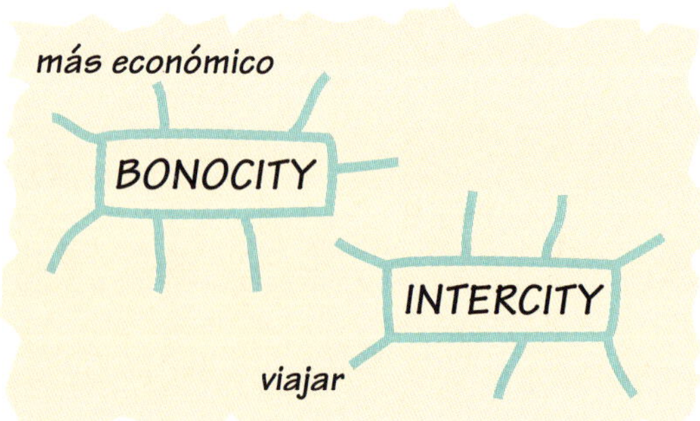

6. Este libro

A. Lea primero el texto con ayuda del vocabulario.

Este libro
Este libro
es el más serio
más alegre
más triste
más acertado
más despiste
más raro
más normal
más directo
más indirecto
más clásico
más futurista
más oscuro
más realista
más cuerdo
más demente
más libro
más conveniente
de todo el siglo XX.

GLORIA FUERTES

B. ¿Cuál es para usted el libro
- más alegre?
- más clásico?
- más triste?

7. Culebras milagrosas – wundersame Schlangen

¿Qué formas faltan y cómo se llama el infinitivo de los siguientes verbos?

salgosalesalimossalen

vasvavamosvan

creescreecreéiscreen

abroabreabrimosabren

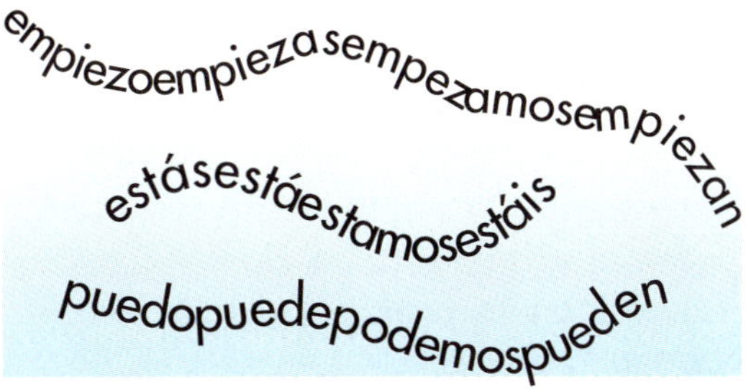

8. tienes que – tengo que – tiene que §45

A. Sie duzen den Kursteilnehmer, der rechts neben Ihnen sitzt, und fragen ihn, was er morgen alles machen muß.

Ejemplo:
- ¿Qué tienes que hacer mañana?
- ○ Tengo que ir a la oficina.
- ¿A qué hora tienes que ir a la oficina?
- ○ Tengo que salir de casa a las 7.30 horas.

B. Jetzt geben Sie die Information an den Kursteilnehmer weiter, der links neben Ihnen sitzt.

- X tiene que salir de casa a las 7.30 horas porque tiene que ir a la oficina.

9. En la agencia de viajes

Trabajen en parejas. Cada uno traduce cinco preguntas y el otro contesta.

1. Mit wem ist Mariluz im Reisebüro?
3. Wohin möchten sie fahren?
5. An welchem Tag müssen sie in Pamplona sein?
7. Fährt der Zug jeden Tag?
9. Warum können sie die Fahrkarten nicht im Reisebüro kaufen?

---

2. Was ist Sergio von Beruf?
4. Wieviele Kilometer sind es von Valencia nach Pamplona?
6. Wann fährt der Zug ab?
8. Wann kommt er in Pamplona an?
10. Wo müssen sie die Fahrkarten kaufen?

10. ¿Adónde, cuándo, cómo? §119

Escuche la grabación y conteste a las preguntas.

1. ¿Adónde va la señorita?
2. ¿Qué billete compra?
3. ¿A qué hora sale el tren?
4. ¿La señorita suele fumar?
5. Si durante el viaje tiene hambre, ¿puede tomar algo en el tren?

Para ir a la estación

11. ¿Voy bien?

Lea otra vez el texto «Para ir a la estación». Repita con su vecino el diálogo, usando el plano de Pamplona.

- Catedral (número 1)
- San Saturnino (número 2)
- Palacio de Navarra (número 3)
- Ayuntamiento (número 4)
- Palacio Arzobispal (número 15)
- Plaza de Toros (número 16)

Ida y vuelta

minigramática

Gerundio

Martín está hablando por teléfono.
Martín telefoniert gerade.
Juana está comiendo. *Juana ißt gerade.*
Teresa está escribiendo. *Teresa schreibt gerade.*

Hilfsverb	**Gerundio** Stamm Endung
estoy estás está estamos estáis están	trabaj ando com iendo viv iendo

Das Präsens von **estar + Gerundio** wird für Handlungen gebraucht, die gerade stattfinden. Man bildet das Gerundio mit den Endungen
-ando (Verben auf **-ar**)
-iendo (Verben auf -**er** oder **-ir**)
(Siehe auch §§10–11 in der Grammatik.)

12. ¿Qué dice usted?

Sie möchten wissen ...
1. ...wie man nach Palma fahren kann.
2. ...wie lange die Busfahrt dauert.
3. ...ob der Bus jeden Tag fährt.
4. ...wie weit es von Pamplona nach Barcelona ist.
5. ...wo Sie die Fahrkarten kaufen können.
6. ...ob der Zug einen Speisewagen hat.
7. ...auf welchem Gleis er abfährt.

Sie sagen, ...
8. ...daß Sie eine Rückfahrkarte nach Segovia möchten.
9. ...daß Sie per Kreditkarte zahlen möchten.
10. ...Ihrem Gesprächspartner, daß er sehr freundlich gewesen ist.

13. Joaquín, Marisa y los prismáticos
§ 11

Joaquín und seine Schwester schauen mit Hilfe eines Fernglases ins Nachbarhaus. Fragen und antworten Sie gemäß dem Beispiel.

- Allí hay dos mujeres.
- ○ ¿Qué están haciendo?
- Están hablando.

1.

- A ver... Sí, es un señor.
- ○ ¿Y qué está haciendo?
- Creo que está ___________ .

2.

- Un perro y una niña.
- ○ ¿Qué está ___________ la niña?
- ___________ la televisión.

3.

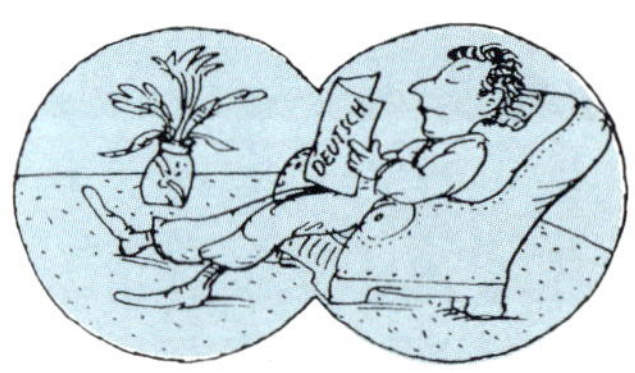

- ○ Un joven. A ver..., Sí, qué guapo.
- ¿Qué esta ___________?
- ○ Creo que ___________ alemán.

4. 

○ Ah, mira, mi amiga Dolores y su madre.

• ¿Están mirando la tele como siempre?

○ No. Ahora ____________ la guitarra.

5. 

• En el tercer piso hay una señora.

○ Ah, sí. La que siempre habla por teléfono, ¿no?

• Sí, pero ahora no ____________ por teléfono. __________ un refresco con una amiga.

6. 

• Hay un hombre, una mujer y una mesa.

○ ¿Qué están ____________?

• Creo que __________ postales.

14. Diez días en la playa

A. Usted está en Pamplona y tiene diez días para descubrir una playa. Compare los precios y explique por qué se ha decidido por la playa X.

MATALASCAÑAS
Precio por persona en habitación doble: 31.00 Ptas.

ROQUETAS
Precio por persona en habitación doble: 28.000 Ptas.

SALOU
Precio por persona en habitación doble: 27.900 Ptas.

EL PRECIO INCLUYE
- Bus de lujo todo el recorrido.
- Estancia en régimen de pensión completa.
- Vino o agua en las comidas.
- Programa de excursiones opcionales.
- Seguro turístico.
- Hoteles de tres estrellas***.
- Guía acompañante.
- Asistencia de nuestro personal en destino.

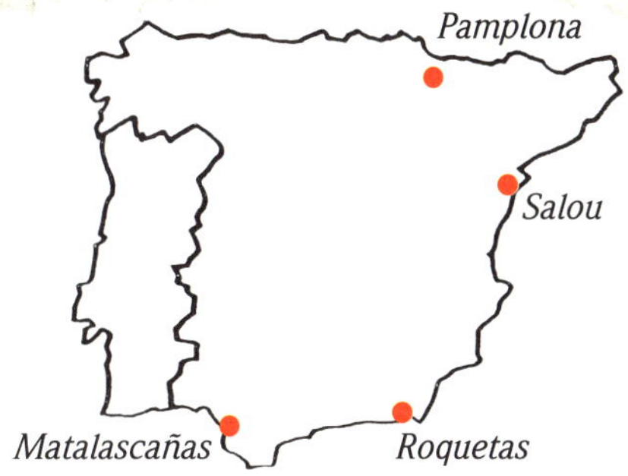

B. Antes de buscar palabra por palabra en el vocabulario, subraye las palabras que entiende.

Un amigo del extranjero

En Barcelona

¿A qué hora empiezas?

Jordi tiene 17 años y estudia el bachillerato en Barcelona. Hoy ha llegado al colegio un grupo de alumnos alemanes con dos profesores desde Colonia. Es la primera vez que el colegio de Jordi participa en el intercambio escolar con la ciudad alemana. Él sabe bastante poco de Alemania y casi nada de Colonia a pesar de la hermandad existente entre las dos ciudades.

Uno de los chicos alemanes se llama Max. Parece un muchacho abierto y tampoco tiene grandes problemas lingüísticos para charlar con Jordi. Quiere saber cómo es la vida en España y, sobre todo, cómo funciona el colegio.

MAX: ¿A qué hora empiezas por la mañana?

JORDI: Empezamos a las nueve y media y acabamos a las cinco y media. A las doce menos cuarto hay una pausa. Después, a la una y media, comemos. A las tres y cuarto volvemos a clase hasta las cinco y media. Hay dos pausas, una para comer y otra para el recreo.

MAX: ¿Qué hacéis durante el recreo?

JORDI: En el recreo abren el bar. Tenemos dos bares, uno para los profesores y otro, una especie de chiringuito, para los estudiantes. Allí tomamos coca-cola o cosas de ésas. Y jugamos. Hay salas de pimpón y una sala de tenis.

MAX: ¿Almuerzas en el colegio?

JORDI: Sí, y la comida es muy buena.

La Rambla con un mosaico en el pavimento. Figura con los típicos colores de Miró: rojo, azul, amarillo, blanco y negro.

La Casa Batlló del arquitecto Gaudí en El Paseo de Gracia.

¿Catalán o castellano?

MAX: Oye, hay una cosa que no entiendo muy bien. Tú hablas catalán y castellano, ¿no?

JORDI: Sí, como todo el mundo.

MAX: ¿Pero en qué idioma se dan aquí las clases?

JORDI: Eso depende. En nuestro cole dan natación, geografía e historia en catalán. Después, las otras asignaturas, en castellano.

MAX: Ya entiendo. Para nosotros, como extranjeros, la situación es un poco difícil. Estudiamos español, llegamos a España y... estamos confrontados con otro idioma además del castellano.

JORDI: Sí. Pero lo mismo pasa en el País Vasco y en Galicia.

¿Y por la tarde?

MAX: Has dicho que por la tarde siguen las clases.

JORDI: Cuando acaban las clases normales, empiezan las particulares.

MAX: ¿Qué clases son?

JORDI: Pues..., mira. Hay yudo, karate y otros deportes.
Pero yo hago informática. Me chifla, ¿sabes? Con el ordenador hago programas de matemáticas, pero de los sencillos. Pero también tengo juegos, como *Tetris* y *Súper Mario*.

MAX: ¿Tienes también ordenador en casa?

JORDI: Sí, por supuesto. Bueno..., es de mi madre. Pero me deja usar el aparato, no hay problema. ¿Por qué no pasas un día por casa y jugamos?

MAX: Estupendo, gracias.

❶ *Haciendo footing en Sevilla, junto al Guadalquivir.*

❷ *Ciclismo: Los ciclistas necesitan descansar*

❸ *El equipo femenino español de hockey sobre hierba, medalla de oro en los Juegos Olímpicos de Barcelona de 1992.*

❹ *Jugadores del Barça.*

❺ *Una canoa en el río Ebro con el templo del Pilar al fondo (Zaragoza).*

¿Qué deporte te gusta?

JORDI: ¿Tú practicas algún deporte?
MAX: Me gusta la natación y juego al fútbol. ¿Y tú?
JORDI: Yo también juego al fútbol. Ya sabes que aquí en España todos jugamos al fútbol. Y nuestro equipo, el Barça, es muy conocido, ¿no?
MAX: Sí, tienes razón.
JORDI: Pero, además, hago footing y juego al tenis. Bueno, ya son las 12 menos cuarto. ¿Vamos a tomar algo?
MAX: Sí, vamos.

Lenguas de España

En España, además del castellano o español, se hablan otras lenguas: el gallego, el vasco o euskera y el catalán.
Son lenguas oficiales en las Comunidades Autónomas de Galicia, Euskadi, Cataluña y Baleares.
En Valencia se habla una variante del catalán, el valenciano.

CASTELLANO

- Buenos días.
- ¿Cómo está usted?
- Bien, gracias.
- Hasta luego.

GALLEGO

- Bos días.
- ¿Como está vostede?
- Ben, gracias.
- Ata logo.

CATALÁN

- Bon dia.
- Com està vostè?
- Bé, gràcies.
- Fins després.

EUSKERA

- Egun on.
- Zer moduz zaude?
- Ondo, ezkarrik asko.
- Gero arte.

¿Castellano o español?

«Entre nosotros no se dice nunca español, se dice castellano.»

JORGE LUIS BORGES

Escritor argentino, 1899–1986.

«El castellano es de los castellanos y yo soy mexicano y como mexicano hablo español y no castellano.»

OCTAVIO PAZ

Escritor mexicano, nacido en 1914, Premio Nobel de Literatura en 1990.

«Que muera el castellano y viva el español.»

JUAN RAMÓN JIMÉNEZ

Poeta español (1881–1958), Premio Nobel de Literatura en 1956.

Premios Nobel de Literatura de lengua española

Gabriela Mistral

Miguel Ángel Asturias

Pablo Neruda

1904 **José Echegaray** *(1832–1916), España*
Obra: «El gran galeoto»

1922 **Jacinto Benavente** *(1866–1945), España*
Obra: «La ciudad alegre y confiada»

1945 **Gabriela Mistral** *(1889–1957), Chile*
Obra: «Lecturas espirituales»

1956 **Juan Ramón Jiménez** *(1881–1958), España*
Obra: «Platero y yo»

1967 **Miguel Ángel Asturias** *(1899–1974), Guatemala*
Obra: «El señor presidente»

1971 **Pablo Neruda** *(1904–1973), Chile*
Obra: «Confieso que he vivido»

1977 **Vicente Aleixandre** *(1898–1984), España*
Obra: «La destrucción o el amor»

1982 **Gabriel García Márquez** *(* 1928), Colombia*
Obra: «Cien años de soledad»

1989 **Camilo José Cela** *(* 1916), España*
Obra: «La colmena»

1990 **Octavio Paz** *(* 1914), México*
Obra: «El laberinto de la soledad»

Vicente Aleixandre

Gabriel G. Márquez

Camilo José Cela

¿A qué hora empiezas?

minigramática

Präsens von „empezar“ und „almorzar“

Der Vokal **„e“** (emp**e**zar), **„o“** (alm**o**rzar) wird in den stammbetonten Formen des Singular und in der 3. Person Plural zu **„ie“** bzw. **„ue“**.
Tragen Sie die Präsensformen in das Schema ein.

empezar	**almorzar**
beginnen	*zu Mittag essen*
______	______
______	______
______	______
______	______
______	______
______	______

Vergleichen Sie Ihr Ergebnis mit § 3 in der Grammatikübersicht.

Präsens von „jugar“

jugar *spielen*
j**ue**go
j**ue**gas
j**ue**ga
jugamos
jugáis
j**ue**gan

Der Vokal **„u“** wird in den stammbetonten Formen zu **„ue“**.
(Siehe auch § 3 in der Grammatikübersicht.)

1. ¿Correcto o falso?

Escuche el texto «¿A qué hora empiezas?». Marque con una cruz si las siguientes afirmaciones son correctas o falsas.

	C	F
1. Jordi tiene 16 años.	❑	❑
2. Los estudiantes alemanes han llegado desde Múnich.	❑	❑
3. Es el primer intercambio germano-catalán que organiza el colegio.	❑	❑
4. Max es un chico muy abierto.	❑	❑
5. Pero tiene problemas para hablar español.	❑	❑

2. Palabras, palabras

Usted conoce/sabe ya muchas palabras que se pueden relacionar con el «colegio». Complete y amplíe el árbol.

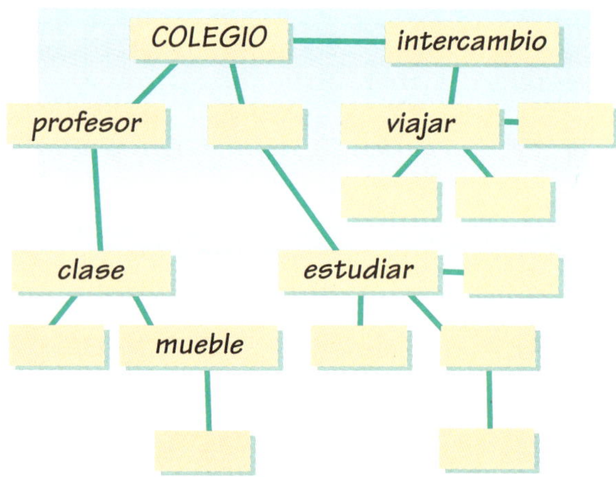

3. Con dado y tarjetas

Sie beschriften jeweils ein Kärtchen mit einem der folgenden Verben. Auf die Rückseite können Sie auch die deutsche Entsprechung schreiben. Im Unterricht bilden jeweils 3–4 Personen eine Gruppe. Die 20 Karten werden auf einen Stapel gelegt. Reihum würfelt immer ein Spieler, nimmt eine Karte und bildet je nach Punktzahl die korrekte Verbform.

abrir – almorzar – creer – crear – empezar – encontrar – estar – hacer – ir – jugar – llamarse – participar – poder – querer – saber – sentarse – sentir – ser – tener – volver

 yo

 nosotros/-as

 tú

 vosotros/-as

 él/ ella/ Vd.

 ellos/ ellas/ Vds.

4. ¿Cómo? ¿Cuándo? § 119

A. Formule preguntas con los siguientes elementos y el pronombre interrogativo correspondiente.

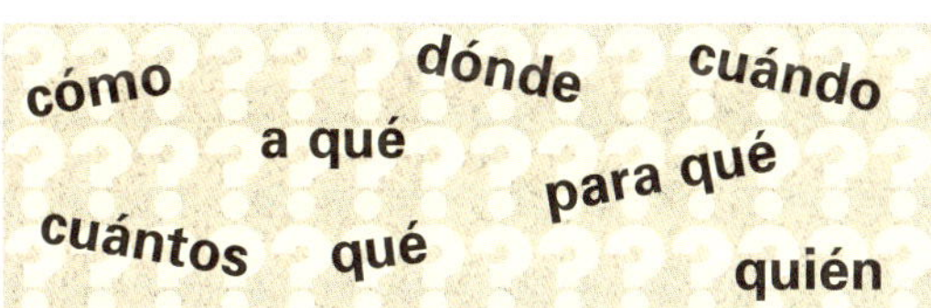

1. ¿años – tener – Jordi?
2. ¿estudiar – el bachillerato?
3. ¿ser – Max?
4. ¿ir a España?
5. ¿hora – empezar – Jordi – colegio – por la mañana?
6. ¿ir – clase – después de comer?
7. ¿hacer – estudiantes – recreo?
8. ¿ser – la comida – en el colegio?

B. Y ahora conteste a las preguntas sin mirar el texto del libro.

5. Yo y mis clases de español

Usted quiere contar a un/una hispanohablante algo sobre sus clases de español. Los siguientes puntos le pueden servir de referencia.

- cuándo sale de casa
- dónde tiene lugar la clase
- cómo llega a clase
- horario de clases
- compañeros/-as y profesor/a
- recreo
- después de clase
- cuándo llega a casa

6. Del norte al sur

A. ¿Cómo se llaman las siguientes ciudades en alemán?

1. Colonia ________________
2. Aquisgrán ________________
3. Maguncia ________________
4. Tréveris ________________
5. Núremberg ________________
6. Ratisbona ________________
7. Friburgo ________________

B. Busque algunos nombres de ciudades alemanas – en español – en la sopa de letras.

T	A	H	C	I	N	U	M	B	R	C	H	M	I
R	H	A	Q	U	I	S	G	R	A	N	D	E	O
E	O	M	J	L	X	C	H	G	T	F	Ñ	I	G
V	L	B	T	O	I	G	O	T	I	N	G	A	R
E	F	U	B	V	F	A	L	L	S	E	Q	U	U
R	Ñ	R	Y	N	U	R	E	M	B	E	R	G	B
I	R	G	L	A	I	N	O	L	O	C	S	L	I
S	B	O	Z	D	E	H	P	A	N	V	P	L	R
A	Q	U	A	I	C	N	U	G	A	M	S	C	F

¿Catalán o castellano?

Präsens von „hacer" — minigramática

hacer *machen*
hag**o**
hac**es**
hac**e**
hac**emos**
hac**éis**
hac**en**

Nur die 1. Person Singular ist unregelmäßig. (Siehe auch § 31 in der Grammatikübersicht.)

7. Quien busca, encuentra

Escriba en el mapa dónde se hablan qué idiomas además del castellano.

¿Y por la tarde?

8. El ordenador personal

Si usted es aficionado al ordenador, combine las palabras españolas con las correspondientes palabras en alemán.

informática	Tastatur
ordenador	Festplatte
programa	Diskettenlaufwerk
ratón	Monitor
pantalla	Speicher
disco duro	Programm
disquete	Informatik
teclado	Computer
unidad de disquetes	Maus
memoria	Diskette

9. Yo sigo, ¿y usted? § 37

Complete el esquema.

yo	sigo
tú	sigues
él, ella, Vd.	__________
nosotros	seguimos
vosotros	seguís
ellos, ellas, Vds.	__________

Ejercicio 7

¿Qué deporte te gusta?

10. ¿Qué deportes practica Jordi?

Escuche el texto «¿Qué deporte te gusta?» y marque con una cruz los deportes que Jordi practica.

- ❑ el fútbol
- ❑ el tenis
- ❑ el boxeo
- ❑ el frontón
- ❑ la natación
- ❑ el footing
- ❑ el pimpón
- ❑ el windsurfing
- ❑ el básquet
- ❑ el ciclismo
- ❑ el alpinismo
- ❑ el esquí alpino

11. Autores y sus obras

Aquí tiene las fotos de cuatro autores. Busque en una librería o en la biblioteca los títulos de algunas obras traducidas al alemán.

JORGE LUIS BORGES
Argentina

CAMILO JOSÉ CELA
España

GABRIEL GARCÍA MÁRQUEZ
Colombia

OCTAVIO PAZ
México

12. Escritoras y escritores

A. ¿Conoce usted el nombre de otro escritor/otra escritora de lengua española?

B. ¿Ha leído algún libro traducido al alemán?

C. ¿Por qué no entra en una librería y busca algún libro de uno de los Premios Nobel? ¿Qué título tienen en alemán?

13. Hablando de deportes...

A. Aquí tiene una lista de deportes. Busque las palabras desconocidas en el vocabulario.

el senderismo	el windsurf
la equitación	la vela
el balonvolea	la gimnasia
el baloncesto	el baile clásico
el piragüismo	la natación
el ala delta	el esquí alpino
las carreras de coches	el esquí de fondo
las carreras de bicicleta	el boxeo

B. Pregunte a seis compañeros qué deporte les gusta.

- ● ¿Qué deporte te gusta / le gusta a usted?
- ○ Me gusta la natación.

C. Pregunte a otros seis compañeros si practican algún deporte.

- ● ¿Practicas/practica usted algún deporte?
- ○ Sí, practico... / No practico ningún deporte.
  Pero me gusta ver las carreras de coches en la televisión.
  un partido de...
  un campeonato de ...
  una transmisión de...

¿Qué vamos a hacer?

En el chiringuito

Alquilamos una película

En el recreo Jordi y Max toman una limonada en el chiringuito del colegio con Silvia.

SILVIA: ¿Qué vais a hacer esta noche?
JORDI: Vamos a alquilar una peli.
SILVIA: Pero si no tienes vídeo.
JORDI: Claro que tengo. Mi padre ha comprado uno.
SILVIA: ¿Ah, sí? ¡Qué suerte! ¡Súper! ¿Qué película vais a ver?
JORDI: Una policíaca. ¿Vas a venir?
SILVIA: No sé. Las policíacas no me gustan. Son un rollo.
¿Por qué no alquilamos juntos una de terror?
A ver el catálogo... Mi hermana dice que ha visto una muy buena.
JORDI: ¿Cómo se llama?
SILVIA: Un momentito, a ver... No recuerdo exactamente.
MAX: ¿Es española?
SILVIA: Creo que es italiana. Sí, es italiana. Además, es la mar de divertida.
MAX: ¿Vamos al videoclub ahora?
JORDI: Tranquilo, hombre. Ahora me parece que está cerrado.
SILVIA: No abren hasta las cuatro y media. Además yo tengo que comprarme unos vaqueros. Podéis ir vosotros. ¿Llevas dinero?
JORDI: Sí, algo llevo. Bueno, te llamamos después de comer. ¿Vale?
SILVIA: Vale. Hasta luego.

¿Has visto...?

- ¿Has visto a ése...?
- ○ Los turistas nunca tienen frío.
- Está tan emocionado con su cámara que no se da cuenta de nada.
- ○ ¿Qué foto está sacando?
- No sé, tampoco me interesa.

El videoclub

El coche, la televisión y el vídeo han cambiado la vida de muchas familias españolas. Salir en coche el fin de semana, las películas en vídeo, numerosas cadenas de televisión – nacionales, privadas, «autonómicas» – son hoy en muchos casos algo tan importante como antaño las reuniones sociales, las partidas de cartas o incluso la copa y el aperitivo en el bar. Muchos cines han desaparecido, sustituidos por bancos, bares, garajes, videoclubs...
Hay más de cinco mil videoclubs en España, donde se compran o se alquilan películas. El cuarto de estar de muchas casas se ha convertido lamentablemente en una auténtica sala de cine.

Mirando el escaparate

- Mira, esta película parece interesante, «Sangre y arena».
- ○ Pero Silvia ha dicho que no le gustan las películas policíacas.
- No, si no es policíaca. Parece ser algo sobre los toros.
- ○ Bueno. Si tú lo dices...

El vídeo

- Mira, Jaime, he comprado un vídeo.
- ○ Pero Guille, ¿de dónde tienes tanto dinero?
- Pues... he vendido el televisor.

¡Cuesta demasiado!

Mientras tanto Silvia compra unos vaqueros.

SILVIA: ¿Tiene unos vaqueros como éstos, pero en azul claro?
DEPENDIENTA: ¿Qué talla tienes? ¿La 38?
SILVIA: No. La 40, pero no me gusta el color.
DEPENDIENTA: Pero si está de moda.
SILVIA: ¿Dónde está el probador?
DEPENDIENTA: Allí al fondo.
SILVIA: ¿No son un poco grandes?
DEPENDIENTA: ¡Qué va! Te van muy bien, chica. Es tu talla, seguro.
SILVIA: ¿Y esta chaqueta amarilla? Uff, cuesta demasiado. Me quedo con los vaqueros.

Silvia sale de la tienda con los pantalones nuevos, alegre como unas castañuelas. Además ha comprado un cinturón y una camiseta roja que hace juego con los pantalones.

En la calle ve un grupo de personas y se acerca.

UNA SEÑORA: Son de «Televisa», la televisión mexicana. Están haciendo unas preguntas sobre el tráfico en Barcelona.
SILVIA: Pobrecitos. Seguramente no tenemos el tráfico de México D.F., pero tampoco nos podemos quejar.

El Ministro

El Ministro de Economía pasea con su esposa por el centro de Barcelona. Pasan por delante de un escaparate. Se paran y él mira una lista de precios. Dice a su esposa, muy satisfecho:

- ¿Ves, Carmen, como la inflación no es tan alta como dice la oposición?
  Camisas, 650 pesetas, ... pantalones 900, ... calcetines 150, ¡sólo 150, caramba, baratísimos!, ... calzoncillos 350, ... La ropa es muy barata.
- ○ Pero, cariño... Hay que ver en qué mundo vives. Esto no es una tienda de ropa. ¡Es una lavandería!

Ropa

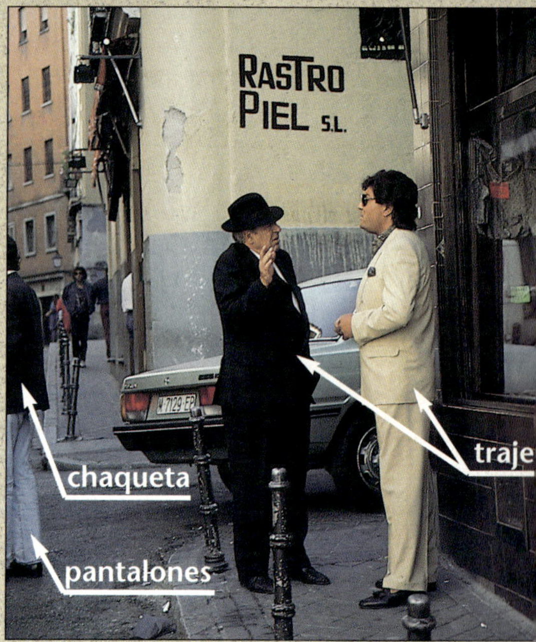

Material

algodón
LANA
lana peinada
seda
LINO
pana
TERCIOPELO
pana de terciopelo
CUERO
ante
goretex

Dibujo

- a cuadros
- a rayas
- de lunares
- estampado

Color

- blanco
- negro
- gris
- amarillo
- azul
- verde
- rojo
- marrón
- lila
- naranja
- rosa
- crudo
- azul marino
- beis
- celeste
- rojo coral
- salmón
- verde musgo
- burdeos
- verde botella
- caqui

Las Ramblas de Barcelona

La calle más popular de Barcelona, las Ramblas, desde la Plaza de Cataluña hasta el monumento a Colón, tiene diferentes nombres.

La primera Rambla que encontramos es la de «Canaletas». Allí se reúnen los aficionados del equipo de fútbol del Barcelona después de los partidos para celebrar la victoria. También allí, sentadas en las sillas del paseo, suele haber numerosas personas de la tercera edad que discuten de política, de fútbol o de toros, o simplemente leen el diario.

La siguiente es la «Rambla de los Estudios», popularmente llamada la «Rambla de los Pájaros», debido a los quioscos de pájaros.

Después está la «Rambla de las Flores» o de «San José», donde se encuentran los puestos de plantas y flores y el conocido mercado de La Boquería.

Más adelante está la «Rambla de los Capuchinos», con el Gran Teatro del Liceo y sus famosas representaciones de ópera. Aquí están los famosos puestos de periódicos abiertos toda la noche.

Y, por último, la «Rambla de Santa Mónica», cercana al puerto y, por tanto, la más ambigua, con sus pensiones y el continuo ir y venir de la gente. Por las mañanas pasan por aquí muchas personas que van al trabajo y alguna persona que ha salido de juerga por la noche y aún no ha regresado a su casa.

Por la tarde pasan por las Ramblas turistas, parejas, grupos de amigos, que bajan y suben por el paseo o entran en alguna cafetería a tomar un refresco, una cerveza, un chocolate con nata...

En La Rambla de las Flores.

Pájaros de todo tipo en Las Ramblas.

Típica tienda de antigüedades.

Lugar de paseo y ocio, principalmente por las tardes y los fines de semana.

Músicos, acróbatas, cantantes a todas horas.

Un limpiabotas espera a los clientes.

Alquilamos una película

minigramática

ir a + Infinitiv =
Futuro próximo – nahe Zukunft

¿Qué vais a hacer? *Was werdet ihr tun?*
Voy a comer algo. *Ich werde etwas essen.*

Handlungen, die in der nahen Zukunft stattfinden, drückt man im Spanischen häufig mit **ir a + Infinitiv** aus.

voy vas va vamos vais van	a terminar (*ich werde beenden usw.*)

(Siehe auch § 9 in der Grammatikübersicht.)

gustar

Me Te Le	gusta el café.	*Mir* *Dir* *Ihm/Ihr*	*schmeckt* *der Kaffee.*
Me Te Le	gustan las películas.	*Ich* *Du* *Er/Sie*	*mag* *magst die Filme.* *mag*

Las policíacas no me gustan.
Ich mag keine Kriminalfilme.

Me, te, le sind Personalpronomen im Dativ. (Siehe § 104 in der Grammatikübersicht. Siehe auch Band 1, Unidad 10, S. 88.)

1. ¿Qué va a hacer mañana? § 9

Trabaje con su vecina/o. Pregunte y conteste según el ejemplo.

- ¿Qué va a hacer Carlos mañana?
- ○ Va a jugar al fútbol.

2. ¿Qué van a hacer? § 9

Es folgen bruchstückhafte Unterhaltungen. Was werden die verschiedenen Paare zusammen unternehmen?

A. **Diana** **Inés**

... de acuerdo. A las nueve todavía no hace calor. ... en la entrada al parque... Hay que mover las piernas.

Diana e Inés ______________________ .

B. **Laura** — **Katrin**

¡Qué ricos! Me encantan. En Alemania no existen. Sí, sí, también el chocolate... Hasta las diez, entonces.

Laura y Katrin ______________________ .

C. **Nuria** — **Juan**

... para decir la verdad. No entiendo nada de eso. Pero me encantan los colores... ¿En qué galería dices? ...

Nuria y Juan ______________________ .

D. **Justo** — **Max**

¡Qué horror! No he ido nunca. Ya sé. Una vez hay que ir... ... entradas... ¿En la sombra? Perfecto. A las cinco menos veinte, entonces...

Justo y Max ______________________ .

3. Mañana – tarde – noche

Pregunte a cuatro miembros del curso qué van a hacer.

mañana < por la mañana / por la tarde / por la noche

dormir mucho	llamar a...
escuchar música	ir al cine
ir a la playa	leer
ir al mercado	mirar la tele
cenar en casa de...	desayunar con...
limpiar la casa	estudiar español
salir con los amigos	hacer los deberes
ir a la piscina	descansar

4. Duerme, negrito

A. Escuche la canción y subraye todas las formas del futuro próximo.

Duerme, duerme, negrito
que tu mama está en el campo, negrito.

Te va a traer codornices para ti.
Te va a traer fruta seca para ti.
Te va a traer carne de cerdo para ti.
Te va a traer muchas cosas para ti.
Y si el negro no se duerme
viene el diablo blanco
y ¡zas! le come la patita,
chacapumba, chacapumba,
pumba, chacapumba,
chacapum.

Duerme, duerme negrito,
que tu mama está en el campo, negrito.

Trabajando, trabajando duramente,
trabajando, sí.
Trabajando y no le pagan,
trabajando, sí.
Trabajando y va tosiendo,
trabajando, sí.
Trabajando y va de luto,
trabajando, sí.
Pa'l negrito chiquitito,
trabajando, sí.
No le pagan, sí.
Va tosiendo, sí.
Va de luto, sí.
Duramente, sí.

Duerme, duerme, negrito,
que tu mama está en el campo,
negrito.

B. Lea la letra de la canción con ayuda del vocabulario y conteste a las siguientes preguntas:

1. ¿Dónde está la mamá del niño?
2. ¿Qué está haciendo?
3. ¿Se habla también del papá?
4. ¿De qué color es el diablo en su fantasía?
5. ¿Y por qué es de color blanco en esta canción?

5. ¿Sabe reaccionar? ¿Está de acuerdo o no?

Nachstehend finden Sie eine Reihe von möglichen Reaktionen. Arbeiten Sie zu zweit. Jede/r stellt vier Behauptungen auf, auf die der/die Partner/in in angemessener Weise reagiert.

1. En el recreo Jordi, Max y Silvia toman café en el chiringuito.
2. Esta noche van a estudiar geografía.
3. El padre de Jordi ha comprado un vídeo.
4. A Silvia le gustan mucho las policíacas.

---

5. Abren el videoclub a las tres de la tarde.
6. Jordi y Max no llevan dinero.
7. Silvia tiene que comprarse una blusa.
8. Después de comer ella llama a Jordi y Max.

No, no es correcto.
¡Qué va!
Ni hablar.
Está equivocado.
No estoy de acuerdo.

¿Está seguro?
¿Tú crees?

Exacto.
Es verdad.
Por supuesto.
Tienes razón.
Eso sí es correcto.
Eso es.

El videoclub

6. Mi mejor película

Muchos de ustedes tienen vídeo y una serie de películas en casa. Cada participante ofrece su mejor película. ¿Qué película prefiere la mayoría de los participantes? ¿Por qué?

¡Cuesta demasiado!

este, esta, estos, estas

minigramática

este/esta *dieser/diese hier*
estos, estas *diese hier*

Este cinturón *Dieser Gürtel (hier).*
Estos cinturones. *Diese Gürtel (hier).*

Esta chaqueta. *Diese Jacke (hier).*
Estas chaquetas. *Diese Jacken (hier).*

Beachten Sie:
esta noche *heute abend/heute nacht*
esta mañana *Heute früh/heute morgen/heute vormittag*

7. ¿Dónde está? § 109

Usted está buscando varios objetos que su vecina/o encuentra a primera vista.

Ejemplo:
- ¿Dónde está mi lápiz?
- ○ ¿Es éste?
- Sí. Gracias. Ése es.

lápiz | gafas | pañuelos | goma de borrar | saca-puntas | cuaderno | bolígrafo | chaqueta | postales

8. Me gusta, pero... § 48

Reaccione según el ejemplo:

- ¿No tiene una blusa blanca como ésta, pero de lino?

Usted encuentra	le gusta	no le gusta(n)
una blusa/camisa	el color	el material
unos vaqueros	el corte	el color/ el material
un jersey	el precio	el material
unos bermudas	el material	el color
un cinturón	el color	el material
una chaqueta	el material	el color

9. ¿Me va bien? § 48

Sie suchen sich unter der Kleidung auf Seite 44–45 vier Kleidungsstücke aus und probieren diese an. Drücken Sie Ihre Zweifel aus. Ihr/e Nachbar/in ist anderer Meinung.

Ejemplo:
- ¿No es un poco corto este vestido?
- ○ ¡Qué va! Este vestido te va muy bien. Y el color me gusta mucho.

• ¿No es/ son...?	un poco bastante demasiado	largo(s)/larga(s) caro(s)/cara(s) estrecho(s)/ estrecha(s) grande(s) ancho(s)/ ancha(s)

○ ¡Qué va!	Te/le va/van Te/le queda/quedan Te/le está/están	muy bien.

10. El tiempo

Traduzca.

Es regnet. Es ist kalt.
Es gefällt mir nicht.
Ich werde ein Video ausleihen, glaube ich.
Nein, nein. Ich werde ein blaues Jackett kaufen.
Und ein Fahrrad, gelb wie die Sonne.
Oder gehen wir Tennis spielen?
Es regnet. Ich will und ich will nicht.

11. Trabajo de detective

Busque en la unidad cuatro dos expresiones para decir «sich amüsieren» y dos expresiones para decir «sich langweilen».

12. Al cine y de compras

Escuche la grabación y marque con una cruz la respuesta correcta.

A. ¿Qué película van a ver?
- ❑ Una de terror.
- ❑ Una policíaca.

B. ¿Qué compra?
- ❑ Una chaqueta de la talla 40.
- ❑ Una chaqueta de la talla 42.
- ❑ Una chaqueta y unos pantalones.

«Aquí Televisa...»

En la calle

«Los coches no me gustan»

- Usted, señora, ¿cómo va al trabajo?
- A pie. Voy a pie. Mire, vivo en aquella casa que está allí detrás del quiosco, ¿la ve?, y trabajo en este estanco... Lo ve, ¿no? O sea, que voy a pie. ¡Y tengo el mercado aquí mismo! Así que... Los coches no me gustan. No los puedo ver. Apestan el ambiente y el concierto de claxon ya por la mañanita temprano es inaguantable. Yo creo que han estropeado la ciudad. Vamos, es lo que yo pienso, ¿eh?
- Muchas gracias, señora. Muy amable.

- ¿Y usted, señor?
- Yo trabajo en una compañía de seguros. Generalmente voy al trabajo en coche. Hoy no. Hoy no lo he cogido porque he venido aquí al centro, y aquí es imposible circular. Las calles son demasiado estrechas. Uno va de atasco en atasco, la ventanilla del coche no se puede abrir por lo de la polución, ya sabe usted... No, para venir al centro yo uso el metro y me ahorro una crisis de nervios...
- Muchas gracias, caballero...

«Si necesito un coche, lo alquilo»

- ¿Y usted, señora? ¿También va en coche?
- ○ Bueno, yo aquí al centro vengo siempre en autobús o en metro... O en taxi, depende de las circunstancias. Tengo el coche en el garaje, pero es demasiado grande. No lo uso casi nunca. Si necesito uno, lo alquilo. Es lo mejor. Además..., bueno, lo tengo que decir, lo paga mi empresa. Lo alquilo, sobre todo, cuando tengo que salir a visitar clientes por los pueblos de los alrededores. Mañana, por ejemplo, voy a visitar unas tiendas por la zona de Sitges y con ese motivo voy a alquilar uno. Es que yo trabajo para una empresa de marroquinería y viajo mucho. Pero, por la ciudad, como he dicho, no lo cojo nunca.

- ¿Y ustedes? ¿Cómo hacen?
- ○ Nosotros trabajamos en una imprenta que hay al final de la Rambla, cerca del puerto. Vamos siempre en autobús. Tenemos dos bicicletas, pero no las podemos usar por el tráfico. Es imposible.
Hay demasiados coches. No entiendo por qué el Ayuntamiento no los prohíbe. Pero, ¡bah!, también los autobuses son un desastre. Para venir al trabajo hoy hemos tardado casi tres cuartos de hora.

«Los coches no me gustan»

minigramática

lo/le, la, los/les, las

Ahora lo/le veo. *Jetzt sehe ich ihn/Sie.*
Ahora lo veo. *Jetzt sehe ich es.*
Ahora no la veo. *Jetzt sehe ich sie/Sie nicht.*
Ahora los/les veo. *Jetzt sehe ich sie/Sie.*
Ahora no las veo. *Jetzt sehe ich sie/Sie nicht.*
Ahora los/les puedo ver. *Jetzt kann ich sie/Sie sehen.*

lo/le = *ihn/Sie*
lo = *es*
la = *sie/Sie*
los, las = *sie/Sie*

Beachten Sie, daß **lo/le, la, los, las** immer vor dem konjugierten Verb stehen.
(Siehe auch § 101 in der Grammatikübersicht.)

aquel

aquel coche *jenes Auto (dort)*
aquellos coches *jene Autos (dort)*
aquella casa *jenes Haus (dort)*
aquellas casas *jene Häuser (dort)*

(Vergleichen Sie **este** in der Grammatikübersicht, § 109.)

no... nada – no... nunca

No uso el coche casi nunca.
Ich benutze das Auto fast nie.

- ¿Tienes dinero? ○ No, nada.
- *Hast du Geld?* ○ *Nein, gar keins.*

Las policíacas no me gustan nada.
Ich mag Krimis überhaupt nicht.

¿No has ido nunca a Latinoamérica?
Bist du noch nie nach Lateinamerika gefahren?

Los turistas nunca tienen frío.
Den Touristen ist nie kalt.

Nunca dices nada, ¿por qué?
Nie sagst du etwas, warum?

Eine doppelte Verneinung ist im Spanischen möglich. Stehen **nada** oder **nunca** hinter dem Verb, so muß die zusätzliche Partikel **no** vor dem Verb stehen.

1. Quien busca, encuentra

Busque las expresiones correspondientes en el texto «Los coches no me gustan».

zu Fuß ______________
mit dem Auto ______________
das heißt ______________
direkt hier ______________
sie verpesten die Luft ______________
Hupkonzert ______________
hier: also ______________
das ist meine Meinung ______________
sehen Sie mal ______________
man fährt ______________
von Stau zu Stau ______________
wegen der ______________
Sie wissen schon ... ______________
ich erspare mir ... ______________

2. Vamos a escuchar

Escuche la casete y conteste. ¿Cómo van al trabajo las tres personas?

1. ______________________________
2. ______________________________
3. ______________________________

3. Aquí está §§ 109, 101, 89

Trabajen de dos en dos. Cambien las palabras en negrita según las exigencias.

- ¿Dónde **está la chaqueta** de **Javier**?
- ○ ¿**Es ésta**? **Está** aquí. ¡Qué **bonita**! ¿**La** has comprado aquí?
- No, **la** he comprado en **Madrid**.

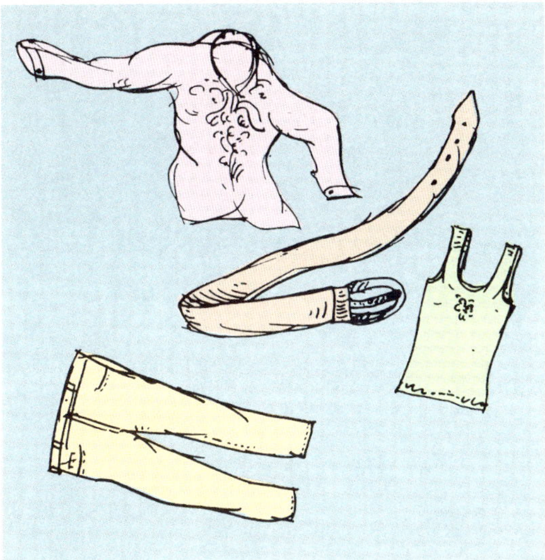

la chaqueta	Javier	Madrid
el cinturón	Enrique	Marruecos
la blusa	Berta	Ibiza
los vaqueros	Álvaro	Nueva York
la camiseta	Blanca	Salamanca
las bermudas	Rocío	Málaga
el chaleco	Olga	Perú
los calcetines	Ignacio	Londres
...	...	...
...	...	...

4. No me gusta nada

Traduzca.

1. Die Farbe von jenem Auto gefällt mir gar nicht.
2. Jenes Mädchen dort fährt nie mit dem Bus, sondern geht immer zu Fuß.
3. Jene Herren im blauen Anzug arbeiten in einer Versicherungsgesellschaft.
4. Diese Straßen hier im Zentrum sind zu eng für so viel Verkehr.
5. Jenes Gebäude dort drüben ist die Markthalle, nicht wahr?
6. Ich bin noch nie drin gewesen.

5. ¿Es correcto o no es correcto?

*A. Arbeiten Sie zu zweit. Lesen Sie die beiden Interviews noch einmal durch. **A** übersetzt anschließend die Behauptungen 1–5, **B** übersetzt 6–10.*

	C	F
1. Die Frau fährt im Bus zur Arbeit.	❏	❏
2. Sie wohnt in dem Haus dort hinter dem Theater.	❏	❏
3. Sie arbeitet in einem Restaurant.	❏	❏
4. Die Markthalle ist ganz in der Nähe.	❏	❏
5. Sie sagt, daß sie Autos mag.	❏	❏
6. Sie sagt, daß die Autos die Stadt zerstört haben.	❏	❏
7. Der Mann sagt, daß er in einem Hotel arbeitet.	❏	❏
8. Er sagt, er fährt mit dem Auto zur Arbeit.	❏	❏
9. Heute hat er das Auto nicht genommen. Sein Sohn hat es.	❏	❏
10. Er sagt, die Straßen sind zu eng.	❏	❏

B. Jeder stellt seine Behauptungen auf und der andere entscheidet, ob diese richtig oder falsch sind, indem er angemessen reagiert.

6. Las costumbres

Trabajen en grupos de dos o tres personas. Uno pregunta y los otros contestan con ayuda de las respuestas abajo indicadas.

Preguntas:

1. ¿Qué periódico lee usted normalmente? ¿Lo lee todos los días?
2. Cuando lee el periódico, ¿mira los anuncios?
3. Cuando alquila películas de vídeo, ¿dónde las alquila?
4. Si toma café, ¿cómo lo toma?
5. Cuando va en tren, ¿dónde compra el billete?
6. Si hay un partido de fútbol que le interesa, ¿qué hace?
7. Si le interesa una novela de Agatha Christie, ¿en qué idioma la lee?
8. Cuando va al teatro, ¿compra el programa?

Respuestas:

1. Normalmente leo... Lo leo todos los días en casa.
   Leo... Pero no lo leo siempre.
   Leo... Lo leo en el trabajo/en un café/
   ...
2. No, no los miro.
   Los miro a veces.
   Siempre los miro.
   ...
3. Las alquilo en un quiosco.
   Casi siempre las alquilo en un estanco.
   Las alquilo en un videoclub porque allí hay más variedad.
   ...
4. Lo tomo con leche y azúcar.
   Lo tomo solo.
   Lo tomo con leche pero sin azúcar.
   ...
5. Lo compro en la estación.
   Lo compro en una agencia de viajes.
   Lo compro siempre en el tren.
   ...
6. Voy al campo de fútbol y lo veo allí.
   Lo escucho por la radio.
   Lo miro en la tele.
   ...
7. La leo en inglés, para practicar la lengua.
   La leo en alemán.
   La leo en ...
   ...
8. No, nunca lo compro.
   Lo compro sólo a veces.
   Lo compro siempre.
   ...

«Si necesito un coche, lo alquilo»

7. Si lo necesito, lo hago

Continúe el ejercicio según el ejemplo.

Ejemplo:
un coche → alquilar
Si necesito un coche, lo alquilo.

1. el libro de Rosa Montero
   → buscar en la biblioteca
2. calcetines nuevos
   → comprar
3. ropa limpia
   → lavar
4. ver a las amigas
   → invitar
5. hacer dieta
   → hacer
6. pañuelos
   → comprar

8. ¿Quién lo sabe primero?

Fragen Sie sich gegenseitig und sammeln Sie Unterschriften.

¿Qué compañero/-a			*firma personal*
va	a pie	al trabajo?	________
	en autobús		________
	en coche		________

¿Qué compañero/-a			
viene	en bicicleta	a clase?	________
	en moto		________
	a pie		________

9. ¿Qué verbo falta?

1. ¿Cómo ________ al centro la señora?
2. ¿Dónde ________ su coche la señora?
3. ¿Por qué no lo ________ en su trabajo?
4. ¿Qué ________ la señora cuando necesita un coche?
5. Cuando la señora alquila un coche, ¿lo ________ ella misma?
6. ¿Por qué ________ la señora los pueblos de los alrededores?
7. ¿Qué ________ a hacer en Sitges mañana?
8. Los que trabajan en una imprenta, ¿cómo ________ a su trabajo?
9. Si tienen bicicletas, ¿por qué no las ________ para ir al trabajo?
10. Para llegar al trabajo hoy, ¿cuántos minutos han ________?
11. ¿Qué ________ de los autobuses?

10. Medios de locomoción

Escuche la entrevista y complete el texto.

ESTEBAN: Rosa María, ¿cómo te desplazas en __ ________?

ROSA MARÍA: Pues en coche fundamentalmente. __ ________; me desplazo bastante por Madrid, de un extremo a otro, y voy en coche.

ESTEBAN: ¿Y en tu caso, Juan? ¿Tú que vives ________ de Madrid...?

JUAN: Al vivir fuera de Madrid, viajo... viajo en coche. Cuando tengo ________ con el coche, ________ el tren, que es lo que más me gusta.

ESTEBAN: ¿Y tu caso, Arantxa?

ARANTXA: Pues... yo, fundamentalmente, me desplazo en autobús. En taxi si hay alguna ________. Si no, en el metro que ________ maravillosamente.

ESTEBAN: Gracias.

Los Hernández

En Tarazona

La comida

María Jesús Hernández y su familia viven en un pisito moderno, en las afueras de Tarazona. Por la mañana, ella trabaja unas horas de contable en una empresa de construcción y el resto del día se dedica a la casa que es su orgullo personal. Está siempre limpia como una patena y todos disfrutan de las comodidades que ofrece.

A eso de las doce, María Jesús empieza a preparar la comida en la pequeña cocina, que tiene todo tipo de electrodomésticos modernos. Poco después de la una, llega Eduardo, el mayor de los dos hijos, que tiene 28 años y es «soltero y sin compromiso», o sea el representante típico de la juventud española actual. Trabaja en una oficina que cierra a mediodía y tiene tiempo para descansar entre la una y las cuatro. Cuando llega a casa pone la mesa. Hay que decir que, en la educación de los hijos, María Jesús siempre ha intentado romper los esquemas de antes y... con éxito.

Unos minutos más tarde llega el padre, Cecilio, que trabaja en un taller de confección. Se quita la chaqueta, pone el televisor, se encarga de las bebidas y se sienta a la mesa del comedor.

La última en llegar es Blanca, la menor de los hermanos, que trabaja en una agencia de viajes. Se cambia de ropa, se lava las manos y se sienta a la mesa. Cuando empieza el Telediario en la televisión, los Hernández están con el segundo plato.

De sobremesa

BLANCA: Papá, después de comer va a venir un amigo a tomar café. No te importa, ¿verdad?
PADRE: Claro que no. No faltaba más.
BLANCA: Es un chico de Zaragoza que llegó a Tarazona hace un par de meses para trabajar en el Ayuntamiento. Lo conocí en el Casino. Anteayer cené con él en «Las Brujas de Bécquer». Me invitó él. Por primera vez en mi vida comí salmón de Noruega.
PADRE: ¿Es aquel chico que vivió un verano en casa de la abuela, en Salamanca?
MADRE: No, ése se marchó a Estados Unidos. Es otro. Éste se llama Erico.
EDUARDO: ¿Es amigo o novio?
MADRE: ¡Eduardo!
BLANCA: Nada de novio, guapo. Además, vive con una compañera de mi oficina.
PADRE: ¡Vaya líos!
EDUARDO: Perdona, hermana, sólo ha sido una broma.
MADRE: Llaman a la puerta. Debe de ser él. Voy a abrir.

Don Cecilio ha sacado una silla del dormitorio para Erico y la coloca junto a la mesa. Apaga el televisor y guarda la vajilla en el lavaplatos. Eduardo también aparece en la cocina para preparar el café.

Así son las costumbres

Claro, después de comer todos toman café. Los hijos lo toman solo, los «viejos» prefieren café con leche. Es lo último que toman hasta la hora de la cena, porque los Hernández, como la mayoría de las familias españolas, no meriendan. Solamente los niños toman un bocadillo a media tarde. Pero luego, a las nueve o las diez de la noche, todos comen otra vez abundantemente: sopa, tortilla, pescado... Tampoco falta la fruta. Y en muchas familias, un vasito de vino tinto.

La comida

minigramática

Verkleinerungsform

piso – pisito *Wohnung – kleine Wohnung*
casa – casita *Haus – Häuschen*

Vive en un pisito moderno.
Sie lebt in einer kleinen modernen Wohnung.

Die Endungen **-ito, -ita** sind die häufigsten Verkleinerungsformen im Spanischen.

mayor, menor

Eduardo es el mayor de los dos hijos.
Eduardo ist das ältere der beiden Kinder.
Blanca es la menor de los hermanos.
Blanca ist die jüngere der Geschwister.

Mayor/Menor können auch das Alter bezeichnen.
(Siehe § 84 in der Grammatikübersicht.)

Das reflexive Verb

María Jesús se dedica a la casa.
María Jesús kümmert sich um den Haushalt.
Cecilio se encarga de las bebidas.
Cecilio kümmert sich um die Getränke.
Blanca se lava las manos.
Blanca wäscht sich die Hände.

Se quita la chaqueta. *Er/Sie zieht sich die Jacke aus.*
Se llama Eduardo. *Er heißt Eduardo.*

Das Reflexivpronomen steht im Spanischen vor dem konjugierten Verb (aber hinter dem Infinitiv: **lavarse**).
Einige Verben sind im Spanischen reflexiv (**llamarse, quitarse**), im Deutschen aber nicht.
(Siehe auch § 107 in der Grammatikübersicht.)

1. Tarazona

A. Busque y subraye los adjetivos que usa el escritor para describir la ciudad.

«Tarazona es una ciudad pequeña y antigua: más lejos del movimiento que Tudela, no se nota en ella el mismo adelanto, pero tiene un carácter más original y artístico. Cruzando sus calles con arquillos y retablos, con caserones de piedra, llenos de escudos y timbres heráldicos, con altas rejas de hierro, de labor exquisita y extraña, hay momentos en que se cree uno transportado a Toledo, la ciudad histórica por excelencia.»

GUSTAVO ADOLFO BÉCQUER
(1836–1870)

2. La comida § 119

A. Vuelva a leer el texto «La comida» y formule ocho preguntas.

1. ____________________
2. ____________________
3. ____________________
4. ____________________
5. ____________________
6. ____________________
7. ____________________
8. ____________________

B. Ahora pregunte a los demás. Ellos van a contestar sin la ayuda del texto.

3. Mi familia

A. ¿Cómo se llaman los miembros de la familia Hernández? Escriba sus nombres.

B. ¿Cómo se llaman sus padres y hermanos? Haga un dibujo y explíqueselo a su vecina/vecino.

4. ¿Lo sabe usted?

Traduzca, por favor.

1. Wie kann man nach Valencia fahren?
2. Wie heißt der ältere Sohn von María Jesús?
3. Wäscht sich Cristina vor dem Essen die Hände?
4. Setzt sich Cecilio an den Tisch?
5. Man fühlt sich nach Toledo versetzt.

5. ¿Dónde están? §107

Complete la frase según el ejemplo.

Ejemplo:
- ● ¿Eduardo no viene?
- ○ Sí, ahora mismo. Sólo *va a lavarse las manos.*
- ▲ Ya lo sabes, no come si no *se ha lavado* las manos.

1. ● ¿Papá va a sentarse aquí?
   ○ No. Siempre *se sienta* en aquella silla, al lado de la ventana.
   ▲ ¡Qué va! Esta mañana ______ ______ ______ aquí.
2. ● ¿Por qué no viene Cristina?
   ○ Un momentito. Va a *cambiarse* de ropa.
   ▲ Pero, ya ______ ______ ______ de ropa una vez.
3. ● La tía Elvira necesita dinero para *comprarse* un coche.
   ○ ¿Qué dices? ¿______ ______ ______ un coche? ¿Cuándo?
   ▲ Lo va a comprar en junio.
4. ● ¿Dónde está papá?
   ○ Ahora viene. Sólo va a *quitarse* la chaqueta.
   ▲ Mira, ya ______ ______ ______ la chaqueta. Ahora podemos comer.

De sobremesa

minigramática

Indefinido

Ayer cené con él. *Gestern aß ich mit ihm zu abend.*
Me invitó ella. *Sie lud mich ein.*
Comí salmón de Noruega. *Ich aß norwegischen Lachs.*
Vivió en casa de la abuela. *Er/Sie lebte im Haus der Großmutter.*

Diese Vergangenheitszeit kennen wir im Deutschen nicht.
Der Indefinido wird hauptsächlich für einmalige oder abgeschlossenen Handlungen in der Vergangenheit gebraucht.

trabajar

yo	trabaj**é**	*ich arbeitete*
tú	trabaj**aste**	*usw.*
él, ella, usted	trabaj**ó**	
nosotros, nosotras	______	
vosotros, vosotras	______	
ellos, ellas, ustedes	______	

comer

yo	com**í**	*ich aß*
tú	com**iste**	*usw.*
él, ella, usted	com**ió**	
nosotros, nosotras	______	
vosotros, vosotras	______	
ellos, ellas, ustedes	______	

vivir

yo	viv**í**	*ich lebte*
tú	viv**iste**	*usw.*
él, ella, usted	viv**ió**	
nosotros, nosotras	______	
vosotros, vosotras	______	
ellos, ellas, ustedes	______	

Wollen Sie die Pluralformen des Indefinido benutzen, so schlagen Sie die Grammatikübersicht, § 12, auf.

llegar, pagar

llegar	*ankommen*	
lleg**ué**	*ich kam an*	______
llegaste	*usw.*	______
llegó		______

pagar *be(zahlen)*		
pag**ué**	*ich (be)zahlte*	______
pagaste	*usw.*	______
pagó		______

Bei Verben, die auf **-gar** enden, muß aus Gründen der Aussprache ein **u** zwischen **g** und **e** eingeschoben werden.
(Siehe Grammatikübersicht, § 125.)

6. He comprado unas peras

A. Complete la siguiente lista.

unas	peras
______	albaricoques
______	______
______	______
______	______
______	______
______	______
______	______

B. A la vuelta del mercado se entabla la siguiente conversación en casa:

- ¿Qué has comprado?
- ○ He comprado unas peras. ¿Quieres probar una?
- Sí, con gusto./No gracias, ahora no.

C. «De aquí a Pamplona hay unos 500 kilómetros.»
*¿Qué significa en alemán **unos** en este contexto? Traduzca, por favor.*

1. Circa drei Stunden.
2. Etwa 800 Peseten.
3. Circa 20 Jahre.
4. Einige Apfelsinen.
5. Einige Tage danach.

7. Trabajo con lupa

A. Marque las formas del pretérito indefinido.

B. ¿Cómo se pueden organizar los verbos en presente?

C. ¿Y los verbos en indefinido?

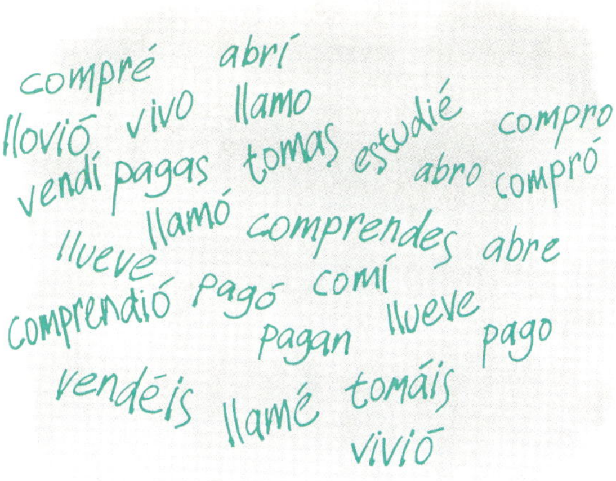

8. El día de Margarita

Reconstruya el texto con ayuda de los verbos.

hablar
trabajar
entrar
comprar
almorzar
mirar
tomar
empezar
terminar
llamar
escribir
tomar
desayunar
volver
preguntar
abrir
llegar
salir

Ejemplo:
El jueves pasado Margarita *salió* de su casa  *a las ocho.*

1. Entre las ocho y las ocho y media ________________ en un bar.
2. ________________ una taza de té y un bocadillo y ________________ las fotos de «El País».
3. ____________ a la tienda  ________________.
4. ________________ la puerta
5. y ________________ a trabajar  ________________.
6. ________________ a una fábrica de pantalones y ________________ con un representante.
7.  ________________ ____________ un fax a un cliente.
8.  ________________ ____________ una amiga y ________________ unos vaqueros, un cinturón y una camiseta.
9.  ________________ ____________ con una amiga en un restaurante cerca de la tienda.
10. ________________ a la tienda  ________________ y
11. ________________ hasta las siete.
12.  ________________ ____________ un cliente y
13. ________________ el precio de una chaqueta.
14. Margarita ________ si trabajo  ________________.
15.  ________________ ________ el autobús para ir a su casa.

9. Y ahora yo

Reconstruya el texto y escriba las terminaciones.

Yo lleg___ a Tarazona anteayer y trabaj___ todo el día en el banco. Por la noche cen___ con Cristina. Ella por primera vez en su vida com___ salmón de Noruega. Creo que le gust___ mucho. Yo com___ un bistec con patatas.

Al día siguiente por la tarde tom___ café en casa de Cristina. Por la noche sal___ con ella y unos amigos. Volv___ tarde a casa.

10. Hace un par de días

Haga diálogos según el ejemplo.

Ejemplo:
- • ¿Cuándo llegó **María**?
- ○ Llegó **hace un par de días.**
- • Pues todavía no **la** he visto.
- ○ Es que luego se marchó a **Estados Unidos.**

María	**hace un par de días**	**Estados Unidos**
_____	anteayer	_________
_____	hace una semana	_________
_____	a las tres	_________
_____	ayer por la mañana	_________

Así son las costumbres

11. La mujer europea y la cocina

Lea los siguientes textos.
A. ¿Dónde hay diferencias entre la mujer alemana y la española?

B. ¿Y qué costumbres hay dentro de su grupo? ¿Hay diferencias entre las distintas personas?

La mujer europea realiza una gran compra mensual en el supermercado, se pasa dos horas al día en la cocina y sueña con tener un lavavajillas y un microondas.
En el informe «La mujer y la cocina», realizado en cinco países europeos, se barajan una serie de datos curiosos acerca de los gustos y costumbres de la mujer europea y su papel en el hogar. Reino Unido, Alemania, Francia, Italia y España han sido los protagonistas de esta encuesta, con datos recogidos durante el año 1993 a través de 5.000 entrevistas a mujeres entre 18 y 64 años. Las conclusiones son de lo más interesante.

ALEMANIA

Las más ecológicas. Las mujeres alemanas son muy «ecológicas» y se fijan más que sus vecinas europeas en los productos con etiqueta verde. Además, son las más organizadas a la hora de realizar la compra, mayoritariamente también en grandes supermercados, aunque son las que menos se fijan en las ofertas especiales. También son las europeas que más reciclan – cartones y papeles, todo tipo de vidrios... – y son las europeas que menos pescado y conservas consumen. Adquieren preferentemente frutas, verduras y aves.

ESPAÑA

Consumidoras de carne. También compran en los grandes supermercados – aunque en menor porcentaje que el resto de europeas – y son las que más se fijan en las ofertas especiales, al igual que las francesas. No se preocupan por el medio ambiente – sólo un 6% reconoce fijarse en las «etiquetas verdes» –. Las españolas son las europeas que adquieren más productos cárnicos y más alimentos precocinados, junto a las francesas. Además, la mujer española es la que cocina mayor número de platos propios del país. A la hora de cocinar, el uso de ingredientes frescos es lo más importante para las españolas encuestadas y el método de cocinado más usado es freír con aceite de oliva. Por lo que respecta a la limpieza, las españolas friegan o limpian el suelo de la cocina por lo menos una vez al día. A las españolas les disgusta hacer la compra en comparación al resto de las europeas, aunque junto a las alemanas son las que planean con más anticipación y cuidado. También son las que comparten más con su pareja las labores culinarias cotidianas y piensan, en general, que su cocina requiere mayor espacio y luminosidad.

12. ¿Qué cuentan los gráficos?

A. Compare las informaciones que dan los siguientes gráficos en cuanto a Europa.

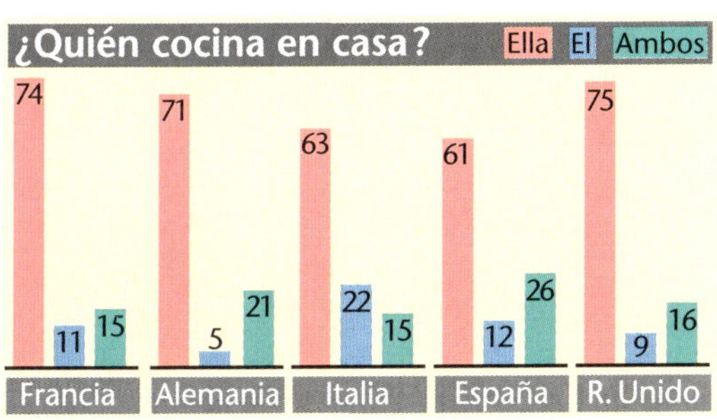

Datos en porcentaje

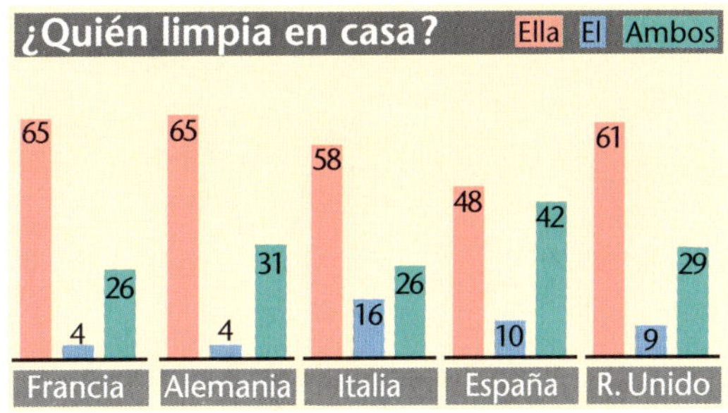

Datos en porcentaje

B. Hagan su encuesta en clase para ver cómo se distribuye el trabajo en cuanto a la cocina y la limpieza.

HÁBITOS Y DESEOS

En general, la mujer europea se caracteriza por las siguientes actitudes respecto a la cocina:

- Sólo realiza una gran compra mensual y en los grandes supermercados.
- Pasa 1–2 horas diarias en la cocina.
- Las labores de limpieza son su tarea principal en el hogar.
- Las mujeres mayores tienden a limpiar más frecuentemente que las jóvenes.
- La mayoría piensa que existe la figura del ama de casa tradicional, sobre todo las españolas.
- Los electrodomésticos mayormente deseados son el lavavajillas y el microondas.

13. Ejercicio de audición

Escuche la grabación y conteste.

1. ¿Cómo se llama la mujer de Sebastián?
2. ¿Quién llegó primero a casa, Sebastián o su mujer?
3. Carlos no quiere comer. ¿Por qué?
4. ¿Quién va a cantar en el Liceo de Barcelona?

Vacaciones

Alquilé un apartamento

Me encanta viajar

Después de presentar a Erico a sus padres, Blanca y Erico van también a la cocina. Erico está un poco asustado porque ve que están haciendo el café en una cafetera eléctrica pero, como está invitado, no puede decir nada, claro.
Así que empieza a hablar de otra cosa:

ERICO: Blanca, tengo que pasar por tu oficina... ¡Tengo ganas de hacer un viaje!
EDUARDO: A mí me encanta viajar. Yo salgo todos los años.
ERICO: ¿Adónde fuiste el año pasado?
EDUARDO: Alquilé un apartamento en Miami. Lo alquilé por dos semanas.
ERICO: ¡Qué barbaridad, chico!
EDUARDO: Bueno, mejor dicho, lo alquilamos, porque fui con una amiga.
ERICO: Perdona la pregunta, pero... ¿cuánto pagasteis?
EDUARDO: Espera... ¿Cuánto pagamos? 35.000.
ERICO: ¿Tan poco? ¿En Miami?
BLANCA: No, hombre, no. No es el Miami de Estados Unidos. Es una urbanización de cuarta categoría que hay en Tarragona, en Montroig.
EDUARDO: No vas a quitar importancia a Montroig, si allí nació Miró.
ERICO: Pero lo conseguiste por medio de tu hermanita.
BLANCA: Naturalmente. Si quieres, quedamos un día de éstos en la agencia y te doy alguna pista. Basta con decir hacia qué lado piensas escaparte.

¿Qué hiciste?

BLANCA: ¿Y tú? ¿Qué hiciste?
ERICO: Yo practiqué el alemán todo el verano.
BLANCA: ¡Qué bien, chico! ¿Fuiste a Alemania?
ERICO: ¡Qué va! Fui a Mallorca y me quedé allí todo el mes de agosto. Fue un mes muy divertido e interesante. Pero lo dicho: en medio de una invasión de alemanes, austríacos, suizos...
BLANCA: ¿Fuiste con tus padres?
ERICO: No, mujer. Ellos fueron de vacaciones a Austria y llegaron hasta Praga.
EDUARDO: ¿En un viaje de esos organizados que te llevan en grupo?
ERICO: No. Son tan atrevidos que fueron con su propio coche. Salieron antes que yo.
BLANCA: ¿Y qué tal lo pasaron? ¿Les gustó?
ERICO: Sí, mucho, sobre todo la naturaleza. Pero, claro, el idioma... No entendieron nada.
EDUARDO: Pero si en Austria y por ahí todo el mundo sabe inglés.
ERICO: Puede ser. Pero mis padres sólo hablan español. Así que llegaron a Madrid rejuvenecidos. ¡Comieron pizza y hamburguesas durante tres semanas!

Budapest 8 días desde **61.900** **Praga** 8 días desde **53.900**

Praga y Budapest	7 días	76.300
Centroeuropa Mágica	8 días	86.300
Berlín y Praga	8 días	97.200
Praga y Viena	8 días	100.500
Capitales de Rusia	8 días	104.200
Múnich, Praga y Budapest	9 días	109.100
Viena, Praga y Budapest	11 días	114.000

Me encanta viajar

Indefinido

minigramática

trabajar	
______	
______	
______	
traba**jamos**	*wir arbeiteten*
traba**jasteis**	*usw.*
traba**jaron**	

comer	
______	
______	
______	
com**imos**	*wir aßen*
com**isteis**	*usw.*
com**ieron**	

vivir	
______	
______	
______	
viv**imos**	*wir lebten*
viv**isteis**	*usw.*
viv**ieron**	

Wie heißen die fehlenden Formen? Schlagen Sie, wenn nötig, in der Minigramática, Unidad 6, S. 62, nach.

ir/ser	
fui	*ich war/ging*
fuiste	*usw.*
fue	
fuimos	
fuisteis	
fueron	

Der Indefinido von **ser** und **ir** ist identisch.

A mí me...

A mí me encanta viajar. *Ich reise sehr gern.*
A mí me gusta jugar al tenis. *Ich spiele gern Tennis.*
A ella no le gusta viajar. *Sie reist nicht gern.*

A mí verstärkt die Wendung **me gusta**, vor allem, wenn man den Bezug auf die Person betonen möchte. (Siehe auch § 106 in der Grammatikübersicht.)

1. ¿Para o por? § 121

Traduzca el siguiente diálogo.

- Wir müssen in Ihrem Büro vorbeikommen, Frau Hernández. Wir möchten für eine Woche ein Auto mieten.
- ○ Für wann?
- Für Anfang August. Mein Bruder bekam letztes Jahr durch Sie ein bequemes Auto für wenig Geld.
- ○ Wenn Sie vormittags kommen, dann habe ich mehr Zeit für Sie.
- Vielen Dank für den Tip und bis bald.

2. Unas vacaciones ideales

A. Lea las siguientes ofertas de forma global (sin buscar cada palabra en el vocabulario) y subraye las actividades que se ofrecen en cada una.

❶ Descanso en el Hostal Sant Marçal
Situado en los bosques del Montseny, a 80 kms. de Barcelona, se encuentra el Hostal Sant Marçal, un antiguo monasterio del siglo XI hoy rehabilitado. El cliente puede disfrutar de salas de billar, de reuniones, biblioteca e instalaciones para tratamiento de estética. Los más activos pueden realizar excursiones en bicicleta.

❷ Senderismo en el Pirineo

Una de las zonas con mayor atractivo de nuestro país es el Pirineo de Huesca. De visita obligada son el Parque Nacional de Ordesa, Monte Perdido y el Pico de Aneto. Para conocer la región te recomendamos los senderos marcados que recorren la zona, incluidos los 100 itinerarios trazados dentro del Parque. Estos sólo se pueden recorrer a pie, porque está prohibido el uso de bicicletas de montaña. Se puede descansar en alguna de las muchas casas que se ofrecen a los visitantes.

❸ Naturaleza para todos los gustos

Hace 200 años, el estudioso francés Deodat de Dolomieu descubrió la particular composición geológica de algunas de las montañas que dominan la región del Véneto, llamadas «montes pálidos». Famosos por el color rosado que adquieren con la luz del atardecer, hoy – en su honor – se conocen como el macizo de las Dolomitas. Además de paraíso de los esquiadores, en la actualidad esta cadena montañosa se convierte en el escenario ideal para los amantes de la escalada, el trekking o las excursiones hasta los glaciares.

❹ Vacaciones naturales en Eilat

Eilat, situada en el extremo sur de Israel, es una ciudad ubicada junto al Mar Rojo que ofrece las condiciones necesarias para disfrutar de unas vacaciones con

sol durante todo el año, playas de aguas transparentes y un impactante desierto. Junto a actividades náuticas, se pueden realizar safaris a camello por el desierto, observaciones de aves y visitas a acuarios, además de excursiones a Jerusalén, Tel Aviv o Petra.

❺ Disfrutar del baño turco

Si se viaja a Turquía no hay que perderse la sensación de tomar un baño turco. Normalmente están separados por sexos y sus efectos aportan numerosos beneficios a la salud. Muchos de los baños turcos, construidos en mármol y con más de 300 años entre sus muros, también son interesantes desde el punto de vista arquitectónico. En Estambul se encuentran algunos de los más bellos como el Cagaloglu y el Galatasaray.

❻ Viena para niños

Viena siempre resulta un viaje gratificante. Si usted viaja a la capital austríaca acompañado de niños, es imprescindible visitar la Noria Gigante del Prater y su parque de atracciones. En el palacio de Schönbrunn los niños son los reyes. Durante la visita tienen la ocasión de jugar y probarse algunos de los diferentes trajes de aquella época. En el parque del palacio se puede visitar el jardín zoológico más antiguo del mundo.

B. Elija un destino y explique por qué le gustaría pasar allí sus vacaciones.

3. Cleptómanos de hotel

A. Exprese la información por medio de frases completas.

Ejemplo: En el año 1993 un cuatro por ciento de los clientes se llevaron el bolígrafo.

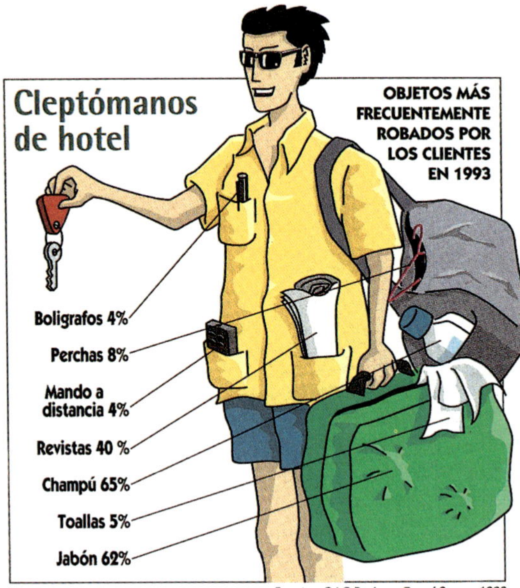

Fuente : OAG Business Travel Survey 1993

B. ¿Usted también tiene la costumbre de llevarse «un recuerdo»? Coméntelo con su vecino/-a.

4. ¿Qué tienen en común? § 45

A. Traduzca primero las siguientes frases.

1. • Wir müssen morgen früh nach Madrid fahren.
   ○ Habt ihr es eilig?
2. • Wie alt ist Eduardo?
   ○ Er ist 28 Jahre alt.
3. • Hast du Lust, ins Kino zu gehen?
   ○ Ich habe Lust, aber keine Zeit. Ich muß lernen.
4. • Habt ihr Hunger?
   ○ Nein, aber wir haben großen Durst.

B. ¿Qué tienen todas las frases en común?

¿Qué hiciste?

Indefinido (minigramática)

practicar	*üben*
practiqué	*ich übte*
practicaste	*usw.*
practicó	
______	
______	
______	

hacer	*machen, tun*
hice	*ich machte*
hiciste	*usw.*
hizo	
______	
______	
______	

Tragen Sie die fehlenden (regelmäßigen) Formen ein.
Die 1. Person Singular der Verben auf **-car** ist unregelmäßig.
(Siehe §§ 125, 31 in der Grammatikübersicht.)

5. Yo practiqué § 125

Escriba otros cinco verbos con la misma irregularidad ortográfica.

yo

1. practi______
2. ______
3. ______
4. ______
5. ______
6. ______

qué

6. Ayer §§ 13, 14

Hable con diferentes compañeros. Use los siguientes pronombres personales.

Ejemplo:

usted

- ¿Qué hizo usted ayer?
- Fui a... /Trabajé todo el día.

tú

vosotras | usted

ustedes

7. Mi agenda personal § 13

¿Qué hizo o qué pasó en cada uno de los meses del año pasado?

Enero ____________________
Febrero ____________________
Marzo ____________________

Abril ____________________
Mayo ____________________
Junio ____________________

Julio ____________________
Agosto ____________________
Se(p)tiembre ____________________

Octubre ____________________
Noviembre ____________________
Diciembre ____________________

8. Expresiones útiles

A. Busque en los textos de la lección las expresiones españolas correspondientes.

für zwei Wochen
den ganzen Sommer
jedes Jahr
den ganzen Monat August
voriges Jahr

B. Formule nuevas frases con cada una de las expresiones.

9. La agenda de Eduardo § 13

Cuente, usando el indefinido, cómo Eduardo y su amiga Marina prepararon su viaje a Miami.

lunes mayo 15
14.00 comer con Marina
hablar del viaje

jueves mayo 18
llamar a la agencia de viajes
ir al banco con M.
comprar una maleta nueva

viernes mayo 19
13.30 almorzar con Cristina
en «El Caballo»
pagar los billetes en la agencia

martes mayo 23
comprar un seguro de viaje
20.00 salir con mis padres

Pronombre posesivo

minigramática

Singular

mi tu su su su	amigo/ amiga	*mein/e* *dein/e* *sein/e* *ihr/e* *Ihr/e*	*Freund/* *Freundin*
nuestro vuestro su	amigo	*unser* *euer* *ihr/Ihr*	*Freund*
nuestra vuestra su	amiga	*unsere* *eure* *ihre/Ihre*	*Freundin*

Plural

mis tus sus sus sus	amigos/ amigas	*meine* *deine* *seine* *ihre* *Ihre*	*Freunde/* *Freundinnen*
nuestros vuestros sus	amigos	*unsere* *eure* *ihre/Ihre*	*Freunde*
nuestras vuestras sus	amigas	*unsere* *eure* *ihre/Ihre*	*Freundinnen*

Die unbetonten Formen des Possessivpronomens stehen vor dem Substantiv. Sie richten sich in Geschlecht und Zahl nach dem Besitz.

10. Pronombres posesivos § 118

Escriba los pronombres que faltan.

- ¿Adónde fuiste en __________ últimas vacaciones?
- ○ Fuimos, _______ novia y yo, a Alemania.
- ¿________ novia también habla alemán?
- ○ Sí, sí, _________ padres son alemanes, de Heidelberg.
- ¿Dónde comprasteis _________ cafetera eléctrica? Me gusta.
- ○ ¿_________ cafetera? Bueno, es la típica cafetera alemana. Todos ___________ amigos tienen una cafetera así.
- ¿Y ________ amigos alemanes también hablan español?
- ○ Sí, por supuesto. Sabes, muchos de _________ amigos pasan __________ vacaciones en ____________ país y, además, muchos alemanes estudian __________ idioma en la Universidad Popular.
- ¡Qué interesante!

11. salir, tener, venir

A. Lea el siguiente texto y subraye todos los verbos.

Eduardo viaja mucho al extranjero. Sale de España todos los años. Va siempre a Francia, donde tiene unos amigos. Sale de su casa el domingo por la mañana. Va en avión. Dos horas más tarde llega a Lyon. Allí tiene una hora para cambiar de avión. Por la tarde llega a París donde viven sus amigos. Se queda una semana con ellos y en agosto viene aquí con sus amigos.

B. Vuelva a leer el texto. Empiece así:

«Yo viajo mucho al extranjero.»

12. Las últimas vacaciones § 13

A. Trabajen en parejas.
A formula preguntas acerca del viaje realizado. B escoge uno de los anuncios y contesta según la información dada.

1. Lugar de destino:
2. Viaje solo o acompañado:
3. Duración de las vacaciones:
4. Precio del viaje:
5. Conocimientos del idioma extranjero:

B. Cambien los papeles: B pregunta y A contesta.

BENIDORM (4 días)

DIAS		
15/4 al 19/4	Hotel ** + 4 P.C.	**22.600**
SALIDA	Hotel *** + 4 P.C.	**24.100**
E. SUR 20,00	**INCLUIDAS EXCURSIONES A:** Calpe y Peñón de Ifach. **FACULTATIVAS:** Gandía, Cena Medieval o Benidorm Palace.	

PORTUGAL (3 días)

DIAS		
15/4 al 19/4	Hotel-Residencia **/*** + 3 P.C. ...	**22.400**
SALIDA	**INCLUIDAS EXCURSIONES A:** Visita de Lisboa, Estoril y Cascais.	
E. SUR 22,00	**FACULTATIVAS:** Fátima, Nazare y Batalha. **IMPRESCINDIBLE D.N.I. EN VIGOR.**	

MENORCA 5 DIAS / 4 NOCHES

HOTEL	CAT.	REG.	PRECIO
CALA BONA/MAR BLAVA	*/**	A.D.	37.700
HOSTAL IRIS	*	A.D. M.P.	37.200 39.100
HOTEL/RESD. CIUDADELA	**	A.D. M.P.	39.100 42.900
HOTEL CAPRI	***	A.D.	54.400
HOTEL HAMILTON	***	P.C.	39.000
HOTEL SAGITARIO PLAYA	***	A.D. M.P.	40.500 42.900

PARIS (TODOS LOS FINES DE SEMANA) DE VIERNES A DOMINGO

PRECIO POR PERSONA EN HABITACION DOBLE:

Hotel ** Sup. en A.D. (2 noches) **39.900**
Noche extra **4.200**

INCLUYE:
— Vuelo línea regular Madrid-París-Madrid, con la Cía.
— 2 noches hotel en alojamiento y desayuno.
— Seguro turístico.

euralair

13. María y Carlos

Escuche la grabación y marque con una cruz lo que se refiere a cada una de las personas.

	María	Carlos
1. Fue en avión.	❑	❑
2. Fue en coche.	❑	❑
3. Se quedó casi un mes.	❑	❑
4. Se quedó quince días.	❑	❑
5. Fue a casa de unos amigos.	❑	❑
6. Alquiló un piso.	❑	❑
7. Habló mucho francés.	❑	❑
8. Habló mucho inglés.	❑	❑

14. Las vacaciones

Marque con una cruz cuál de las respuestas es la correcta.

Rosa María fue en agosto a
❑ Roma
❑ Verona
❑ Venecia

En noviembre volvió para ver la ciudad con
❑ niebla
❑ lluvia
❑ sol

A Esteban le gusta(n) en vacaciones
❑ la tranquilidad
❑ las fiestas
❑ las playas

Arantxa fue a Pamplona para
❑ ir a la playa
❑ ir a los toros
❑ dormir mucho

La cena

En el restaurante

Una mesa libre

Unos días más tarde, por la noche, Blanca, Erico y la abuela de Blanca van a cenar a un restaurante. No han reservado mesa, pero hay una libre cerca de la ventana.

CAMARERO: ¿Cuántos son? ¿Dos?
ABUELA: No, tres. Falta una persona, mi nieta, que va a llegar de un momento a otro. Pero ya podemos pedir.
CAMARERO: ¿De entrada qué toman?
ABUELA: A ver... Dos consomés, una sopa de pescado y una ensalada verde.
CAMARERO: ¿De segundo?
ABUELA: Dos bistecs de ternera y una merluza, ¿no?
ERICO: No, para mí pollo.
ABUELA: Ah, es verdad, pollo para ti, y merluza para Blanca, y para mí bistec. Eso es. Yo ya comí pescado ayer.

CAMARERO: ¿Cómo quiere usted las patatas, fritas o salteadas?
ERICO: Pues yo las prefiero fritas, y muchas..., que tengo mucha hambre.
CAMARERO: El postre, ¿lo piden después?
ABUELA: No, ahora mismo. Mire, un flan, un helado de chocolate y fresa y... ¿Cuál es la fruta del tiempo?
CAMARERO: Manzanas. Llegaron ayer de Asturias. Están buenísimas.
ABUELA: No, para mí una ración de queso manchego.
CAMARERO: ¿Y para beber?
ABUELA: Agua mineral sin gas para todos.
CAMARERO: Una botella grande, ¿no?
ABUELA: Sí, está bien. Y una botella de vino de la casa.
CAMARERO: ¿Tinto?
ABUELA: Sí, sí, tinto.
ERICO: Y una cerveza bien fría para mí, por favor.
CAMARERO: En seguida, señores.

RESTAURANTE

Los Naranjos

MENÚ

Entremeses y sopas

Ensalada mixta
Ensalada verde
Cóctel de gambas
Sopa de ajo
Sopa de pescado
Consomé

Carnes y aves

Bistec de ternera
Solomillo a la parrilla
Escalope Vienesa
Pollo al curry

Pescados y mariscos

Lenguado a la parrilla
Merluza a la Romana
Calamares a la Romana
Langostinos al Whisky

Postres

Flan al caramelo
Melocotón en almíbar
Macedonia de fruta
Helado variado
Fruta del tiempo
Queso manchego

Bebidas

Vino de la casa
Campo Viejo
René Barbier

Cerveza Águila

Agua mineral
(con o sin gas)

Todos los platos se sirven con verdura fresca.
Se puede elegir entre: Patatas fritas o salteadas, arroz.
Pan, mantequilla. I.V.A. incluido.

Llega Blanca

BLANCA: ¿Ya habéis pedido? Ah, por cierto, tengo una foto para ti.
ABUELA: A ver... Es preciosa. ¿Quién la ha hecho? ¿La has hecho tú?
BLANCA: No, no. La envió Mariluz. Llegó ayer.
ABUELA: ¿Mariluz?
BLANCA: Sí, abuela, aquella chica uruguaya que vivió en casa unos días.
ABUELA: Ah, es verdad, la periodista. ¿Ya regresó?
BLANCA: Sí, hace casi un mes. Salió de España el día de Año Nuevo. Ahora está escribiendo un libro sobre nuestro país pero no sé cómo piensa enfocar el tema.
ABUELA: ¡Qué interesante!

El vaso está un poco sucio

ABUELA: Oiga, perdone, el vaso está un poco sucio. ¿Puede cambiarlo, por favor?
CAMARERO: No faltaba más. Perdone.
ABUELA: ¿Y dónde está la sal? No la veo.
CAMARERO: Un momento, por favor... Aquí la tiene.
ABUELA: ¿No se ha equivocado? Esto parece azúcar. Ah, no..., tiene razón. Está bien, gracias. ¿Nos trae pronto la cuenta, por favor?
CAMARERO: Claro, señora, si tiene dos minutos de paciencia...

Al poco rato el camarero vuelve con un platillo y un papel.

CAMARERO: Aquí tiene, señora.
ABUELA: Muy bien, muy bien... Oiga, señor, me parece que se ha equivocado.
CAMARERO: A ver... No, no. Está bien. Son 6.750 pesetas.
ABUELA: Pero, ¿cómo es posible? ¿La botella de vino cuesta 900 pesetas?
CAMARERO: Así es. Es lo que cuesta, 900.
ERICO: Si ayer compré una igual en el súper y sólo pagué 400.
CAMARERO: Lo siento , señores, pero están ustedes en un restaurante de primera categoría...
ABUELA: ¿Me trae el Libro de Reclamaciones, por favor?
CAMARERO: Pero, señora...
ABUELA: A mí no me van a tomar el pelo. Si se consideran un restaurante de primera en cuanto a los precios, ustedes tienen que enterarse de las cosas que no funcionan todavía como en un restaurante de categoría.

Quejas

Camarero, el vaso / el plato / el tenedor / el cuchillo / el mantel está sucio.

Camarero, la cuchara / la taza / la servilleta está sucia.

Camarero, la sopa está fría.

Camarero, el lenguado está salado.

Camarero, la ensalada está sin aliñar.

El marciano

CAMARERO: ¿Qué desea?
EL CLIENTE: Un café.
CAMARERO: Sí, señor. En seguida... Tenga.
EL CLIENTE: ¿Cuánto es?
CAMARERO: Son trescientas pesetas.
EL CLIENTE: ¡Anda!
CAMARERO: Oiga, perdone, usted no es de aquí, ¿verdad?
EL CLIENTE: No, soy marciano.
CAMARERO: ¿Marciano? ¿Del planeta Marte?
EL CLIENTE: Sí, marciano.
CAMARERO: Usted bromea. Quiere decir murciano. De Murcia.
EL CLIENTE: Marciano y punto.
CAMARERO: Pues aquí vemos pocos marcianos.
EL CLIENTE: ¡Ya lo creo! ¡Con los precios que tiene usted!

Una mesa libre

minigramática

Betontes Personalpronomen

para mí **para ti**
Mí trägt einen Akzent, um es von **mi** (mein, meine) zu unterscheiden. Nur die 1. und 2. Person des Personalpronomens nach einer Präposition haben eine besondere Form.
Für die anderen Personen **(para usted, para ella, para él)** werden die Formen des Personalpronomens als Subjekt gebraucht (siehe § 100 in der Grammatikübersicht).

buenísimo, buenísima

Las manzanas están buenísimas. *Die Äpfel sind sehr gut.*

Den höchsten Grad einer Eigenschaft drückt man mit der Endung **-ísimo** aus (oder mit muy + Adjektiv, siehe § 87 in der Grammatikübersicht).

car/o
teuer

grand/e
groß

-ísimo,
-ísima,
-ísimos,
-ísimas

sehr teuer,
sehr groß

Bei **rico, amargo** wird das **-c-** bzw. das **-g-** zu **-qu-**, **-gu-**: **riquísimo, amarguísimo**. Warum?

qué, cuál

¿**Qué** fruta es? *Was für eine Frucht ist das?*
¿**Cuál** es la fruta del tiempo? *Welches ist das Obst der Jahreszeit?*
¿**Cuál** dice? *Welche/n/s meinen Sie?*

Qué wird u.a. zusammen mit einem Substantiv verwendet.
Cuál bezeichnet eine Auswahl (steht nie zusammen mit einem Substantiv!).

1. para mí, para ti – lo/la, los/las
§§ 100, 101

Construyan diálogos según el ejemplo, sustituyendo las palabras en cursiva.

- ¿Qué has pedido para mí?
- ○ ¿Para ti? *Patatas fritas.*
- Pero si yo *las* prefiero *hervidas.*

Patatas fritas	**hervidas**
helado de chocolate	de vainilla
un bocadillo de queso	de jamón
bistec con arroz	con patatas
agua mineral con gas	sin gas
aceitunas verdes	negras
sardinas con tomate	sin tomate

2. Cenan fuera de casa § 119

A. Haga una lista con todos los pronombres interrogativos que conoce.

B. Formule diez preguntas sobre el texto (páginas 74–75).

C. Pregúntense mutuamente y contesten.

3. Una conversación

Escuche la grabación. Una de estas cuentas es de la señora. ¿Cuál?

1. Sopa de pescado
Merluza, patatas hervidas
Naranja
Agua mineral

2. Consomé
Carne de ternera
Flan
Cerveza

3. Sopa de pescado
Pollo
Naranja
1/4 de vino

4. En el restaurante vegetariano

Usted tiene 3.000 pesetas y quiere comer en el restaurante vegetariano «La Granja».

La Granja

Carta

Entrantes

Tostada de tomate y albahaca 250
(tomate, albahaca, ajo machacado, sal)

Apio con roquefort 300
(apio, salsa de roquefort)

Paté de pimiento 550
Paté vegetal 550
Paté de champiñón 550

Ensaladas

Ensalada griega 600
(tomates, pepinos, queso, orégano, zumo de limón, aceitunas negras, menta fresca)

Ensalada de brotes 650
(alfalfa, soja, tomate, zanahoria rallada)

Ensalada de manzana con requesón 600

Ensalada de plátano y pasta 650
(pasta integral, lechuga, plátano)

Ensalada granja 600
(zanahoria, lechuga, tomate, maíz)

Primer plato

Espaguetis pesto 600
(albahaca, piñones, ajo, aceite de oliva)

Espaguetis nata 550
(pasta, hierbas frescas)

Espaguetis salsa tomate 550

Espinacas catalana 550
(besamel, piñones, pasas)

Canelones 750
(espinacas, frutos secos, queso)

Segundo plato

Hamburguesas vegetales 700

Berenjenas 750
(berenjenas, tomate, orégano)

Filetes de tofu 550

Croquetas de calabacín 600
(soja, calabacín, pan rallado, huevo)

Calabacín al horno 750
(calabacín, queso, tomate, verdura)

Postres

Bizcocho de frutas 300
(harina integral, frutas, yogur)

Bizcocho de chocolate 350
(harina integral, yogur, cacao)

Crema de limón 275
(yogur, zumo de limón, leche condensada)

Postres variados del día 300

Vinos

Blancos	
De Rueda	850
Valdepeñas	750
De la casa	600
Tintos	
Rioja	850
Valdepeñas	750
De la casa	600
Rosados	
Navarra	850
De la Roda	850

Cerveza

Cerveza El Águila	175
Cerveza sin alcohol	175
Agua mineral	175

Zumos

Naranja	350
Limón	350
Manzana	350
Tomate	400

A. Subraye las palabras que entiende.
¿Qué pide usted...?

		Precio
de entrada	____________	________
de primero	____________	________
de segundo	____________	________
de postre	____________	________
para beber	____________	________

B. ¿Cuánto va a gastar usted en total?

C. Comente con los demás lo que va a pedir.

5. ¿Quién firma?

A. Sie suchen so schnell wie möglich die Personen, die Ihre Frage bejahen können, und lassen sich von ihnen jeweils die Unterschrift geben.
¿Quién encuentra primero a la compañera/ al compañero que tomó ayer en...

el desayuno	*firma*
un muesli	________
pan con mantequilla y miel	________
pan con queso	________

el almuerzo	*firma*
espaguetis	________
pollo con patatas	________
pescado con patatas	________

la cena	*firma*
yogur o fruta	________
sopa	________
pan con embutido y/o queso	________

B. Cuente ahora a otra/otro compañera/ compañero lo que sabe de los demás.

El vaso está un poco sucio

Gebrauch von „estar“ — minigramática

1. ¿Dónde **está** la sal? *Wo ist das Salz?*
2. El plato **está** sucio. *Der Teller ist schmutzig.*

Estar wird u.a. verwendet:
1. Um anzugeben, wo sich etwas befindet.
2. Bei Adjektiven, um einen vorübergehenden oder veränderlichen Zustand auszudrücken.

(Siehe § 42 in der Grammatikübersicht.)

Stellung von „le, lo, la, los, las“

Das Personalpronomen im Akkusativ **le, lo, la, los, las** kann immer vor der konjugierten Verbform stehen. Wenn aber eine konjugierte Verbform und ein Infinitiv zusammenstehen, können diese Pronomen

la
__ puedo ver__

lo
__ puedo cambiar__

las
__ voy a comprar__

entweder vor der konjugierten Verbform oder hinter dem Infinitiv (in einem Wort!) stehen.
(Siehe § 102 in der Grammatikübersicht.)

6. ¿Qué dice usted en español?

Was sagen Sie, wenn ...

1. ...Sie großen Hunger haben.
2. ...sich Ihre Gesprächspartnerin wohl geirrt hat.
3. ...Sie erzählen, daß Sie vor einem Monat zum ersten Mal in einem mexikanischen Restaurant gegessen haben.
4. ...Sie jemandem recht geben.
5. ...Sie einen Unbekannten höflich auf sich aufmerksam machen.
6. ...Sie im Restaurant um die Rechnung bitten.

7. Consumo verde

A. Combine las palabras españolas con su traducción al alemán.

verde	*wieder aufladbar*
ecológico	*kontrolliert*
único	*ausgewählt*
químico	*natürlich*
delicioso	*grün*
seco	*einziger*
controlado	*ökologisch*
seleccionado	*chemisch*
natural	*trocken*
recargable	*köstlich*

B. Complete el texto con los adjetivos correspondientes.

Consumo ________

En nuestra tienda de productos ________ vendemos frutas y verduras que crecen sin ayuda ________ y maduran sin prisas. Su sabor, naturalmente, es ________. Otros productos son cereales, frutos ________ y golosinas, estrictamente ________ y ________. La ropa de fibras ________, los cosméticos y las pilas ________ también tienen su hueco.

La carta de Mariluz

Desde Uruguay

Querida Blanca

Punta del Este, 5 de enero de ...

Querida Blanca:

Llegué a Uruguay hace tres días y dentro de unas semanas salgo para Buenos Aires. ¡Qué vida! Ahora te escribo desde la terraza de un bar de Punta del Este, frente al mar. Me gusta estar en casa, pero ya echo de menos muchas cosas de España.

Me acuerdo mucho de los días que pasé con ustedes en Tarazona y de nuestras charlas en los cafés de Madrid.

Antes de venir acá pasé un día en Barcelona. ¡Cómo ha cambiado en pocos años! No tuve tiempo de hacer muchas cosas, pero estuve en las Ramblas, fui a la Catedral, estuve toda la mañana por el Barrio Gótico y entré en el museo Picasso, que es una maravilla. Comí cerca del puerto mi última paella, dormí un poco la siesta y, por la tarde, estuve con un matrimonio amigo de mi padre. Paseamos, miramos vidrieras y vimos la Sagrada Familia de Gaudí. En fin, todo lo que hacen los turistas...

A última hora, muy apurada, compré unos zapatos para mí y unos regalos en una galería del Paseo de Gracia. Luego tomé el avión para Madrid y, sin salir de Barajas, por la noche volamos a Uruguay.
Al llegar a Montevideo tuve que abrir los paquetes y ...
¡Qué regalos! ¡No había nada español...! Una típica mantilla española hecha en Bolivia; un bolso de cuero – eso sí, lindísimo – hecho en Montevideo; una reproducción de un cuadro con un torero, pintado por Botero e imprimido en Chile...
¡Recuerdos de España!
Menos mal que en una tienda de Montevideo pude comprar una botella de amontillado y una caja de turrón español para mis viejos, porque si no...
Ahora espero una larga carta de España, con muchas noticias buenas. Muchos recuerdos a tus padres y un fuerte abrazo para vos y Eduardo, de

Mariluz

El popular barrio de la Boca de Buenos Aires.

Querida Blanca

minigramática

Indefinido von „tener, estar, poder"

tener
tu**ve**
tu**viste**
tu**vo**
tu**vimos**
tu**visteis**
tu**vieron**

Tener hat als unregelmäßiges Verb auch unregelmäßige Indefinidoformen. Die Indefinidoformen der Verben **estar** und **poder** werden wie die von **tener** gebildet (unbetonte Endungen!).

Tragen Sie die Formen von **poder** (Stamm: **pud**-) und **estar** (Stamm: **estuv**-) in das nachfolgende Schema ein.

(Siehe §§ 33, 29 in der Grammatikübersicht.)

Al llegar

Al llegar (= Cuando llegué) a Montevideo tuve que abrir todos los paquetes.
Als ich in Montevideo ankam, mußte ich alle Pakete öffnen.

Im Spanischen wird häufig **al + Infinitiv** anstelle von **cuando + konjugierter Verbform** verwendet.

1. ¿Es correcto o no?

A. Reconstruya primero el orden de las siguientes palabras.

1. Mariluz – Uruguay – años – llegó – tres – hace – a.
2. Mariluz – casa – carta – su – escribe – la – en.
3. Desde – mar – el – el – ve – bar.
4. Le – país – en – gusta – su – estar.
5. Antes – Barcelona – pasó – en – a – Uruguay – de – semana – una – venir.
6. Tuvo – cosas – de – muchas – tiempo – hacer.
7. En – en – catedral – Gótico – la – estuvo – Barrio – también – y – el.
8. No – Picasso – gustó – museo – le – el.
9. Comió – puerto – una – del – cerca – paella.
10. Compró – Barajas – los – en – regalos.

B. Trabajen de dos en dos. Uno lee su frase y el otro dice si es correcta según el texto de la lección o no. Si no es correcta, la corrige.

2. Querida Blanca

A. Subraye los verbos en indefinido y escriba los correspondientes infinitivos en su cuaderno.

B. Lea la carta otra vez, empezando así:

Mariluz llegó a Uruguay....

C. Escriba ahora una carta personal a un amigo o una amiga y use por lo menos doce de los verbos que acaba de apuntar en el cuaderno.

3. El 28 de enero

Mariluz está preparando la maleta. Mañana sale para Buenos Aires donde se va a quedar una semana. Saque la ropa que no debe llevar.

4. Los típicos regalos...

A. ¿Qué regalos típicos compró Mariluz?

B. Usted quiere visitar a unos amigos en el extranjero. Necesita cinco regalos. No importan ni el precio ni el peso. ¿Qué les lleva usted desde Alemania?

5. ¡Qué fácil!

A. Usted formula una frase y su compañero reacciona de forma adecuada.

Ejemplo:
- Carlos ya no fuma.
- ○ ¡Cómo ha cambiado!

B. Usted expresa su opinión y su compañero le da la razón.

Ejemplo:
- ¡Cómo ha cambiado!
- ○ Sí, se compró una bicicleta y vendió el coche.

6. al llegar

Complete las frases.

1. Al llegar a clase la semana pasada...
2. Al llegar a casa ayer por la noche...
3. Al llegar por primera vez a España/ Latinoamérica...

4. Al llegar el primer hombre a la luna...
5. Al explotar la primera bomba atómica...
6. Al caer el Muro de Berlín...

7. Un poco de vocabulario

¿Cómo se dice en español?

1. Ich vermisse vieles.
2. Ich kam gestern an.
3. Ich hatte keine Zeit.
4. Im letzten Augenblick.
5. Zum Glück ...

8. Hace... § 46

Formule frases con las expresiones españolas que corresponden a las siguientes expresiones alemanas.

vor
- einer Stunde
- drei Jahren
- einigen Wochen
- ein paar Jahren
- kurzem

9. muy bueno = buenísimo § 87

A. Busque primero los contrarios.

pobre	malo
pequeño	aburrido
vulgar	inútil
corto	antipático
práctico	elegante
bueno	rico
simpático	largo
divertido	grande

B. Escriba ahora las formas del superlativo.

10. Mercedes viaja mucho

Escuche la grabación y conteste a las preguntas.

1. ¿Cuál es el motivo de sus viajes?
2. ¿Cuál es el país que más le gusta?
3. ¿Cómo es la gente allí?
4. ¿Cuántas zonas distintas hay en aquel país?
5. ¿Qué zonas son?
6. ¿Qué es lo que menos le gusta?

11. Mariluz no está en casa

Escuche la grabación y conteste a las preguntas.

Blanca estuvo primero en
- ❑ Lima
- ❑ Buenos Aires
- ❑ Montevideo

Ahora Blanca está en el hotel
- ❑ José Amigas
- ❑ José Artiguas
- ❑ José Artigas

Está en la habitación número
- ❑ 225
- ❑ 235
- ❑ 253

El teléfono del hotel es el
- ❑ 37 52 61
- ❑ 73 25 16
- ❑ 37 25 16

12. Esta noche no alumbra

Vamos a cantar.

Esta noche no *alumbra*	*leuchtet*
la *farola* del mar,	*Laterne*
esta noche no alumbra	
porque no tiene gas. 3x	
Esta noche no alumbra	
la farola del mar.	
El zurrón del gofio	*Den Gofio-Schlauch*
yo lo traigo aquí,	
el que quiera gofio	*wer will*
me lo pide a mí. 3x	*soll mich darum bitten*
El zurrón del gofio	
yo lo traigo aquí.	
Una noche de luna	

uvas *me fui a robar*	*ging ich stehlen*
y, cortando el racimo,	*und als ich die Traube schnitt,*
se me cayó el parral.	*stürzte die Weinlaube ein.*
Una noche de luna	
uvas me fui a robar.	

13. Son para niños antillanos

A. Lea el poema con ayuda del vocabulario.

Por el mar de las Antillas
anda un barco de papel:
anda y anda el barco barco,
sin timonel.

De La Habana a Portobelo,
de Jamaica a Trinidad,
anda y anda el barco barco,
sin capitán.

Una negra va en la popa,
va en la proa un español;
anda y anda el barco barco,
con ellos dos.

Pasan islas, islas, islas,
muchas islas, siempre más;
anda y anda el barco barco
sin descansar.

Un cañón de chocolate
contra el barco disparó,
y un cañón de azúcar, zúcar,
le contestó.

¡Ah, mi barco marinero,
con un casco de papel!
¡Ay, mi barco negro y blanco
sin timonel!

Allá va la negra negra,
junto junto al español,
anda y anda el barco barco
con ellos dos.

NICOLÁS GUILLÉN

B. Sie könnten das Gedicht jetzt in eine Zeichnung/Collage umsetzen oder den Text fotokopieren/abschreiben und auf den passenden Hintergrund kleben.

14. El mar

¿Qué asocia usted con la palabra «mar»?

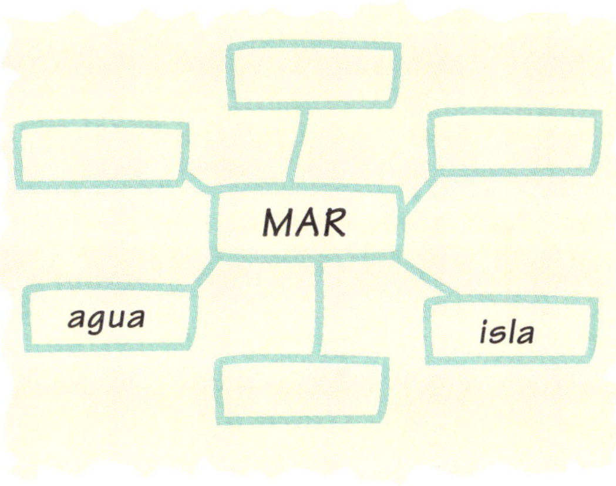

Fin de semana

En Madrid

A la derecha pueden ver...

Puerta de Alcalá

Un grupo de personas de la tercera edad ha llegado a Madrid para pasar el fin de semana. Salen del hotel y suben al autocar. El guía es un señor mayor, madrileño, que enseña a los turistas las cosas más interesantes de su ciudad.

EL GUÍA: Hemos reservado mesas en el restaurante Rocinante, que está en el centro. El almuerzo es a las dos, así que faltan un par de horas. Tenemos tiempo para ver un poco la ciudad. Por favor, mucho cuidado con los bolsos y otros objetos personales porque, como en todas las grandes ciudades del mundo, también aquí hay rateros...

UN SEÑOR: ¿Dónde estamos ahora?

EL GUÍA: Ésta es la calle Serrano... Ahora llegamos a la Plaza de la Independencia. ¿Ven? Ahí, en el centro, está la Puerta de Alcalá, construida en el siglo XVIII, en la época del rey Carlos III. A la derecha...

UNA SEÑORA: Oiga, ¿no podemos tomar un café o un refresco? Hace calor en Madrid...

EL GUÍA: Mejor más tarde, si pueden esperar un poco... ¿De acuerdo?

LA SEÑORA: Bueno. Siga, siga usted.

Estación de Atocha

En el Retiro

Palacio de Cristal

EL GUÍA: Ahí, a la derecha de la Puerta de Alcalá, pueden ver un parque. Es el Retiro, el parque más famoso de Madrid. Sirve de pulmón a la ciudad. Dentro del parque hay monumentos, fuentes, salas de exposiciones, un estanque artificial con barcas y – lo más importante – grandes zonas verdes.

OTRO SEÑOR: ¿Y también ahí se reúnen los jóvenes y... ?

EL GUÍA: Pues sí. Sobre todo los fines de semana hay en el Retiro grupos que discuten de política, chicos y chicas que hacen footing y recorren kilómetros y kilómetros, otros que juegan al balonvolea, señoras que adivinan el porvenir... Hasta barquilleros hay otra vez.

En el centro

Torre Picasso

UNA SEÑORA: ¡Cuánto tráfico, Dios mío!

EL GUÍA: En el centro de esta plaza vemos la Cibeles, el monumento a la diosa y la fuente de agua. Aquí empieza el Paseo del Prado. Al fondo, a la izquierda, pueden ver el Museo del Prado, ya saben, uno de los más importantes del mundo. Aquí cerca está también el Palacio de Villahermosa, con la colección de pinturas de von Thyssen, una maravilla.

UNA SEÑORA: ¿Y quién es el rey que...?

EL GUÍA: Varios, varios reyes. Madrid es la capital de España desde 1561, gracias a Felipe II, pero el rey Carlos III es quien más ha hecho por esta ciudad, que existe desde el siglo IX... Ya estamos en el corazón de Madrid, la popular Puerta del Sol. Aquí hay gente todo el día y buena parte de la noche, pues a los madrileños les gusta mucho salir por la noche...

UN SEÑOR: Oiga, hay muchos inmigrantes y refugiados en esta ciudad, ¿no?

EL GUÍA: Sí, muchos. Estamos en una ciudad multicultural. Debe saber que Madrid es ciertamente una ciudad abierta y acogedora, aunque muchas personas procedentes del norte de África e incluso de América Latina no lo tienen tan fácil.

Puerta del Sol

El oso y el madroño

Museo del Prado

Escaparate con abanicos

En el centro...

EL GUÍA: Aquí hay miles y miles de andaluces, vascos, segovianos, toledanos... Ahora vamos a aparcar el autocar en esta calle, la calle Arenal..., y seguimos a pie, pues estamos muy cerca del restaurante. Cerca de aquí está la Plaza Mayor, del siglo XVII, la plaza más bonita de Madrid. Y el Rastro, el mercado de objetos usados más grande de España.

OTRA SEÑORA: Madrid tiene también un baile típico, ¿verdad?

EL GUÍA: ¡Ah! Es el chotis. Dicen que viene de la polca alemana.

OTRA SEÑORA: Parece verdad eso que dice usted de la «ciudad abierta»...

EL GUÍA: Claro. Y no es menos divertido el himno de Madrid.

LA SEÑORA: ¿Cómo es, cómo es?

EL GUÍA: ¡Uy...! No me acuerdo de todo, sólo de algunos versos:
«Yo tengo mi cuerpo:
un triángulo roto en el mapa
por ley o decreto,
entre Ávila y Guadalajara,
Segovia y Toledo...»

Una ganga en el Rastro

El grupo va hacia el Rastro. Hay muchas tiendas y puestos al aire libre. Se vende de todo. Un señor del grupo, un andaluz, se acerca a un puesto. Hay toda clase de objetos: cámaras fotográficas, relojes, ordenadores... La mujer que le acompaña se siente sin duda incómoda.

EL SEÑOR ANDALUZ: Espere, por favor. – Eh, señor, ¿cuánto cuesta...?
EL GUÍA: No, por favor. ¡Cuidado!
EL SEÑOR ANDALUZ: Sí, sí, necesito una máquina.
EL VENDEDOR: Ah, ésta es una máquina muy buena. Es japonesa.
EL SEÑOR ANDALUZ: ¿Seguro?
EL VENDEDOR: Sí, sí, palabra. Mire usted, déme diez mil...
EL SEÑOR ANDALUZ: Demasiado cara. Cinco.
EL VENDEDOR: Siete.
EL SEÑOR ANDALUZ: Vale, siete. Tenga.

El andaluz compra la cámara. «La gente de los pueblos es tonta», piensa el guía.

EL GUÍA: Pero qué locura... Ha pagado usted siete mil por una máquina de segunda mano. Aquí en el Rastro las cosas son muy caras, hombre.
EL SEÑOR ANDALUZ: ¿Caras? Mire usted, resulta que ésta es la máquina que me robaron la semana pasada. ¿Sabe cuánto vale? ¿No? ¡Pues treinta mil pesetas!

TODO
500
pts

A la derecha pueden ver...

Einige Präpositionen

minigramática

en = *in, auf ...*

Un fin de semana **en** Madrid.
Ein Wochenende in Madrid.
En la mesa hay una carta...
Auf dem Tisch liegt eine Speisekarte...

a = *nach, zu ...*

¿Vamos **a** casa? *Gehen wir nach Hause?*

de = *von, aus ...*

Compro el periódico **de** hoy. *Ich kaufe die Zeitung von heute.*
Salen **del** hotel. *Sie gehen aus dem Hotel.*
sala **de** exposiciones *Ausstellungsraum*
fin **de** semana *Wochenende*
plaza **de** toros *Stierkampfarena*

Im Spanischen benutzt man häufig die Präposition **de** als Bindeglied zwischen zwei Substantiven.

un grupo **de** personas *eine Gruppe von Personen*
un par **de** horas *ein paar Stunden*
un kilo **de** manzanas *ein Kilo Äpfel*

Die Präposition **de** steht auch nach Wörtern, die eine Anzahl/Menge ausdrücken.

para = *für, um zu ...*

Este regalo es **para** ti. *Dieses Geschenk ist für dich.*
Tenemos mucho tiempo **para** ver la ciudad.
Wir haben viel Zeit, um die Stadt zu besichtigen.

por = *für ...*

He comprado un reloj **por** 5.000 pesetas.
Ich habe eine Uhr für 5000 Peseten gekauft.
Mañana **por** la tarde viene Luis. *Morgen nachmittag kommt Luis.*

¿Hay un teléfono **por** aquí? *Ist hier irgendwo ein Telefon?*

Por bezeichnet u.a. den Preis, die Zeit. Bei Lokalangaben kann **por** die ungefähre Lage bezeichnen.
(Siehe auch § 121 in der Grammatikübersicht.)

Superlativ/Höchststufe

la plaza más bonita

el parque más famoso *der berühmteste Park*
la plaza más bonita *der schönste Platz*
las cosas más interesantes *die interessantesten Dinge*
lo más importante *das Wichtigste*

Der Superlativ (Höchststufe) wird im Spanischen mit **el** (**la, lo, las, los**) **más** + Adjektiv gebildet.

1. ¿Correcto o falso?

A. Escuche la grabación con los libros cerrados. Marque con una cruz si las constataciones son correctas o no.

	C	F
1. Es un grupo de jóvenes que ha llegado a Madrid.	❑	❑
2. Van a pasar mucho tiempo allí.	❑	❑
3. La guía es una chica de Andalucía.	❑	❑
4. Van a almorzar en un restaurante a las dos.	❑	❑
5. Antes de ir al restaurante van a ver un poco la ciudad.	❑	❑
6. El guía dice que hay que tener mucho cuidado con los objetos personales.	❑	❑
7. A un andaluz le robaron su cámara en la estación.	❑	❑
8. La Puerta de Alcalá es del siglo XVIII.	❑	❑

B. Comente con su compañero/compañera los puntos que no son correctos según su opinión. En caso de dudas consulten el libro, págs. 88–91.

2. ¿Cómo es eso? § 120–122

A. Escriba primero las preposiciones que faltan (en, a, de, con, para, por).

1. «____ favor, mucho cuidado ____ los bolsos y otros objetos personales, porque aquí hay muchos rateros.»
2. Salen ____ hotel y suben ____ autocar.
3. Habla muy despacio, ____ voz clara:
4. Un grupo ____ personas ____ la tercera edad ha llegado ____ Madrid ____ pasar el fin de semana.
5. El guía es un joven ____ aspecto ____ estudiante.
6. Tenemos tiempo ____ ver un poco la ciudad.
7. «Hemos reservado una mesa ____ el restaurante Guria, que está ____ Lavapiés.»

B. Reconstruya la historia, poniendo las frases en orden.

3. Vamos a buscar los contrarios

A. Busque en el texto las palabras que significan lo contrario de...

1. ha salido ____________	2. mucho ____________
3. viejo ____________	4. a la izquierda ____________
5. rápido ____________	6. (un estanque) natural ____________
7. bajan ____________	8. fuera ____________

B. Formule frases según el ejemplo.

Ejemplo: El avión ha salido de Málaga, pero todavía no ha llegado.

4. Caos total

Busque los criterios para ordenar las siguientes palabras en cuatro grupos.

autocar · Guernica · acento · Ginebra · guía · centro · cuatro · Argentina · corazón · Goya · gente · dice · gracias · Alcalá · ciudad · Gibraltar

____________	____________
____________	____________
____________	____________
____________	____________
____________	____________
____________	____________
____________	____________
____________	____________

En el centro

5. En la plaza de la Sagrada Familia

A. Escuche la grabación y marque todos los sitios que se nombran.

- Arco de Triunfo ❑
- Parque Güell ❑
- Paseo Picasso ❑
- Plaza de Cataluña ❑
- Sagrada Familia ❑
- Paseo de Gracia ❑
- Ensanche ❑
- La Rambla ❑
- Palacio Pedralbes ❑
- La Pedrera ❑
- Plaza Palacio ❑
- Montjuïc ❑
- Mercado de la Boquería ❑
- Paseo Isabel II ❑
- Casa Batlló ❑
- la Catedral ❑

B. Marque en el plano los sitios que se visitan.

6. Sevilla, Madrid, Barcelona

Usted y sus compañeros tienen un día para visitar una de estas ciudades. Formen grupos según la ciudad que van a visitar y hagan una lista de las cosas que quieren hacer allí.

7. Mi ciudad

A. Usted espera la visita de una amiga española. Prepare por escrito una visita guiada por su ciudad.

Palabras útiles:

Hauptbahnhof	la estación central
Rathaus	el ayuntamiento

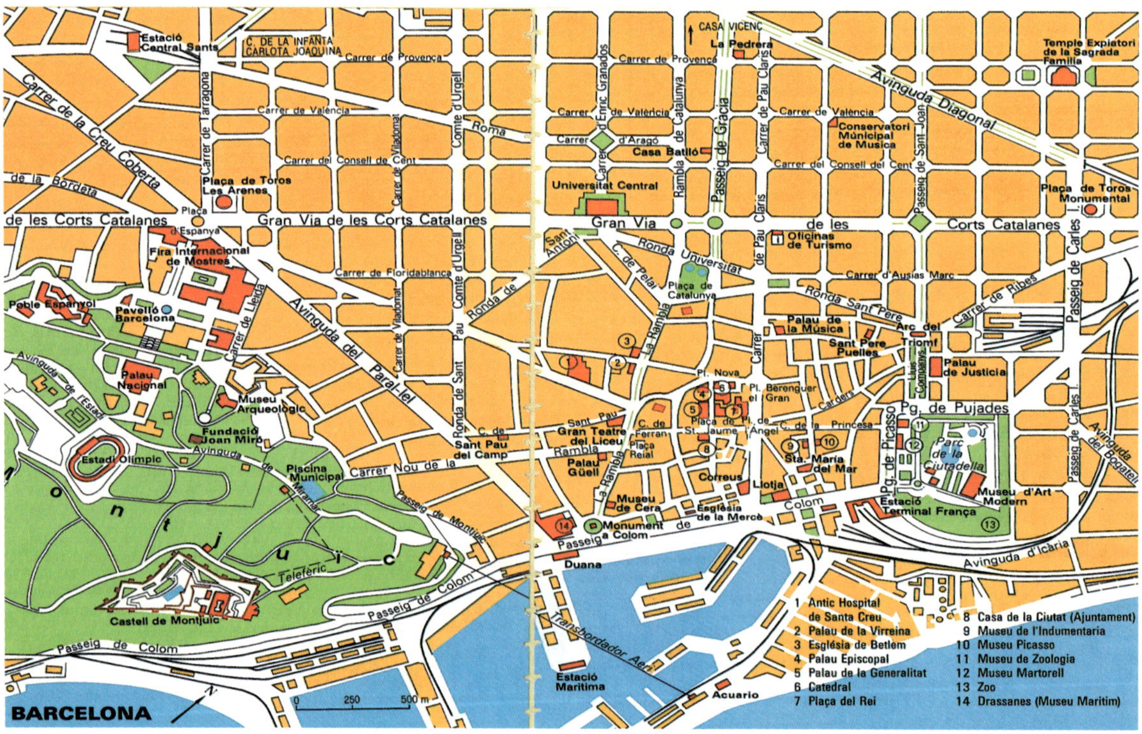

Stadtmauer	la muralla
Museum	el museo
Stadtheater	el teatro municipal
Konzerthalle	el auditorio
Stadtbücherei	la biblioteca municipal
Schloß	el castillo
Kirche	la iglesia
Kreuzgang	el claustro
Fußgängerzone	la zona peatonal
Wochenmarkt	el mercado al aire libre
Friedhof	el cementerio

B. Usted tiene quizá un plano de otra ciudad alemana o extranjera. Explique a su compañero lo que sabe de esa ciudad y lo que hay que visitar.

Una ganga en el Rastro

8. Más preposiciones § 120–122

Complete el texto.

El grupo está _____ el Rastro. Hay muchas tiendas y puestos _____ aire libre. El andaluz se acerca _____ un puesto. La gente _____ los pueblos es tonta, piensa el guía. Y _____ voz alta dice: «Pero qué locura... Ha pagado usted siete mil pesetas _____ una cámara _____ segunda mano. Aquí _____ el Rastro las cosas son muy caras, hombre.»

9. Otra vez en Alemania § 13

Trabajen de dos en dos. ***A*** *quiere saber de* ***B*** *todo lo que hizo en Madrid.* ***A*** *completa las preguntas y* ***B*** *completa las respuestas* *(en la página 99).*

A.

1. ¿Cuánto tiempo *(estar)* __________ allí?
3. ¿*(Ir)*__________ al Prado?
5. ¿Te *(gustar)* ____________ el museo?
7. ¿Dónde *(almorzar)* ______________?
9. *(Ir)* ____________ también al Rastro?
11. ¿He oído que hay muchos rateros en Madrid. ¿*(Pasar)* ____________ algo?
13. ¿Qué dices, le *(robar)* __________ la cámara?
15. Y el andaluz, ¿*(llamar)* _________ a la policía?
17. ¿*(Comprar)* ___________ otra vez su cámara?
19. ¿Cuánto *(pagar)* _______________?
21. ¡Qué cosas!

10. Situaciones

¿Qué dice usted en español?

Was sagen Sie, wenn ...
1. ...Sie wissen möchten, wo Ihre Freunde das Wochenende verbringen wollen?
2. ...Sie sich freuen, daß Ihre Gesprächspartnerin sehr deutlich spricht?
3. ...Sie wissen möchten, ob in diesem Restaurant ein Tisch vorbestellt werden muß?
4. ...Sie jetzt keine Zeit haben, jemanden anzurufen?

5. ...Sie der Polizei sagen, daß Ihr Geldbeutel gestohlen worden ist?
6. ...Sie jemanden darauf hinweisen, daß rechts von ihm die Kathedrale zu sehen ist?
7. ...Sie auf dem schönsten Platz der Sadt stehen?
8. ...Sie gerne wüßten, wo Sie parken können?

11. Fonseca

Vamos a cantar.

Triste y sola, sola se queda *Fonseca*,	*Colegio Mayor de Fonseca*
triste y *llorosa* se queda la facultad.	*weinend*
Y los libros, y los libros *empeñados*	*verpfändet*
en el monte, en el *monte de piedad*.	*Pfandhaus*
Las calles están *mojadas*	*naß*
y parece que llovió;	
son *lágrimas* de una niña	*Tränen*
por un amor que perdió.	
Triste y...	
No te acuerdas cuando te decía	*Erinnerst du dich nicht, als ich dir sagte*
a la pálida luz de la luna:	
yo no puedo querer más que a una,	
y esa una, mi *vida*,	*Leben*
eres tú.	
Triste y...	

12. Felices Navidades

A. Lesen Sie den folgenden Text und unterstreichen Sie die Wörter, die Ihrer Meinung nach mit Weihnachten zu tun haben. Es geht nicht darum, jedes Wort zu verstehen!

En algunos pueblos de España el día de Nochebuena, el 24 de diciembre, los jóvenes van por las calles cantando villancicos y a medianoche mucha gente va todavía a la iglesia a oír la misa del gallo. El 25 de diciembre, el día de Navidad, se reúne la familia sobre todo para comer. Muchos españoles comen pavo o lenguado y la gente más moderna come salmón. Dos cosas no faltan en ninguna casa: el turrón y el cava.

Estos días los españoles decoran también sus casas, aunque menos que en los países del norte de Europa. Si hay niños, en casi todas las casas hay un pesebre con una representación del nacimiento del niño Jesús. En el pesebre hay lagos hechos con un espejo o con papel de plata, montañas, casitas de corcho y figuritas de barro. Mucha gente, además, pone en la sala de estar o en el comedor un abeto natural o de plástico.

Las calles más céntricas y más comerciales se llenan de luces y los escaparates de las tiendas ofrecen todo tipo de objetos de consumo. La televisión hace publicidad, sobre todo de alimentos, bebidas, perfumes y, naturalmente, de juguetes para los niños.

Muchas familias se hacen algún regalo el día de Navidad, pero los regalos a los niños se hacen, sobre todo, el día de Reyes, es decir el 6 de enero. Unos días antes los niños escriben una carta a los Reyes Magos. El día cinco por la tarde llegan los Reyes con sus pajes y con camellos. La cabalgata con carrozas y música recorre las calles céntricas y los Reyes y sus pajes tiran caramelos a los niños que, desde las aceras, miran con ilusión.

Luego, por la noche, antes de irse a la cama, los niños dejan un zapato en algún sitio de la casa y al lado un vaso de agua para los camellos. Mientras los niños duermen, los padres colocan junto a sus zapatos los juguetes. Al día siguiente por la mañana los niños encuentran los regalos y pueden ver que ya no hay comida. ¡Los reyes han estado allí de verdad! El rey Baltasar, es decir el rey negro, ha dejado «carbón» a los niños que han sido malos. El carbón es un dulce de color negro que, claro, parece carbón.

B. Busque un título para cada párrafo.

13. Definiciones

Aquí tiene las definiciones de algunas palabras específicas. ¿Qué palabras son?

a) ____________: Misa que se celebra a medianoche el día de Nochebuena.

b) ____________: Los personajes que, guiados por una estrella, fueron hasta Belén a adorar al Niño Jesús.

c) ____________: Desfile de jinetes y carrozas en tono festivo.

d) ____________: Dulce a base de almendras, piñones, avellanas o nueces, tostado todo y mezclado con miel o azúcar. Es propio de Navidad.

e) ____________: Escenificación con muñecos y maquetas del lugar en que nació Jesucristo y de los acontecimientos que sobre ello se narran; se monta durante las Navidades. Especialmente, escenificación del establo de Belén, que es la escena central.

f) ____________: Noche del 24 de diciembre, que precede al día de Navidad, en la que se celebra el nacimiento de Jesucristo.

g) ____________: El día seis de enero.

h) ____________: Composición poética popular y con estribillo, sobre todo las de asunto religioso o con tema de Navidad.

14. Navidad en mi casa

Escriba un pequeño texto sobre sus costumbres personales en estos días.

Partnerarbeit, Seite 97

B.

2. *(Estar)* __________ en Madrid sólo un fin de semana.
4. Sí, *(ir)* __________ allí por la mañana.
6. Sí, me *(gustar)* __________ muchísimo.
8. *(Almorzar)* __________ en un restaurante que se llama Guria. Es muy bueno.
10. Sí, *(ir)* __________ allí antes de comer.
12. Sí, a un señor andaluz le *(robar)* __________ la cámara fotográfica.
14. Sí, en el Rastro.
16. No, fíjate lo que *(pasar)* __________. Vio su cámara en el Rastro y, claro, la *(comprar)* __________.
18. Sí.
20. *(Pagar)* __________ siete mil pesetas por una máquina que vale treinta mil.

La señora Benavides

El día de su santo

Como todos los años

El 16 de julio era el santo de Carmen Benavides de Ibarra. Como siempre, la señora Benavides pensaba celebrar una gran fiesta. Tenía ya 85 años, pero era una mujer de espíritu joven y vital. A las seis de la mañana llamó a su hijo Carlos por teléfono. Ella vivía en Madrid y él en Zaragoza, donde vivía también su segundo hijo, Ramón, dos años menor que Carlos.

- Carlitos, pasado mañana estamos a 16. Os espero, ¡eh!

Normalmente, a las seis de la mañana don Carlos, un caballero de 60 años, jubilado, suele dormir. Pero aquel día su madre lo despertó.

○ ¿Cómo? ¿Perdón...? Ah, eres tú, mamá... Sí, sí, claro, es el día de la Virgen del Carmen, tu santo. Claro que vamos a ir.

Carmen Benavides organizó el viaje de sus hijos a Madrid. Como todos los años.

El viaje

A la una del mediodía Carlos y su hermano Ramón fueron a tomar un aperitivo en un pequeño bar, cerca de la iglesia del Pilar, en Zaragoza, y hablaron de la fiesta de su madre.

- Nosotros somos cuatro, con los padres de María. Vamos a ir en coche. ¿A qué hora te ha dicho que tenemos que estar en Madrid? ¿Vosotros también vais en coche? ¿Quieres que pasemos por vuestra casa?
- ○ No, no, Ramón. Ya lo sabes. Cuando había menos tráfico iba con gusto en coche, pero ahora prefiero ir en tren, contestó Carlos.

Como todos los años discutieron sobre el viaje: si ir en tren o en coche, el precio de la gasolina, el tráfico, la contaminación... Y, como todos los años, Ramón y su mujer y sus suegros decidieron ir en coche y Carlos y su mujer decidieron hacerlo en tren.

El día 16 salieron de Zaragoza. Ramón salió a las cuatro de la tarde y Carlos tomó el tren de las tres y veinte. Entre Zaragoza y Madrid hay unos 300 kilómetros, exactamente 322. Mientras los hijos viajaban, la madre preparaba la fiesta. A las siete sonó el teléfono en casa de la señora Benavides.

- Sí, sí. Diga.
- ○ Hola, mamá. Soy Ramón.
- ¿Qué pasa, hijo? ¿Ya estás en Madrid?
- ○ Lo siento, mamá. No puedo llegar a tiempo. Estamos todavía en Calatayud. Se ha estropeado el motor y no podemos continuar. Marisa quiere que alquilemos un coche. Carlos ha sido más inteligente, ha tomado el tren.
- ¿Inteligente, dices? Pero si me ha llamado hace poco. ¡Está también en Calatayud! Dice que hay huelga de trenes...

Ramón alquila un coche

EMPLEADA: Buenos días.
RAMÓN: Buenos días. Desearía alquilar un coche.
EMPLEADA: Muy bien. ¿Qué tipo?
RAMÓN: Uno normal, del estilo del Ford Fiesta.
EMPLEADA: En este momento no hay ningún Ford Fiesta disponible. Puedo ofrecerle un Seat Ibiza.
RAMÓN: ¿La diferencia de precio es mucha?
EMPLEADA: No, no es muy grande. Si lo va a alquilar para un día, son 2.600 pesetas más 23 por kilómetro.
RAMÓN: Pero quiero que tenga radio.
EMPLEADA: Sí, por supuesto, señor. Radio y casete.
RAMÓN: Menos mal. Vale. Está bien.
EMPLEADA: ¿Qué seguro desea?
RAMÓN: ¿Seguros? Los deseo todos.
EMPLEADA: ¿Cómo va a pagar el alquiler? ¿En efectivo?
RAMÓN: No. Lo voy a pagar con tarjeta de crédito.
EMPLEADA: Perfecto. Entonces no necesita dejar depósito. ¿Me deja un momento su carné de conducir y su tarjeta de crédito, por favor? Aquí tiene el contrato. Le ruego que lo firme abajo a la derecha.

En la gasolinera

EMPLEADA: ¿Gasolina?
RAMÓN: Sí, lleno, por favor. ¿Puede revisar los neumáticos? Tengo mucho miedo a los pinchazos, sabe...
EMPLEADA: ¿Sí? Como usted quiera...
RAMÓN: Y me parece que el faro derecho no funciona. ¿Puede mirar si es por la bombilla, por favor?
EMPLEADA: Cómo no. Faltaba más.

Nombres y apellidos

El nombre

En España algunos nombres son muy populares en determinadas comunidades. Nuria o Montserrat son, por ejemplo, nombres catalanes y en Valencia hay muchos hombres que se llaman Vicente. Hoy día los niños y los jóvenes tienen nombres menos tradicionales, sacados de las series de la televisión, como Sonia, Vanesa o Cristian. Y en España el nombre es importante porque los españoles celebran más el día del santo que el cumpleaños.

Los apellidos

La esposa del antiguo presidente argentino Juan Domingo Perón se llamaba Eva Duarte, la esposa del pintor mexicano Diego Rivera se llamaba Frida Kahlo y el marido de Montserrat Caballé se llama Bernabeu Martí. En España y en muchos países de América Latina normalmente las mujeres, cuando se casan, no pierden su apellido, aunque en las tarjetas de visita o en ocasiones más formales la mujer casada usa también el apellido del marido con la preposición *de:* «Eva Duarte de Perón». Los hijos oficialmente tienen que usar dos apellidos, el primero del padre y el primero de la madre.
Algunas personas, sobre todo los artistas, prefieren utilizar el apellido de la madre si éste es más bonito, como, por ejemplo, hizo Pablo Ruiz Picasso.

Las mañanitas

Estas son las mañanitas
que cantaba el rey David.
Y hoy, como es día de tu Santo,
te las cantamos a ti.
¡Despierta, mi bien, despierta!
Mira que amaneció.
Y ya los pajaritos cantan,
la luna ya se metió.

¡Qué linda está la mañana,
en que vengo a saludarte!
Venimos todos con gusto
y placer a felicitarte.

El día en que tú naciste,
nacieron todas las flores.
En la pila del bautismo
cantaron los ruiseñores.

Como todos los años

minigramática

Imperfekt

El 16 de julio era el santo de Carmen.
Am 16. Juli war der Namenstag von Carmen.

Pensaba celebrar una gran fiesta.
Sie gedachte, ein großes Fest zu feiern.

Tenía 85 años.
Sie war 85 Jahre alt.

Era, pensaba, tenía sind Imperfektformen von **ser, pensar** und **tener.**
Dem deutschen Imperfekt entsprechen im Spanischen zwei verschiedene Vergangenheitszeiten:
Indefinido wird grundsätzlich für abgeschlossene Handlungen in der Vergangenheit gebraucht.
Imperfecto beschreibt einen Zustand in der Vergangenheit.

Los niños dormían	cuando llegué a casa.
Die Kinder schliefen	*als ich nach Hause kam.*
Beschreibung der Situation	Handlung: was geschah?

(Siehe auch §§ 13, 18 in der Grammatikübersicht.)

Regelmäßiges Imperfekt

pens	**ar**	**ten**	**er**	**viv**	**ir**
pens	aba	ten	ía	viv	ía
pens	abas	ten	ías	viv	ías
pens	aba	ten	ía	viv	ía
pens	abamos	ten	íamos	viv	íamos
pens	abais	ten	íais	viv	íais
pens	aban	ten	ían	viv	ían

Imperfekt von „ser“ und „ir“

ser	**ir**
era	iba
eras	ibas
era	iba
éramos	íbamos
erais	ibais
eran	iban

1. ¿Qué hay en el saco? §§ 12, 17

A. Saque del saco todos los verbos en imperfecto y haga una lista según el ejemplo.

Ejemplo:
Formas del imperfecto

-ar	**-er/-ir**
estaba	tenía
______	______
______	______
______	______

B. Vuelva a mirar los verbos del saco. Complete ahora el siguiente esquema.

subir →	subí	subiste	________
________	supe	supiste	________
________	dije	dijiste	________
________	dormí	dormiste	________
________	tuve	tuviste	________
________	viví	viviste	________

2. Carmen Benavides

A. Vuelva a leer el texto sobre Carmen Benavides y marque con dos colores distintos las formas de imperfecto e indefinido.

B. Complete el mapa asociativo.

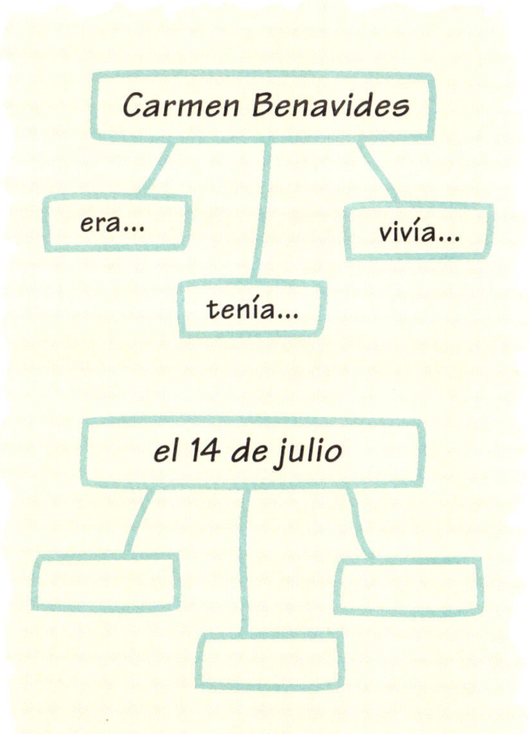

3. Cuando tenía 30 años... § 18

A. Cuente la vida de la señora Benavides cuando tenía 30 años. Empiece así:

«Cuando la señora Benavides tenía 30 años vivía con la familia en...»

- (tener) 30 años
- (vivir) con la familia en...
- su marido Ignacio (ser) de Sevilla
- Ignacio (trabajar) en una empresa de...
- Ignacio y Carmen (tener) dos hijos de 5 y 7 años
- Carmen (trabajar) en casa: (preparar) la comida, (lavar), (limpiar)
- los hijos, Carlos y Ramón, (llegar) del colegio y (almorzar) en casa todos los días a la una y media
- Ignacio (almorzar) en su trabajo pero (echar) una siesta en casa todos los días
- la familia (cenar) todas las noches a las nueve
- la comida de Carmen (ser) siempre muy buena

B. Pregunte a una persona mayor que conoce bien cómo vivía antes y apúntelo.

C. ¿Dónde vivía, qué hacía y cómo era usted cuando tenía 15 años?

4. Fotos de familia § 18

A. Usted le explica a su compañera/compañero en nombre de la señora Benavides
a) quién es la persona en la foto
b) cuántos años tiene actualmente
c) qué profesión tiene
d) cuántos años tenía entonces
e) cómo era entonces

Ejemplo:

Hoy es peluquera. Aquí tenía 15 años. Era una chica muy simpática pero un poco tímida.

Ramón

Mónica

Lorenzo

Maite

Carlos

Belén

Cualidades	***Eigenschaften***
amable	*liebenswürdig*
listo, -a	*intelligent*
divertido, -a	*lustig*
abierto, -a	*offen*
holgazán, holgazana	*faul*
hablador, -a	*gesprächig*
generoso, -a	*großzügig*
serio, -a	*ernst*
tímido, -a	*schüchtern*
travieso, -a	*wild*
estudioso, -a	*lernbegierig*
trabajador, -a	*arbeitsam*

B. Usted trae a clase algunas fotos de su álbum familiar y explica a los demás quiénes son las personas, cuántos años tenían entonces, cómo eran y lo que son hoy.

El viaje

minigramática

Konjunktiv Präsens

¿Quieres que pasemos por vuestra casa?
Möchtest du, daß wir bei euch vorbeikommen?
Quiero que tenga radio.
Ich möchte, daß es ein Radio hat.
Le ruego que firme el contrato.
Ich bitte Sie, den Vertrag zu unterschreiben.

Regelmäßiger Konjunktiv Präsens

pasar	**beber**	**escribir**
pas**e**	beb**a**	escrib**a**
pas**es**	beb**as**	escrib**as**
pas**e**	beb**a**	escrib**a**
pas**emos**	beb**amos**	escrib**amos**
pas**éis**	beb**áis**	escrib**áis**
pas**en**	beb**an**	escrib**an**

Konjunktiv Präsens von „tener“ und „venir“

tener	**venir**
ten**ga**	ven**ga**
ten**gas**	ven**gas**
ten**ga**	ven**ga**
ten**gamos**	ven**gamos**
ten**gáis**	ven**gáis**
ten**gan**	ven**gan**

Nach Ausdrücken der „Willensäußerung“ (**quiero que**..., le **ruego que**..., **no permite que**..) wird im Spanischen der Kunjunktiv gebraucht.
(Siehe § 22 in der Grammatikübersicht.)

5. El 16 de julio §§ 13, 18

Mire los dibujos y cuente la historia. Puede empezar así:

«El día 16 de julio Ramón, el hijo menor, salió. Fue en coche con sus suegros.»

6. Quiero que... § 22

A. Usted escribe en tres papelitos lo que quiere que hagan tres de sus compañeras/compañeros y le da a cada una/uno el papelito correspondiente.

Ejemplo:
Señora Fischer, quiero que abra la ventana.

B. Ahora cada participante cuenta lo que le piden las otras personas a él/a ella.

Ejemplo:
La señora Müller quiere que (yo) abra la ventana.

7. ¿Qué palabra falta?

Inserte la palabra adecuada.

1. Belén y Jesús van a casarse en la ________________.
2. Dicen que es imposible encontrar un taxi. Hoy hay _____________ de taxis.
3. Ayer me desperté pronto porque a las seis ________________ el teléfono.
4. Ahora podemos ____________ el viaje.
5. ________________ los hijos viajaban, la madre preparaba la fiesta.
6. Carlos ha ________________ más inteligente, ha tomado el tren.
7. Entre Zaragoza y Madrid _____________ unos 3.000 kilómetros.
8. Como todos los años discutieron ________________ el viaje.
9. Lo siento, mamá, pero no puedo llegar ________________. Estamos todavía en Calatayud.
10. Mis padres viven en Zaragoza y los padres de mi marido, es decir mis _______________, viven en Calatayud.

Ramón alquila un coche

8. Siempre las mismas preguntas § 102

Trabajen de dos en dos. Pregunten y contesten según el ejemplo.

Ejemplo:
- ¿Cuándo vas a *alquilar el coche*?
- ○ *Lo* voy a *alquilar* esta tarde./ Voy a *alquilarlo* esta tarde.

alquilar el coche

comprar las flores para mamá

terminar el trabajo

buscar las entradas

empezar las clases de español

reparar la bicicleta

mandar el fax

lavar los calcetines

firmar la carta

alquilar la película

9. ¿Cuánto?

Calcule.
Ramón alquila un coche en Calatayud para ir a Madrid a visitar a su madre. Ha decidido alquilar un Seat Ibiza.

Entre Calatayud y Madrid hay unos 250 kilómetros. Además, Ramón quiere quedarse en Madrid unos días, hacer unas excursiones y visitar a unos amigos que viven en los alrededores. En total va a necesitar el coche durante 7 días.

Calcula que va a hacer unos 750 kilómetros, más el viaje Calatayud–Madrid ida y vuelta.
¿Qué va a resultar más económico, alquilar el coche por siete días con kilometraje ilimitado o alquilarlo por día pagando 20 pesetas por kilómetro?

Plaza Cantarero - Edif. Cantarero
Telf. 14/252 36 99

C. Pintada, 21
Telf. 14/252 20 95 - Fax: 14/252 24 95

CALATAYUD RENT A CAR
AUTOVERMIETUNG - LOCATION DE VOITURE

Ejemplo Exempl. Exem.	POR DIA PER DAY PRO TAG	POR KM. PER KM. PRO KM.	KILOMETRAJE ILIMITADO UNLIMITED MILEAGE UNBEGRENZT KILOMETER				
			3	4	5	6	7
MARBELLA	2.000	15	11.500	14.500	16.500	19.000	20.500
CORSA	2.400	18	13.500	16.500	18.800	21.000	24.000
IBIZA	2.600	20	15.500	18.500	20.500	24.000	27.500

C.I.F. A-29146172 - 13% I.V.A.

INCLUIDO: • Alquiler de Vehículo • Kilómetros ilimitados • Seguro del Vehículo

10. ¿Qué pasa?

Escuche la grabación y marque con una cruz la respuesta correcta.

1. El señor necesita alquilar un coche
❐ porque no hay trenes.
❐ porque su hija ha cogido su coche.

2. El señor va a Toledo
❐ para trabajar.
❐ para visitar a su hija.

3. La señora necesita alquilar un coche
❐ porque la familia tiene sólo un coche y su marido se ha ido con él a esquiar.
❐ porque su coche está averiado.

11. Alemania vista por una española

Escuche la entrevista y conteste a las preguntas.

1. ¿En qué mes estuvo Olga en Alemania?
2. ¿Cómo se dice Mainz en castellano?
3. ¿Cómo va la gente por el centro de la ciudad?
4. ¿Qué se puede ver en ambas orillas del Rhin?
5. ¿Qué otra ciudad visitó Olga?
6. ¿En qué idioma tenía que hablar con la gente?

Repaso

En todo caso

1. En Hamelín, la ciudad del flautista

A. Lea primero el texto.

Un grupo de estudiantes de bachillerato de un Instituto de Enseñanza Media de Santander, que estudian alemán, ha realizado un intercambio con un colegio alemán de una bella ciudad de la Baja Sajonia: Hamelín, la ciudad del flautista. «¿Qué habéis hecho durante estas semanas en Hamelín? ¿Qué te ha gustado de la vida en Alemania? ¿Qué cosas te han extrañado o molestado?»
Carlos dice que no comprende la manía de los alemanes de comer sin pan.
Ángela alaba los pabellones deportivos de los colegios de ese país. Raúl: «Nadie te mira, puedes llevar un pendiente en la nariz o siete en una oreja...» Raúl dice: «Se desayuna mucho y bien, pero a mediodía se come muy poco en Alemania.»
«¿Y qué habéis hecho en el tiempo libre?» «¿En el tiempo libre? Si puedo, hago siempre lo mismo: jugar al balonmano, en Santander y también en Hamelín.»
Por las mañanas los chicos y las chicas españoles han participado en las clases de español, ayudando a sus amigos alemanes («¡menos en poner acentos, eso lo saben ellos mejor que nosotros!»,
Y también, claro está, han tenido todos los días clase de alemán («pronunciar bien el alemán ya es difícil, pero escribirlo correctamente...»).

B. Conteste a las preguntas.

1. ¿De dónde son los estudiantes españoles?
2. ¿En qué Comunidad Autónoma está su ciudad?
3. «El flautista de Hamelín», ¿cómo se traduce al alemán?
4. ¿Qué manía tienen los alemanes según Carlos?
5. A Roberto, ¿qué le ha llamado la atención?
6. ¿Qué piensan del alemán como lengua extranjera?

C. ¿Usted ha hecho alguna vez un intercambio o ha pasado una temporada en el extranjero?

1. ¿Qué le ha gustado de la vida en...?
2. ¿Qué le ha extrañado?
3. ¿Qué le ha molestado?

2. El tiempo

Traduzca.

Es regnet. Es ist kalt.
Es gefällt mir nicht.
Ich werde ein Video ausleihen, glaube ich.
Nein, nein. Ich werde ein blaues Jackett kaufen.
Und ein Fahrrad, gelb wie die Sonne.
Oder gehen wir Tennis spielen?
Es regnet. Ich will und ich will nicht.

3. salir, tener, venir

A. Lea el siguiente texto y subraye todos los verbos.

Eduardo viaja mucho al extranjero. Sale de España todos los años. Va siempre a Francia, donde tiene unos amigos. Sale de su casa el domingo por la mañana. Va en avión. Dos horas más tarde llega a Lyon. Allí tiene una hora para cambiar de avión. Por la tarde llega a París donde viven sus amigos. Se queda una semana con ellos y en agosto viene aquí con sus amigos.

B. Vuelva a leer el texto. Empiece así:

«Yo viajo mucho al extranjero.»

4. ser – estar § 43, 42

Inserte las formas correctas.

1. Mariluz _____ periodista.
2. Ella _____ de Montevideo, pero el vendedor del quiosco cree que _____ de Argentina.
3. No _____ la primera vez que _____ en España.
4. Hoy por la mañana Mariluz _____ muy cansada.
5. «No _____ enferma», dice. «Sólo tengo un poco de fiebre.»
6. Va a la farmacia, pero _____ cerrada.
7. _____ una farmacia bastante grande.
8. El farmacéutico normalmente _____ un tipo muy tranquilo pero hoy _____ nervioso.
9. Ya _____ tarde y mucha gente _____ esperando delante de la farmacia.
10. _____ por el tráfico por lo que hoy llega tarde por primera vez en la vida.

5. El cumpleaños de la abuela

A. Busque primero en un diccionario las palabras desconocidas.

____________	la abuela
Rollstuhl	____________
Tischdecke	____________
____________	poner la mesa
Schrank	____________
____________	las velas
Kopftuch	____________
____________	el yerno
Schwiegertochter	____________
Enkeltochter	____________
____________	la biznieta
Sektflasche	____________
____________	descorchar
____________	el sacacorchos
anstoßen	____________
____________	abrazar
____________	despedirse
____________	poner orden
Geschirr spülen	____________

B. Compare sus traducciones con las de su compañera/compañero.

C. Escriba ahora y cuente después la historia del cumpleaños de la abuela según los dibujos de Quino.

6. Con acento y sin acento

Traduzca al alemán las siguientes formas de algunos verbos.

trabajo	trabajé
trabajó	trabajamos
almuerzo	almorcé
almorzó	almorzamos
llego	llegaron
llegan	llegué
llamaste	llamó
llama	llamo

7. ¿Cuándo?

Traduzca, por favor.

Du hast den ganzen Monat Französisch geübt.
Im Mai fuhrst du nach Paris.
Du schriebst mir einen Brief: die Straßen, die Restaurants, die Musik, der Rotwein.
Wann kommst du nach Spanien zurück?
Zur Sonne, zu den Blumen und dem Meer?
Ich warte hier auf dich.

8. Lo pintó Picasso §§ 12, 125

Inserte los siguientes verbos en indefinido según el ejemplo.

pagar - publicar - recibir - alquilar - comprar

Ejemplo: • ¿Quién pintó aquel cuadro?
○ Lo pintó Pablo Picasso.

1. • Silvia, ¿dónde ________ usted aquella chaqueta?
   ○ ___ ________ en el centro.
2. • Pedro, ¿dónde ________ (tú) el piso? ¿En Marbella?
   ○ No, ___ ________ en Málaga.
3. • ¿Cuándo ________ (tú) las facturas?
   ○ ___ ________ ayer.
4 • ¿Quién ________ en 1996 el «Premio de la Paz de los libreros alemanes»?
   ○ ___ ________ Mario Vargas Llosa, el famoso escritor peruano.
5. • ¿En qué periódico ________ tus artículos, Mariluz ?
   ○ ___ _____ en un periódico uruguayo.

9. Mafalda

10. PASATIEMPO §§ 17–18

A. Lea el poema de Mario Benedetti y escriba la forma correcta del imperfecto.

Cuando *(nosotros/ser)* ______ niños
los viejos *(tener)* ______ como treinta
un charco *(ser)* ______ un océano
la muerte lisa y llana
no *(existir)* ______

cuando muchachos
los viejos *(ser)* ______ gente de cuarenta
un estanque *(ser)* ______ un océano
la muerte solamente
una palabra

ya cuando nos casamos
los ancianos *(estar)* ______ en cincuenta
un lago *(ser)* ______ un océano
la muerte *(ser)* ______ la muerte
de los otros

ahora veterano
ya le dimos alcance a la verdad
el océano es por fin el océano
pero la muerte empieza a ser
la nuestra

B. Formen ahora grupos según las diferentes edades. ¿Están ustedes de acuerdo con lo que dice Benedetti en su poema?

11. Las vacaciones

Escuche la grabación y conteste a las preguntas.

1. A Rosa María, ¿qué le gusta hacer en las vacaciones?
2. ¿Qué es lo que no le gusta a Eduardo?
3. ¿Qué le gusta a Juan del verano?

12. Los deseos de la señora Benavides § 22

A. Complete las frases.

Carmen Benavides quiere que...

- su santo *(celebrarse)* ________________ con toda la familia.
- sus hijos *(pasar)* ________________ el día con ella en Madrid.
- *(llegar)* ________________ todos antes de la hora de comer..
- *(comer)* juntos ________________ en un restaurante chino.
- *(dar un paseo)* ________________ por la tarde.
- *(ver)* ________________ un espectáculo por la noche.
- esta vez sus hijos *(pagar)* ________________ las entradas.
- todos *(dormir)* ________________ en una pensión cerca de su casa.

B. Los hijos y las nueras, ¿qué le piden a su madre y suegra?

Gramática

;tellung des Adjektivs

Vivo en una calle **estrecha**. En patio hay un naranjo **pequeño**.
a **pequeña** cocina **grandes** problemas de la economía
Hace **mucho** calor. **Mucho** gusto. Ahora hay **poco** trabajo. ¿No tiene **otra** fruta?

) Das Adjektiv steht im Spanischen n allgemeinen hinter dem Substantiv.

Wenn es besonders betont werden ll, kann das Adjektiv vor dem Substantiv stehen.

Mucho, poco, otro stehen immer r dem Substantiv.

Gebrauch

ué estás haciendo? *s machst du gerade?*
toy escribiendo una carta. *h schreibe gerade einen Brief.*
ué foto está sacando? *s für ein Foto macht er gerade?*
tamos pensando en vosotros. *ir denken gerade an euch.*

:star + Gerundium wird für Handingen gebraucht, die gerade im Gange sind.

§ 40 venir *herkommen*

vengo *ich komme her*	he venido *ich bin hergekommen*
vienes	
viene	

§ 16 Orthographische Besonderheiten

pagar:	pagué, pagaste, pagó...
buscar:	busqué, buscaste, buscó...
empezar:	empecé, empezaste, empezó...

Llegué a Uruguay hace tres días.
Practiqué el alemán todo el verano.

Imperfekt (§ 17–18)

El pretérito imperfecto – Vergangenheitsform (Cuándo éramos pequeños... *Als wir klein waren ...*)

§ 17 Bildung: regelmäßige Verben

trabajar

trabaj**aba**	*ich arbeitete*
trabaj**abas**	
trabaj**aba**	
trabaj**ábamos**	
trabaj**abais**	
trabaj**aban**	

Unregelmäßig ist das Imperfekt von **ir** (**iba**, § 32), **ser** (**era**, § 38), **ver** (**veía**).

minigramática

Stellung von „le, lo, la, los, las"

Das Personalpronomen im Akkusativ **le, lo, la, los, las** kann immer vor der konjugierten Verbform stehen. Wenn aber eine konjugierte Verbform und ein Infinitiv zusammenstehen, können diese Pronomen

la
__ puedo ver__

lo
__ puedo cambiar__

Gebrauch einiger wic

§ 42 estar

a)	Francisco **está** en el l Mañana no **estoy** aqu
b)	Mariluz no **está** bien, **Estoy** un poco resfriac
c)	¿Por qué **estás** tan tri La comida **está** muy b
d)	La farmacia **está** cerra Las farmacias **están** c

§ 22 Konjunktiv in „c

Marisa quiere que **alqu** un coche.
Le ruego que **firme** ab a la derecha.
No permite que los hijo **coman** en un restaur
Carmen quiere que su santo **se celebre** cc toda la familia.

Nach **que**-Sätzen, die ein aufweisen, steht im Span

§ 34 poner *stellen, legei*

pongo *ich stelle* pones pone ponemos ponéis ponen	**puse** *ich ste* **pusist** **puso** **pusir** **pusis** **pusiei**

§ 35 querer *wollen, wü*

Verb (§ 1 – 48)

El verbo – Zeitwort, Tätigkeitswort (trabajar *arbeiten*, comprender *verstehen*, vivir *leben, wohnen*)

Infinitiv (§ 1)

§ 1 El infinitivo

Grundform des Verbs (jugar *spielen*)

- Eine Verbform besteht aus dem Wortstamm + Endung.
- Die spanischen Verben werden gemäß ihrer Infinitivendung in drei Gruppen eingeteilt:

Verben auf **-ar**	Verben auf **-er**	Verben auf **-ir**
trabajar *arbeiten*	comprender *verstehen*	vivir *leben/wohnen*

Präsens (§ 2–4)

El presente – Gegenwart (Luis trabaja en Hamburgo. *Luis arbeitet in Hamburg.*)

§ 2 Regelmäßige Verben

Singular	1	yo	trabaj**o**	*ich arbeite*	comprend**o**	*ich verstehe*	viv**o**	*ich wohne/lebe*
	2	tú	trabaj**as**		comprend**es**		viv**es**	
	3	él, ella, usted	trabaj**a**		comprend**e**		viv**e**	
Plural	1	nosotros, nosotras	trabaj**amos**		comprend**emos**		viv**imos**	
	2	vosotros, vosotras	trabaj**áis**		comprend**éis**		viv**ís**	
	3	ellos, ellas, ustedes	trabaj**an**		comprend**en**		viv**en**	

§ 3 Verben mit Diphthong

Diptongo – Diphthong = Doppellaut (barrio *Stadtteil*, autocar *Reisebus*)

e → ie						**u → ue**	
pensar		**querer**		**preferir**		**jugar**	
p**ie**nso	*ich denke*	qu**ie**ro	*ich will*	pref**ie**ro	*ich ziehe vor*	j**ue**go	*ich spiele*
p**ie**nsas		qu**ie**res		pref**ie**res		j**ue**gas	
p**ie**nsa		qu**ie**re		pref**ie**re		j**ue**ga	
pensamos		queremos		preferimos		jugamos	
pensáis		queréis		preferís		jugáis	
p**ie**nsan		qu**ie**ren		pref**ie**ren		j**ue**gan	

Nur „jugar“ weist diese Unregelmäßigkeit auf. Juego al fútbol. *Ich spiele Fußball.*

o → ue

almorzar		**poder**		**dormir**	
alm**ue**rzo	*ich esse zu Mittag*	**pue**do	*ich kann*	d**ue**rmo	*ich schlafe*
alm**ue**rzas		**pue**des		d**ue**rmes	
alm**ue**rza		**pue**de		d**ue**rme	
almorzamos		podemos		dormimos	
almorzáis		podéis		dormís	
alm**ue**rzan		**pue**den		d**ue**rmen	

so auch:

llover: ll**ue**ve *es regnet.*
tronar: tr**ue**na *es donnert.*

§ 4 Reflexive Verben

El verbo reflexivo – Rückbezügliches Verb (lavarse *sich waschen*, sentarse *sich setzen*)

lavarse

me	lavo	*ich wasche mich*
te	lavas	
se	lava	
nos	lavamos	
os	laváis	
se	lavan	

Einige Verben sind im Spanischen reflexiv, im Deutschen aber nicht – und umgekehrt (s. auch § 107):
llamarse *heißen*
quedarse *bleiben*
irse *weggehen*
descansar *sich ausruhen*

Perfekt (§ 5–8)

El perfecto – Vollendete Gegenwart (He comprado el periódico. *Ich habe die Zeitung gekauft.* – ¿Ha llegado «La Nación»? *Ist „La Nación" eingetroffen?*)

§ 5 Bildung

Das Perfekt bildet man stets mit einer Präsensform des Hilfsverb **haber** und dem Partizip Perfekt des Hauptverbs.

haber *haben*

he	*ich habe*	hablado *gesprochen*
has		
ha		comprendido *verstanden*
hemos		
habéis		
han		vivido *gewohnt/gelebt*

Partizip

-ar	-ado:	habl**ar**	habl**ado**
-er -ir	-ido:	comprend**er** viv**ir**	comprend**ido** viv**ido**

Das Partizip Perfekt ist unveränderlich.

- **Haber** wird nie als eigenständiges Verb gebraucht. „Haben" im Sinne von „besitzen" heißt „tener".
- Das Hilfsverb **haber** und das Partizip werden nicht voneinander getrennt, die Negation „no" steht vor dem Hilfsverb: ¿No ha llegado «La Nación»? *Ist „La Nación" nicht eingetroffen?*

§ 6 Gebrauch

He tenido problemas con el coche. La televisión no **ha cambiado** nuestra vida.	*Ich habe Probleme mit dem Auto gehabt.* *Das Fernsehen hat unser Leben nicht verändert.*

Man verwendet das Perfekt für:
- Ereignisse desselben Tages: Hoy no he leído el periódico. *Heute habe ich die Zeitung nicht gelesen.*
- Handlungen in der Vergangenheit, die in enger Verbindung mit der Gegenwart stehen: Ya he estado tres veces en Alemania. *Ich bin schon dreimal in Deutschland gewesen.*
- Handlungen oder Ereignisse in der Vergangenheit, deren Zeitpunkt nicht näher bestimmt wird: ¿Has comido alguna vez allí? *Hast du irgendwann dort gegessen?*

(Mit Zeitangaben wie „ayer“, „el domingo pasado“ wird das Perfekt fast nie gebraucht: vgl. § 13).

§ 7 Einige unregelmäßige Partizipien

Participios perfectos irregulares – Unregelmäßiges Mittelwort der Vergangenheit

abrir	he abierto	*ich habe geöffnet*
decir	he dicho	*ich habe gesagt*
escribir	he escrito	*ich habe geschrieben*

hacer	he hecho	*ich habe gemacht*
poner	he puesto	*ich habe gelegt/gestellt*
ver	he visto	*ich habe gesehen*

§ 8 acabar de + Infinitiv

Acabo de leer el libro de Javier Marías. La película **acaba de empezar.**	*Ich habe gerade das Buch von Javier Marías gelesen.* *Der Film hat gerade angefangen.*

Die deutsche Wendung „gerade etwas getan haben“ wird im Spanischen sehr häufig mit Präsens von **acabar + de** + Infinitiv wiedergegeben.

ir a + Infinitiv (§ 9)

§ 9 Futuro próximo

Nahe Zukunft (Vamos a preparar la comida. *Wir werden/wollen das Essen zubereiten.*)

voy a	*ich werde/will*
vas a	
va a	
vamos a	
vais a	
van a	

trabajar	*arbeiten*
comer	*essen*
escribir	*schreiben*

Im Spanischen verwendet man sehr häufig **ir a** + Infinitiv, um
- über die Zukunft oder
- über Pläne zu sprechen.

Voy a alquilar un coche.	*Ich will/werde ein Auto mieten.*
¿Qué **vais a hacer** esta tarde?	*Was wollt ihr heute abend tun?*

Gerundium (§ 10–11)

El gerundio – Verlaufsform (Los chicos están hablando del partido de fútbol. *Die Jungen sprechen gerade über das Fußballspiel.*)

§ 10 Bildung: regelmäßige Verben

estoy estás está estamos estáis están	trabaj**ando**	*ich arbeite gerade*
	com**iendo**	*ich esse gerade*
	escrib**iendo**	*ich schreibe gerade*

Man bildet das Gerundium, indem man die Endungen **-ando** (Verben auf -ar) oder **-iendo** (Verben auf -er, -ir) an den Wortstamm anhängt.

§ 11 Gebrauch

¿Qué **estás haciendo**?	*Was machst du gerade?*
Estoy escribiendo una carta.	*Ich schreibe gerade einen Brief.*
¿Qué foto **está sacando**?	*Was für ein Foto macht er gerade?*
Estamos pensando en vosotros.	*Wir denken gerade an euch.*

Estar + Gerundium wird für Handlungen gebraucht, die gerade im Gange sind.

Historische Vergangenheit (§ 12–16)

El indefinido (Erico llegó hace un par de meses. *Erico kam vor ein paar Monaten an.*)

§ 12 Bildung: regelmäßige Verben

trabajar		**comprender**		**vivir**	
trabaj**é**	*ich arbeitete*	comprend**í**	*ich verstand*	viv**í**	*ich wohnte*
trabaj**aste**		comprend**iste**		viv**iste**	
trabaj**ó**		comprend**ió**		viv**ió**	
trabaj**amos**		comprend**imos**		viv**imos**	
trabaj**asteis**		comprend**isteis**		viv**isteis**	
trabaj**aron**		comprend**ieron**		viv**ieron**	

§ 13 Gebrauch

Primero **trabajé** hasta las cinco, después **me lavé**, **leí** el periódico y **miré** un poco la televisión; más tarde **llamé** por teléfono a Luis.	*Zuerst arbeitete ich bis fünf Uhr,* *dann wusch ich mich,* *las die Zeitung* *und sah ein bißchen fern;* *später rief ich Luis an.*

Indefinido verwendet man:
- für einmalige Handlungen in der Vergangenheit, die zu einem bestimmten Zeitpunkt stattgefunden haben und als abgeschlossen gelten.
- für wiederholte Handlungen, die inzwischen abgeschlossen sind.
- für Erzählungen mit einzelnen, aufeinander folgenden Ereignissen, die abgeschlossen sind.

§ 14 estar, tener, hacer

Folgende wichtige Verben haben einen unregelmäßigen Wortstamm und folgende Endungen:

	estar	tener	hacer
-e	estuv**e**	tuv**e**	hic**e**
-iste	estuv**iste**	tuv**iste**	hic**iste**
-o	estuv**o**	tuv**o**	hiz**o**
-imos	estuv**imos**	tuv**imos**	hic**imos**
-isteis	estuv**isteis**	tuv**isteis**	hic**isteis**
-ieron	estuv**ieron**	tuv**ieron**	hic**ieron**

¿Qué **hiciste** ayer? No **tuvimos** tiempo para todo. El martes **estuve** en Berlín. En 1992 **estuvimos** tres veces en Sevilla.	*Was hast du gestern gemacht?* *Wir hatten keine Zeit für alles.* *Am Dienstag war ich in Berlin.* *1992 waren wir dreimal in Sevilla.*

§ 15 Weitere unregelmäßige Verben

decir	dije, dijiste, dijo...
ir	fui, fuiste, fue...
poder	pude, pudiste, pudo...
poner	puse, pusiste, puso...

querer	quise, quisiste, quiso...
saber	supe, supiste, supo...
ser	fui, fuiste, fue...
venir	vine, viniste, vino...

¿Adónde **fuisteis** el último fin de semana? Ayer no **pude** dormir la siesta.	*Wohin seid ihr letztes Wochenende gefahren?* *Gestern konnte ich keinen Mittagsschlaf halten.*

§ 16 Orthographische Besonderheiten

pagar:	pagué, pagaste, pagó...
buscar:	busqué, buscaste, buscó...
empezar:	empecé, empezaste, empezó...

Verben, deren Stamm auf **g, c, z** endet, weisen orthographische Besonderheiten auf (damit die Aussprache erhalten bleibt.

Llegué a Uruguay hace tres días.	*Ich kam vor drei Tagen in Uruguay an.*
Practiqué el alemán todo el verano.	*Ich habe den ganzen Sommer über Deutsch geübt.*

Imperfekt (§ 17–18)

El pretérito imperfecto – Vergangenheitsform (Cuándo éramos pequeños... *Als wir klein waren ...*)

§ 17 Bildung: regelmäßige Verben

trabajar		**comprender**		**vivir**	
trabaj**aba**	*ich arbeitete*	comprend**ía**	*ich verstand*	viv**ía**	*ich wohnte*
trabaj**abas**		comprend**ías**		viv**ías**	
trabaj**aba**		comprend**ía**		viv**ía**	
trabaj**ábamos**		comprend**íamos**		viv**íamos**	
trabaj**abais**		comprend**íais**		viv**íais**	
trabaj**aban**		comprend**ían**		viv**ían**	

Unregelmäßig ist das Imperfekt von **ir** (**iba**, § 32), **ser** (**era**, § 38), **ver** (**veía**).

§ 18 Gebrauch des Imperfekts

a)	Su marido **era** de Sevilla. No **había** nada español en el paquete. La señora **pensaba** celebrar una gran fiesta.	*Ihr Mann stammte aus Sevilla.* *Es gab nichts Spanisches im Paket.* *Die Frau hatte vor, ein großes Fest zu feiern.*
b)	Ignacio **comía** en casa todos los días. Cuando **había** menos tráfico **iba** con gusto en coche.	*Ignacio aß jeden Tag zu Hause.* *Als es noch wenig Verkehr gab, fuhr ich gerne mit dem Auto.*
c)	Los niños **dormían** cuando yo llegué a casa. **Queríamos** ver la tele pero entonces llamaste tú.	*Die Kinder schliefen, als ich nach Hause kam.* *Wir wollten fernsehen, aber dann hast du angerufen.*

Das Imperfekt wird grundsätzlich gebraucht:
a) Für die Beschreibung eines Zustandes in der Vergangenheit (Beginn und Ende werden nicht erwähnt).
b) Für wiederholte Handlungen in der Vergangenheit, deren Ende nicht erwähnt wird.
c) Um etwas zu erzählen, was vor sich ging, als etwas anderes eintrat.

Imperativv (§ 19)

§ 19 El imperativo

Befehlsform (No compre eso ahora. *Kaufen Sie das jetzt nicht.*)
Einige Imperativformen kommen im Spanischen sehr häufig vor. Die folgenden beziehen sich auf die Anrede „usted“.

dar ¡dé! *geben Sie!* ¡déme! *geben Sie mir!*	**decir** ¡diga! *sagen Sie! Hallo! (am Telefon)*	**mirar** ¡mire! *schauen Sie!*	**oír** ¡oiga! *Hören Sie! Hallo!*

perdonar ¡perdone! *Entschuldigen Sie! Entschuldigung!*	**tener** ¡tenga! *Nehmen Sie! Bitte!*

Weitere Imperativformen und deren Gebrauch werden in „Por supuesto 3“ behandelt.

Konjunktiv Präsens (§ 20–22)

§ 20 Bildung: regelmäßige Verben

trabajar	comprender	vivir
trabaj**e**	comprend**a**	viv**a**
trabaj**es**	comprend**as**	viv**as**
trabaj**e**	comprend**a**	viv**a**
trabaj**emos**	comprend**amos**	viv**amos**
trabaj**éis**	comprend**áis**	viv**áis**
trabaj**en**	comprend**an**	viv**an**

Unregelmäßig sind u.a.
- **tener:** tenga, tengas, tenga, tengamos, tengáis, tengan
- **venir:** venga, vengas, venga, vengamos, vengáis, vengan
- **llegar:** llegue, llegues, llegue, lleguemos, lleguéis, lleguen

§ 21 Konjunktiv in Hauptsätzen

a)	¡Que **se mejore**! ¡(Que) **viva** el español!	*Gute Besserung!* *Es lebe die spanische Sprache!*
b)	¡Ojalá **tengamos** buen tiempo!	*Hoffentlich haben wir schönes Wetter!*
c)	Quizás **podamos** ir mañana. (Quizás podemos ir mañana.)	*Vielleicht können wir morgen hingehen.*

a) Bei Sätzen, die mit **que** beginnen und einen Wunsch ausdrücken, steht immer der Konjunktiv.
b) Nach **ojalá** *(hoffentlich)* steht immer der Konjunktiv.
c) Nach **quizás**, **quizá** *(vielleicht)* ist auch Indikativ möglich.

§ 22 Konjunktiv in „daß"-Sätzen

Marisa quiere que **alquilemos** un coche.	*Marisa möchte, daß wir ein Auto mieten.*
Le ruego que **firme** abajo a la derecha.	*Ich bitte Sie, rechts unten zu unterschreiben.*
No permite que los hijos **coman** en un restaurante.	*Sie erlaubt nicht, daß die Kinder in einem Restaurant essen.*
Carmen quiere que su santo **se celebre** con toda la familia.	*Carmen möchte, daß ihr Namenstag mit der ganzen Familie gefeiert wird.*

Nach **que**-Sätzen, die eine Willensäußerung (Befehl, Bitte, Wunsch, Erlaubnis ...) aufweisen, steht im Spanischen immer der Konjunktiv.

Unregelmäßige Verben – Los verbos irregulares (§ 23–41)

Die hier nicht aufgeführten Formen dieser Verbzeiten (Präsens, Perfekt) sind regelmäßig.

§ 23 **abrir** *öffnen*

Presente	Perfecto	Indefinido
abro *ich öffne* abres *usw.*	he **abierto** *ich habe geöffnet*	abrí *ich öffnete* abriste *usw.*

§ 24 **conocer** *kennen, kennenlernen*

Presente	Perfecto	Indefinido	
conozco *ich kenne* conoces *usw.*	he conocido *ich habe kennen-gelernt*	conocí *ich lernte ... kennen* conociste *usw.*	Imperativ (usted): ¡conozca! *lernen Sie ... kennen!* Konj. Präsens: conozca, conozcas, conozca...

§ 25 **dar** *geben*

Presente	Perfecto	Indefinido
doy *ich gebe* das da damos dais dan	he dado *ich habe gegeben*	**di** *ich gab* **diste** **dio** **dimos** **disteis** **dieron**

§ 26 **decir** *sagen*

digo *ich sage* **dices** **dice** decimos decís **dicen**	he dicho *ich habe gesagt*	**dije** *ich sagte* **dijiste** **dijo** **dijimos** **dijisteis** **dijeron**	Gerundio: diciendo. Imperativo (usted): ¡diga! *sagen Sie!*; *ja, bitte!, Hallo! (am Telefon)* Konj. Präsens: diga, digas, diga...

§ 27 **dormir(se)** *(ein)schlafen*

(me) **duermo** *ich schlafe (ein)* (te) **duermes** (se) **duerme** (nos) dormimos (os) dormís (se) **duermen**	(me) he dormido *ich bin (ein)ge-schlafen*	(me) dormí *ich schlief (ein)* (te) dormiste (se) **durmió** (nos) dormimos (os) dormisteis (se) **durmieron**	Imperativ (usted): ¡duerma!, ¡duérmase! *schlafen Sie (ein)!* Konj. Präsens: duerma, duermas, duerma, durmamos, durmáis, duerman.

§ 28 **escribir** *schreiben*

escribo *ich schreibe* escribes *usw.*	he **escrito** *ich habe geschrieben*	escribí *ich schrieb* escribiste *usw.*

§ 29 **estar** *sein, sich befinden, liegen*

estoy *ich bin* **estás** **está** estamos estáis **están**	he estado *ich bin gewesen*	**estuve** *ich war* **estuviste** **estuvo** **estuvimos** **estuvisteis** **estuvieron**	Konj. Präsens: esté, estés, esté, estemos, estéis, estén. (S. auch § 42.)

§ 30 **haber** *haben* (nur Hilfsverb, s. § 44)

he **has** **ha** **hemos** **habéis** **han**	Suele haber numerosas personas. *In der Regel sind dort viele Menschen.* Imperfekt: había, habías, había... Konj. Präsens: haya, hayas, haya...

hay *es gibt*	ha habido *es hat gegeben*	**hubo** *es gab*	(S. auch § 44.)

§ 31 **hacer** *machen*

hago *ich mache* haces hace hacemos hacéis hacen	**he hecho** *ich habe gemacht*	**hice** *ich machte* **hiciste** **hizo** **hicimos** **hicisteis** **hicieron**	Imperativ (usted): ¡Haga el favor de...! *Seien Sie so freundlich und ...!* (S.auch § 46.) Konj. Präsens: haga, hagas, haga...

§ 32 **ir** *gehen, fahren*

voy *ich gehe, fahre* **vas** **va** **vamos** **vais** **van**	he ido *ich bin gegangen, gefahren*	**fui** *ich ging, ich fuhr* **fuiste** **fue** **fuimos** **fuisteis** **fueron**	Imperativ (usted): ¡Vaya! *Gehen/Fahren Sie!* (Als Ausruf: Na so etwas!) Imperfekt: iba, ibas, iba... Konj. Präsens: vaya, vayas, vaya....

§ 33 **poder** *können, dürfen*

puedo *ich kann/darf* **puedes** **puede** podemos podéis **pueden**	he podido *ich habe gekonnt/ gedurft*	**pude** *ich konnte/durfte* **pudiste** **pudo** **pudimos** **pudisteis** **pudieron**	Gerundium: pudiendo. Konj. Präs: pueda, puedas, pueda...

§ 34 **poner** *stellen, legen, setzen*

pongo *ich stelle* pones pone ponemos ponéis ponen	he **puesto** *ich habe gestellt*	**puse** *ich stellte* **pusiste** **puso** **pusimos** **pusisteis** **pusieron**	Poner el televisor. *Den Fernseher anmachen.* Poner la mesa. *Den Tisch decken.* Imperativ (usted): ¡Póngame un kilo! *Geben Sie mir ein Kilo!* Konj. Präsens: ponga, pongas, ponga...

§ 35 querer *wollen, wünschen, lieben*

quiero *ich will* **quieres** **quiere** queremos queréis **quieren**	he querido *ich habe gewollt*	**quise** *ich wollte* **quisiste** **quiso** **quisimos** **quisisteis** **quisieron**	Quiere decir... *Das heißt...* Querida Cristina. *Liebe Cristina.* Konj. Präsens: quiera, quieras, quiera.... Como quiera. *Wie Sie wünschen.*

§ 36 salir *ausgehen, abfahren*

salgo *ich gehe aus* sales *usw.*	he salido *ich bin ausgegangen*	salí *ich ging aus* saliste *usw.*	Imperativ (usted): ¡Salga! *Gehen Sie hinaus!* Konj. Präsens: salga, salgas, salga...

§ 37 seguir *folgen; fortsetzen; weitermachen*

sigo *ich mache weiter* **sigues** **sigue** seguimos seguís **siguen**	he seguido *ich habe weitergemacht*	seguí *ich machte weiter* seguiste **siguió** seguimos seguisteis **siguieron**	Imperativ (usted): ¡Siga! *Fahren Sie fort!* Konj. Präsens: siga, sigas, siga....

§ 38 ser *sein*

soy *ich bin* **eres** **es** **somos** **sois** **son**	he sido *ich bin gewesen*	**fui** *ich war* **fuiste** **fue** **fuimos** **fuisteis** **fueron**	Imperfekt: era, eras, era, éramos, erais, eran. Konj. Präsens: sea, seas, sea... O sea... *Das heißt ...* (S. auch § 43.)

§ 39 tener *haben, besitzen*

tengo *ich habe* **tienes** **tiene** tenemos tenéis **tienen**	he tenido *ich habe gehabt*	**tuve** *ich hatte* **tuviste** **tuvo** **tuvimos** **tuvisteis** **tuvieron**	Imperativ (usted): ¡Tenga! *Nehmen Sie! Bitte!* (S. auch § 45.) Konj. Präsens: tenga, tengas, tenga...

§ 40 venir *herkommen*

vengo *ich komme her* **vienes** **viene** venimos venís **vienen**	he venido *ich bin hergekommen*	**vine** *ich kam her* **viniste** **vino** **vinimos** **vinisteis** **vinieron**	Gerundium: viniendo Imperativ (usted): ¡Venga! *Kommen Sie her!* Konj. Präsens: venga, vengas, venga...

§ 41 volver *zurückkommen, wiederkommen*

vuelvo *ich komme zurück* **vuelves** **vuelve** volvemos volvéis **vuelven**	**he vuelto** *ich bin zurückge-* *kommen*	volví *ich kam zurück* volviste volvió volvimos volvisteis volvieron	Imperativ (usted): ¡Vuelva! *Kommen Sie zurück!* Konj. Präsens: vuelva, vuelvas, vuelva...

Gebrauch einiger wichtiger Verben (§ 42–48)

§ 42 estar

a)	Francisco **está** en el hotel. Mañana no **estoy** aquí.	*Francisco ist im Hotel.* *Morgen bin ich nicht hier.*
b)	Mariluz no **está** bien, **está** enferma. **Estoy** un poco resfriado/nervioso.	*Mariluz fühlt sich nicht wohl, sie ist krank.* *Ich bin etwas erkältet/nervös.*
c)	¿Por qué **estás** tan triste? La comida **está** muy buena.	*Warum bist du so traurig?* *Das Essen ist (schmeckt) sehr gut.*
d)	La farmacia **está** cerrada. Las farmacias **están** cerradas.	*Die Apotheke ist geschlossen.* *Die Apotheken sind geschlossen.*

Estar wird verwendet:
a) zur örtlichen Lokalisierung.
b) für vorübergehende Eigenschaften bzw. Tätigkeiten (in der Regel mit dem bestimmten Artikel).
c) zur subjektiven Bewertung von Personen, Dingen, Ereignissen.
d) vor Partizipien als Ergebnis einer Handlung. (Das Partizip wird im Spanischen wie ein Adjektiv dekliniert.) (Siehe auch § 29.)

§ 43 ser

a)	Pablo **es** mi amigo.	*Pablo ist mein Freund.*
b)	Manuel **es** pianista. **Soy** de Buenos Aires.	*Manuel ist Pianist.* *Ich bin aus Buenos Aires.*
c)	No, la reunión no **es** aquí, **es** mañana en casa de Luis.	*Nein, die Besprechung ist nicht hier, sie ist morgen bei Luis.*
d)	El piso **es** muy cómodo.	*Die Wohnung ist sehr bequem.*
e)	Hoy **es** lunes, 2 de febrero.	*Heute ist Montag, der 2. Februar.*

Ser wird verwendet:
a) wenn ein Substantiv folgt.
b) zur Angabe von Identität, Verwandschaft, Nationalität, Beruf, Religion, Herkunft.
c) zur zeitlichen oder räumlichen Einordnung eines Ereignisses.
d) zur Beschreibung von Personen oder Gegenständen (bei dauerhaften, charakteristischen Eigenschaften).
e) zur Angabe von Tag und Uhrzeit (siehe auch §§ 76, 78).

Je nachdem, ob **ser** oder **estar** vor einem Adjektiv stehen, hat der Satz unterschiedliche Bedeutungen: Paco **es** muy nervioso. (Er ist immer so: Charakter)
Paco **está** nervioso. (Er macht jetzt diesen Eindruck.)

§ 44 hay

a)	¿**Hay** ascensor? En Andalucía **hay** frutas tropicales. **Hay** cajas de 20 pastillas.	*Gibt es einen Aufzug?* *In Andalusien gibt es tropische Früchte.* *Es gibt Packungen mit 20 Tabletten.*
b)	En esta calle **hay** tres hoteles. En la estación no **hay** mucha gente. ¿**Hay** algún estanco por aquí?	*In dieser Straße gibt es drei Hotels.* *Auf dem Bahnhof sind nicht viele Menschen.* *Gibt es hier in der Nähe einen Tabakladen?*

Hay *(es gibt)* hat keinen Plural, ist unveränderlich (s. § 44).
Es wird in der Regel verwendet:
a) beim Substantiv ohne Artikel oder mit unbestimmtem Artikel.
b) vor Zahlen und unbestimmten Pronomen.

Hay que ir a Correos. **Hay que** ver esa película. **Hay que** decir que... ¡**Hay que** ver!	*Man muß zur Post gehen.* *Man muß diesen Film sehen.* *Man muß sagen, daß ...* *Sieh mal einer an!*

Hay que = *man muß*

§ 45 tener

¿**Tienes** sellos?	*Hast du Briefmarken?*
Tienen ustedes una vista muy bonita.	*Sie haben eine sehr schöne Aussicht.*
Tengo diecinueve años.	*Ich bin neunzehn Jahre alt.*
Tengo hambre/sueño.	*Ich bin hungrig/müde.*
Tengo frío/calor.	*Mir ist kalt/warm.*

Tenemos que estar allí a las siete.	*Wir müssen um sieben Uhr dort sein.*
Tienen ustedes **que** esperar un poco.	*Sie müssen ein bißchen warten.*

Tener que = *müssen*. (Siehe § 39.)

§ 46 hacer

¿Qué vamos a **hacer**?	*Was werden wir tun?*
Hace calor/frío.	*Es ist warm/kalt.*
Hace buen tiempo.	*Es ist schönes Wetter.*

- **Hacer** *(machen)* wird im Spanischen auch im Zusammenhang mit dem Wetter verwendet.
- **Hacer** + Zeitangabe = „vor": Hace un mes. *Vor einem Monat.* Hace un par de años. *Vor ein paar Jahren.*
- Hacer cola. *Schlange stehen.* Hace juego con... *Es paßt zu ...* (S. auch § 31.)

§ 47 llevar + Zeitangabe

¿Cuánto tiempo **llevas** aquí?	*Wie lange bist du schon hier?*
Llevo ya más de dos años en Múnich.	*Ich bin schon seit über zwei Jahren in München.*

Um etwas auszudrücken, was in der Vergangenheit begann und noch andauert, benutzt man häufig **llevar** + Zeitangabe.

§ 48 gustar/parecer

Le **gusta** esa película.	*Er mag diesen Film.*
Me **gusta** mucho Valencia.	*Valencia gefällt mir sehr.*
Las policíacas no me **gustan.**	*Krimis gefallen mir nicht.*
Este libro me **parece** poco interesante.	*Ich finde dieses Buch wenig interessant.*
¿Qué te **parece** este cuadro?	*Wie gefällt dir dieses Bild?*

- **gustar** = *(gut) gefallen, mögen, gern haben:*
  (Substantiv +) Pronomen + gusta/gustan (+ mucho, bastante, poco...) + Substantiv.
- **parecer:** ¿Qué te parece...? *Wie gefällt dir ...?* Este libro me parece... *Ich finde das Buch ...:*
  Substantiv + Pronomen + parece/parecen (+ muy, poco...) + Adjektiv.
  Ähnlich wie diese Verben werden auch **interesar** *interessieren*, **doler** *weh tun*, **pasar** (¿qué te pasa? *was ist mit dir los?)* gebraucht.

Artikel (§ 49–58)

El artículo – Geschlechtswort (el teléfono *das Telefon*, la señora *die Frau*)

§ 49 Der bestimmte Artikel el, la, los, las

Singular	**el** teléfono	*das Telefon*	**la** casa	*das Haus*
Plural	**los** teléfonos	*die Telefone*	**las** casas	*die Häuser*

§ 50 lo

lo mejor	*das Beste*
lo bueno	*das Gute*
lo malo	*das Schlechte*

Es **lo** último que toman.	*Das ist das letzte, was sie zu sich nehmen.*
Lo dicho.	*Wie gesagt.*

lo wird nur in Verbindung mit Adjektiven (**lo** bueno), Ordnungszahlen (**lo** primero *das Erste*) und in bestimmten Wendungen mit Adverbien (a **lo** lejos *in der Ferne*) verwendet.

§ 51 al, del

frente **al** hotel	*gegenüber dem Hotel*
cerca **del** puerto	*in der Nähe des Hafens*

- a + el = **al**
- de + el = **del**

§ 52 Der unbestimmte Artikel un, una

maskulin	**un** teléfono	*ein Telefon*
feminin	**una** casa	*ein Haus*

§ 53 uno

Tengo dos libros en español, **uno** de Delibes y **uno** de Carlos Fuentes.	*Ich habe zwei Bücher auf spanisch, eins von Delibes und eins von Carlos Fuentes.*
Tenemos dos coches, **uno** grande y **uno** pequeño.	*Wir haben zwei Autos, ein großes und ein kleines.*
• ¿Qué película vais a ver?	• *Was für einen Film wollt ihr sehen?*
○ **Una** de terror.	○ *Einen Horrorfilm.*

Uno wird anstatt von „un" gebraucht, wenn es alleine oder vor einem Adjektiv steht.

§ 54 unos, unas

unos regalos	*einige Geschenke*
unos mil años	*etwa tausend Jahre*
unas mil pesetas	*ca. tausend Peseten*
Necesito **unas** aspirinas.	*Ich brauche (ein paar) Aspirin.*

- **unos, unas** = einige
- vor Zahlen = ungefähr, etwa

§ 55 Besondere Fälle mit bestimmtem Artikel

a)	**El** café no me gusta. ¿No te gustan **las** policíacas?	*Ich mag keinen Kaffee.* *Magst du keine Krimis?*
b)	**El** martes toca la orquesta Mondragón. (Hoy es lunes.)	*Am Dienstag spielt das Orchester Mondragón.* *(Heute ist Montag.)*
c)	Son **las** diez y media.	*Es ist halb elf.*
d)	Jugamos **al** fútbol. Juego **al** tenis. ¿Tú sabes tocar **la** guitarra?	*Wir spielen Fußball.* *Ich spiele Tennis.* *Kannst du Gitarre spielen?*

Der bestimmte Artikel steht im Spanischen:
a) bei Substantiven in allgemeiner Bedeutung.
b) bei Wochentagen (außer nach dem Verb „ser“).
c) bei Angaben von Uhrzeiten (siehe auch § 79).
d) bei Spiel, Sport, Instrumenten nach den Verben „jugar“, „tocar“.

§ 56 Der bestimmte Artikel vor Titeln, Länder- und Städtenamen

a)	**La** señora Rivera entra en el hotel. **El** doctor Molina sabe mucho de eso.	*Frau Rivera geht ins Hotel.* *Dr. Molina versteht viel davon.*
b)	**El** año que viene pienso visitar (**el**) Perú y (**la**) Argentina. **La** Paz es la capital de Bolivia. En **La** Haya está el Tribunal Internacional.	*Ich habe vor, nächstes Jahr Peru und Argentinien zu besuchen.* *La Paz ist die Hauptstadt Boliviens.* *In Den Haag ist der Internationale Gerichtshof.*

a) vor Titeln und vor „señor“, „señora“, „señorita“ steht im Spanischen – im Gegensatz zum Deutschen – der Artikel (außer bei der Anrede und vor „don“, „doña“: Buenos días, señora Rivera. *Guten Morgen, Frau Rivera.* Don Antonio no viene hoy. *Don Antonio kommt heute nicht.*).
b) Einige Städtenamen werden mit Artikel gebraucht (z.B. **La** Haya). Bei einigen Ländernamen (z.B. **el** Perú) kann der bestimmte Artikel stehen.

§ 57 Besondere Fälle ohne den bestimmten Artikel

a)	En septiembre tomamos las vacaciones. Abril es un mes muy bonito en Andalucía.	*Im September nehmen wir Urlaub.* *Der April ist ein sehr schöner Monat in Andalusien.*
b)	¿Por qué vas en coche y no en tren? (Yo prefiero el autobús.)	*Warum fährst du mit dem Auto und nicht mit dem Zug?* *(Ich fahre lieber mit dem Bus.)*

Der bestimmte Artikel steht im Spanischen nicht:
- vor Monatsnamen.
- vor „en“ + nicht näher bestimmten Verkehrsmitteln.

§ 58 medio, otro

media hora Nos vemos a **media** tarde, ¿vale?	*eine halbe Stunde* *Wir sehen uns am Nachmittag, einverstanden?*
¿No hay **otra** mesa libre? **Otro** café, por favor.	*Gibt es keinen anderen freien Tisch?* *Noch einen Kaffee, bitte.*

Der unbestimmte Artikel steht nie vor „medio" und „otro".

Substantiv (§ 59–72)

El sustantivo – Hauptwort (la casa *das Haus*)
Die spanischen Substantive sind entweder männlich oder weiblich. Das spanische Geschlecht muß dem deutschen nicht entsprechen.

§ 59 Substantive auf -o

el teléfon**o**	*Telefon*
el chic**o**	*Junge*

- Substantive auf -**o** sind in der Regel maskulin.
- Einige Ausnahmen: la mano *Hand*, la foto la fotografía *Foto*, la moto, la motocicleta *Motorrad*, la radio *Radio*.
- Flüsse sind im Spanischen männlich: el Danubio *die Donau*, el Rin der *Rhein*, el Tajo.

§ 60 Substantive auf -a

la cas**a**	*Haus*
la chic**a**	*Mädchen*

- Substantive auf -**a** sind in der Regel feminin. Ausnahme: el día *Tag*.
- Substantive mit der Endung -**ista** gelten für beide Geschlechter: el/la pian**ista** *Klavierspieler/in*, el/la tur**ista** *Tourist/in ...*
- Buchstaben sind im Spanischen weiblich: **la** a, **la** m...
- Zahlreiche Substantive mit der Endung -**ama**, -**ema**, -**ima**, -**oma** sind männlich: el programa *Programm*, el clima *Klima*, el problema *Problem*, el idioma *Sprache*.

§ 61 el agua

el agua limpia Tengo **un** hambre canina. (Tengo mucha hambre.)	*das saubere Wasser* *Ich habe einen Bärenhunger.* *(Ich habe großen Hunger.)*

Alle weiblichen Substantive, die mit betontem **a**- oder **ha**- beginnen, verlangen im Singular den Artikel „el" bzw. „un".

§ 62 Substantive auf -e und auf Konsonant

el garaj**e**	*Garage*	la llav**e**	*Schlüssel*
el árbo**l**	*Baum*	la pie**l**	*Haut*

Substantive, die auf -**e** oder Konsonant enden, können männlich oder weiblich sein.

§ 63 Substantive auf -ión oder -d

la estac**ión**	*Bahnhof*	la ciuda**d**	*Stadt*
la informac**ión**	*Auskunft*	la verda**d**	*Wahrheit*

Substantive auf -**ión** oder -**d** sind in der Regel weiblich. Ausnahmen: el avión *Flugzeug*, el camión *Lastwagen.*

§ 64 el joven, la joven

el joven	*junger Mann*	la joven	*junge Frau*
el guía	*Fremdenführer*	la guía	*Reiseführer (Buch)* / *Fremdenführerin*
el amante	*Geliebter*	la amante	*Geliebte*

Je nachdem, ob sie weiblich oder männlich sind, haben einige Substantive – trotz identischer Endung – unterschiedliche Bedeutung.

§ 65 Mehrzahl – Plural

a)	un teléfono	*Telefon*	dos teléfono**s**
	una casa	*Haus*	dos casa**s**
	un coche	*Auto*	dos coche**s**
b)	un hotel	*Hotel*	dos hotel**es**
	una ciudad	*Stadt*	dos ciudad**es**
c)	un alemán	*Deutscher*	dos aleman**es**
	un autobús	*Bus*	dos autobus**es**

a) Plural der Substantive, die auf Vokal enden: Singular + -**s**.
b) Plural der Substantive, die auf Konsonant enden: Singular + -**es**.
c) Wörter, die im Singular einen Akzent auf der letzten Silbe tragen, verlieren diesen im Plural. Wörter, die im Singular auf -**z** enden, haben im Plural die Endung -**ces**: una vez *einmal*, dos ve**ces** *zweimal.*

§ 66 los martes

el martes	*Dienstag*	los martes
el viernes	*Freitag*	los viernes
el paraguas	*Regenschirm*	los paraguas

- Wörter, die im Singular auf -**s** nach unbetontem Vokal enden, sind im Singular und Plural gleich.
- Einige spanische Substantive haben nur Pluralform: las afueras, los alrededores *Umgebung*, las gafas *Brille*, las vacaciones *Ferien*, *Urlaub.*

§ 67 Unterschiedliche Bedeutung im Singular und im Plural

el abuelo	*Großvater*	los abuelos	*Großeltern (Großväter)*
el hermano	*Bruder*	los hermanos	*Geschwister (Brüder)*
el hijo	*Sohn*	los hijos	*Kinder (Söhne)*
el novio	*fester Freund*	los novios	*Brautpaar (feste Freunde)*
el papá	*Papa*	los papás	*Eltern (Väter)*
el padre	*Vater*	los padres	*Eltern (Väter)*
el señor	*Herr*	los señores	*Herr und Frau (Herren)*
el tío	*Onkel*	los tíos	*Onkel und Tante (Onkel)*

In einigen Fällen hat der männliche Plural auch eine andere Bedeutung als im Singular.

§ 68 Familiennamen

los Rodríguez	*Herr und Frau/Familie Rodríguez*
los Gallego	*Herr und Frau/Familie Gallego*

Familiennamen haben im Spanischen keinen Plural.

§ 69 El genitivo – Wesfall

el marido **de** Francisca	*Franciscas Ehemann*
la mujer **del** chófer	*die Frau des Fahrers*
el coche **de la** señora	*das Auto der Dame*
los padres **de las** chicas	*die Eltern der Mädchen*

- Genitiv (Zugehörigkeit, Besitz) wird immer mit **de** ausgedrückt.
- de + el = **del**

§ 70 un bocadillo de queso

a)	la jefa **de** personal	*die Personalchefin*
	un bocadillo **de** queso	*ein Käsebrot*
	el día **de** mi cumpleaños	*mein Geburtstag*
b)	un kilo **de** melocotones	*ein Kilo Pfirsiche*
	una botella **de** agua mineral	*eine Flasche Mineralwasser*
	un grupo **de** personas	*eine Gruppe von Personen*

a) Den zusammengesetzten deutschen Wörtern entspricht im Spanischen meistens: Substantiv + **de** + Substantiv.

b) Nach Substantiven, die eine Menge oder Anzahl bezeichnen, steht in der Regel die Präposition **de**. (S. auch § 75.)

§ 71 Substantive als Subjekt/Objekt

Ronda está cerca de Málaga.	*Ronda ist in der Nähe von Malaga.*
La señora Rivera está enferma.	*Frau Rivera ist krank.*
El camarero da un café **a Jorge.**	*Der Kellner gibt Jorge einen Kaffee.*
Voy a escribir una carta **a mi padre.**	*Ich werde meinem Vater einen Brief schreiben.*
Busco **la maleta.**	*Ich suche den Koffer.*
Francisco llama **a su mujer.**	*Francisco ruft seine Frau an.*

- Das indirekte Objekt steht im Spanischen immer mit der Präposition „a“.
- Das direkte Objekt steht mit „a“, wenn es sich um eine bestimmte Person handelt. (Ausnahme: nach „tener“: Tenemos tres hijos. *Wir haben drei Kinder/Söhne.*) (S. § 45)

§ 72 Verkleinerungsform – El diminutivo

la casa	*das Haus*	la cas**ita**
el ojo	*das Auge*	el oj**ito**
un momento	*ein Augenblick*	un moment**ito**
la abuela	*die Großmutter*	la abuel**ita**

- Die Endung **-ito, -ita** ist die häufigste Verkleinerungsform im Spanischen.
- Sie wird sowohl für Substantive als auch für Adjektive (manchmal auch für Adverbien) verwendet.

Zahlwörter – Los numerales (§ 73–79)

§ 73 Grundzahlen – Números cardinales

0	cero	*18*	dieciocho	*100*	cien (ciento)
1	uno (un), una	*19*	diecinueve	*101*	ciento **uno** (**un**, **una**)
2	dos	*20*	veinte	*150*	ciento cincuenta
3	tres	*21*	veinti**uno** (veint**ún**, veinti**una**)	*200*	doscient**os** (**-as**)
4	cuatro	*22*	veintidós	*300*	trescient**os** (**-as**)
5	cinco	*23*	veintitrés	*400*	cuatrocient**os** (**-as**)
6	seis	*24*	veinticuatro	*500*	quinient**os** (**-as**)
7	siete	*25*	veinticinco	*600*	seiscient**os** (**-as**)
8	ocho	*26*	veintiséis	*700*	setecient**os** (**-as**)
9	nueve	*30*	treinta	*800*	ochocient**os** (**-as**)
10	diez	*31*	treinta y **uno** (**un, una**)	*900*	novecient**os** (**-as**)
11	once	*32*	treinta y dos	*1 000*	mil
12	doce	*40*	cuarenta	*1 150*	mil ciento cincuenta
13	trece	*50*	cincuenta	*2 000*	dos mil
14	catorce	*60*	sesenta	*100.000*	cien mil
15	quince	*70*	setenta	*1.000.000*	un millón
16	dieciséis	*80*	ochenta	*2.000.000*	dos millones
17	diecisiete	*90*	noventa	*1.000.000.000*	mil millones, un millardo

§ 74 uno, una

un kilo **una** botella	veinti**ún** kilos veinti**una** botellas

Uno = **un/una** vor männlichen bzw. weiblichen Substantiven.

§ 75 cien, mil, millón, millardo

100	cien pesetas
150	ciento cincuenta pesetas
127	ciento veintisiete libros

100.000	cien mil coches
100.000.000	cien millones
100.000.000.000	cien mil millones, cien millardos

- **Ciento** = **cien** vor „mil“, „millones“ und vor jedem Substantiv.
- Bei den Zahlen zwischen 101 und 199 sagt man **ciento** anstelle von „cien“.

500	quinientos años
500	quinientas pesetas

370	trescientos setenta dólares
770	setecientas setenta pesetas

Die Hunderter zwischen 200 und 900 haben männliche oder weibliche Formen.

1000	mil pesetas
1000	mil libros

1.000.000	un millón de dólares
2.000.000	dos millones de pesetas

- **Mil** ist unveränderlich.
- Zwischen **millón**, **millones**, **millardos** und dem folgenden Substantiv steht immer **de**.

§ 76 Ordnungszahlen – Números ordinales

1°	primero
2°	segundo
3°	tercero
4°	cuarto
5°	quinto

6°	sexto
7°	séptimo
8°	octavo
9°	noveno
10°	décimo

Es la **primera** vez que está en Andalucía.	*Sie/Er ist zum ersten Mal in Andalusien.*
Allí se encuentran numerosas personas de la **tercera** edad.	*Dort treffen sich zahlreiche Senioren.*
Me lo ha preguntado creo que por **quinta** vez.	*Er hat es mich, glaube ich, zum fünften Mal gefragt.*

- Ordnungszahlen werden wie Adjektive verändert: **la primera, los primeros...**
- **Primero** und **tercero** werden vor einem männlichen Substantiv zu **primer, tercer** verkürzt: el **primer** libro, el **tercer** piso...
- Vor allem in der Umgangssprache werden ab 11. die Grundzahlen statt Ordnungszahlen verwendet: Alfonso XIII (trece)...

§ 77 Jahreszahl und Datum – Fecha y año

¿Qué fecha es hoy? ¿A cuántos estamos hoy?	*Welches Datum haben wir heute?*
Es el tres de enero. Estamos a tres de enero. Es el uno/el primero de enero de mil novecientos noventa y ...	*(Wir haben den dritten Januar).* *(Wir haben) den ersten Januar 199...*

Das Datum wird im Spanischen mit den Grundzahlen ausgedrückt. Für den ersten Tag des Monats wird auch – vor allem in Lateinamerika – die Ordnungszahl verwendet. Vor dem Monat und vor der Jahreszahl steht immer „de".

§ 78 Wochentage, Monate, Jahreszeiten – Días de la semana, meses, estaciones del año

lunes	viernes
martes	sábado
miércoles	domingo
jueves	

enero	mayo	se(p)tiembre
febrero	junio	octubre
marzo	julio	noviembre
abril	agosto	diciembre

primavera
verano
otoño
invierno

§ 79 Uhrzeit – La hora

¿Qué hora es?	*Wie spät ist es?*
Son las dos.	*Es ist zwei Uhr.*
Son las tres **y** cuarto.	*Es ist Viertel nach drei.*
Son las cuatro **menos** cuarto.	*Es ist Viertel vor vier.*
Son las cinco **y** media.	*Es ist halb sechs.*
Es la una.	*Es ist ein Uhr.*
tres cuartos de hora	*Dreiviertelstunde*

Adjektiv (§ 80–90)

El adjetivo – Eigenschaftswort (rojo *rot*, trabajador *fleißig*)

§ 80 Deklination

La declinación – Beugung

el coche blanco la casa blanca	grande	gris
los coches blancos las casas blancas	grandes	grises

Für die Pluralbildung des Adjektivs gelten dieselben Regeln wie für das Substantiv.

Juan es **alto.**	*Juan ist groß.*
Cristina está **cansada.**	*Cristina ist müde.*
Cristina y Juan son muy **simpáticos.**	*Cristina und Juan sind sehr nett.*

- Das Adjektiv richtet sich in Geschlecht und Zahl immer nach dem Substantiv. Das gilt auch für die Stellung beim Verb.
- Man verwendet im Spanischen die männliche Form des Adjektivs, wenn es sich auf Personen oder Sachen verschiedenen Geschlechts bezieht.

§ 81 Nationalitätsadjektive

a)	un libro español una revista españo**la**	*ein spanisches Buch* *eine spanische Zeitschrift*	libros españo**les** revistas españo**las**
b)	un sello alemán una universidad alema**na**	*eine deutsche Briefmarke* *eine deutsche Universität*	sellos alema**nes** universidades alema**nas**

a) Die weibliche Form der Nationalitätsadjektive hat die Endung **-a,** -**as**.
b) Adjektive auf **-ón**, **-án**, **-ín** bilden auch die weibliche Form auf **-a** (Akzent entfällt!).

Ausnahmen: Bei allen Adjektiven, die auf **-í**, -**ú**, -**e**, **-ense** oder **-ista** enden, sind die weibliche und die männliche Form gleich.

un texto hindú	*ein Hindu-Text*	textos hindúes
una periodista israelí	*eine israelische Journalistin*	periodistas israelíes
una mujer árabe	*eine arabische Frau*	mujeres árabes
un escritor estadounidense	*ein US-amerik. Schriftsteller*	escritores estadounidenses
una persona racista	*ein rassistischer Mensch*	personas racistas
un periodista belga	*ein belgischer Journalist*	periodistas belgas

§ 82 bueno, malo, grande, santo

a)	¡**Buen** día! (¡**Buenos** días!) Hace **buen/mal** tiempo. Luis es un **mal** compañero. (Daniel es un compañero **bueno.**)	*Einen schönen Tag! (Guten Tag!)* *Es ist schönes Wetter.* *Luis ist ein schlechter Kollege.* *(Daniel ist ein guter Kollege.)*
b)	Gerardo tiene una **gran** casa. (Nosotros tenemos una casa **grande.**) **gran** parte de la población	*Gerhard hat ein großartiges Haus.* *(Wir haben ein großes Haus.)* *ein großer Teil der Bevölkerung*
c)	**San** Pedro y **San** Pablo la fiesta de Todos los **Santos**	*die Heiligen Peter und Paul* *Allerheiligen*

a) **Bueno, malo** stehen häufig vor dem Substantiv und verlieren dann (im Singular) die Endung **-o**.
b) **Grande** verliert vor männlichen Substantiven (im Singular, mask. und fem.) die Endung **-de**.
c) **Santo** verliert vor männlichen Namen (im Singular) die Endung **-to.** (Ausnahmen: santo Tomás, santo Domingo, santo Toribio...).

§ 83 Regelmäßige Steigerung des Adjektivs

El comparativo – Komparativ/Vergleichsform/Höherstufe, El superlativo – Superlativ/Höchststufe

un coche caro una blusa cara	*ein teurer Wagen* *eine teure Bluse*	**más** caro **más** cara	> *teurer*	**el más** caro **la más** cara	> *der/die teuerste*
coches caros blusas caras	*teure Wagen* *teure Blusen*	**más** caros **más** caras	> *teurer*	**los más** caros **las más** caras	> *die teuersten*

a)	El pescado es aquí **más** barato. Es **más** cómodo ir en tren.	*Fisch ist hier billiger.* *Es ist bequemer, mit dem Zug zu fahren.*
b)	Es el mercado **más** grande de la ciudad.	*Es ist der größte Markt der Stadt.*

a) Die Vergleichsform wird gebildet mit **más** + Adjektiv.
b) Die Höchststufe wird gebildet mit **el/la/los/las** + **más** + Adjektiv.

§ 84 Unregelmäßige Steigerung des Adjektivs

bueno	**malo**	**pequeño**	**grande**
gut, lieb	*schlecht, böse*	*klein*	*groß*
mejor más bueno más buena *besser, lieber*	peor más malo más mala *schlechter, böser*	menor más pequeño *kleiner*	mayor más grande *größer*
el/la mejor el más bueno la más buena *der/die beste, liebste*	el/la peor el más malo la más mala *der/die schlechteste, böseste*	el/la menor el más pequeño la más pequeña *der/die kleinste*	el/la mayor el/la más grande *der/die größte*

La circulación es todavía **peor**. Esta comida es mucho **mejor**.	*Der Verkehr ist noch schlimmer.* *Dieses Essen ist viel besser.*
uno de mis **mejores** amigos la **mayor** parte de los americanos La **menor** de las hermanas es Marisa.	*einer meiner besten Freunde* *die Mehrzahl der Amerikaner* *Die jüngste der Schwestern ist Marisa.*

- Diese vier Adjektive haben sowohl regelmäßige als auch unregelmäßige Steigerungsformen.
- **Mayor** und **menor** bezeichnen auch das Alter: un señor **mayor** *ein älterer Herr*, mi hermano **mayor** *mein älterer Bruder*.
- A lo **mejor** *vielleicht*. **Mejor** dicho *besser gesagt, das heißt*.

§ 85 Vergleich – La comparación

a)	Ahora como **menos que** antes. Ese diccionario es **mejor que** el viejo.	*Jetzt esse ich weniger als früher.* *Dieses Wörterbuch ist besser als das alte.*
b)	**Más de** 350 millones de personas hablan español. Hay **más de** cinco mil videoclubs en España. No tengo hoy **más que** 100 marcos.	*Mehr als 350 Millionen Menschen sprechen Spanisch.* *Es gibt in Spanien mehr als 5000 Videoclubs.* *Heute habe ich nur hundert Mark.*
c)	Esta novela es **más** interesante de lo que yo creía.	*Dieser Roman ist interessanter als ich dachte.*
d)	La inflación no es **tan** alta **como** en España. ¿Tienes **tantos** libros **como** nosotros?	*Die Inflation ist nicht so hoch wie in Spanien.* *Hast du so viele Bücher wie wir?*

a) **más/menos que** = mehr/weniger als.
b) vor Zahlen: **más de/menos de** (aber: „nur 20" = **no más que**).
c) vor einem Satz: **más/mejor... de lo que**.
d) **tan... como** = so ... wie.
tanto... como = so viel ... wie.
tanto/tanta/tantos/tantas... como = so viel(e) ... wie.

§ 86 mismo – igual que

Vive en la **misma** calle que nosotros.	*Sie wohnt in derselben Straße wie wir.*
Ella **misma** lo ha contado.	*Sie selbst hat es erzählt.*
Lo ha dicho el director **mismo**.	*Der Direktor selbst hat es gesagt.*
Estás **igual que** siempre.	*Du siehst aus wie immer!*

- el profesor **mismo** *der Lehrer selbst*
- el **mismo** profesor *derselbe Lehrer, der Lehrer selbst*
- **el mismo, la misma, lo mismo que...** *der, die, dasselbe wie ...*
- **igual que...** *genau/so wie ...*

§ 87 -ísimo

Las manzanas están **buenísimas.** Las manzanas están **muy buenas.**	> *Die Äpfel schmecken sehr gut.*
El español es **facilísimo.** El español es **muy fácil.**	> *Spanisch ist sehr einfach.*
Muchísimas gracias.	— *Besten Dank.*

Den höchsten Grad einer Eigenschaft kann man mit **muy** + Adjektiv oder mit der Endung **-ísimo(s)**, **-ísima(s)** ausdrücken.

Es una persona **amabilísima.**	*Er/Sie ist eine sehr freundliche Person.*
Ese nombre es **antiquísimo.**	*Dieser Name ist sehr alt.*

Adjektive auf -**ble**, -**co**, -**go**, -**guo** weisen im Zusammenhang mit der Endung **-ísimo** eine orthographische Veränderung auf: amable *freundlich* amab**il**ísimo, rico *reich* ri**qu**ísimo, amargo *bitter* amarg**u**ísimo, antiguo *alt* anti**qu**ísimo.

§ 88 Verkleinerungsform – El diminutivo

bajo	*klein*	baj**ito**
normal	*normal*	normal**ito**
fino	*fein; dünn*	fin**ito**

- Die Endung **-ito**, **-ita,** ist die häufigste Verkleinerungsform im Spanischen.
- Sie wird sowohl für Adjektive als auch für Substantive verwendet (manchmal auch für Adverbien).

§ 89 ¡Qué vestido tan bonito!

¡Qué vestido tan mono!	*Was für ein schönes Kleid!*
¡Qué cosa más fea!	*Was für ein häßliches Ding!*
¡Qué vida tan dura!	*Was für ein hartes Leben!*
¡Qué pueblos más románticos!	*Was für romantische Dörfer!*

Bei Ausrufen wird im Spanischen sehr häufig **qué** + **tan/más** + Adjektiv verwendet.

§ 90 Stellung des Adjektivs

a)	Vivo en una calle **estrecha.** En mi patio hay un naranjo **pequeño.**	*Ich wohne in einer engen Straße.* *In meinem Hof steht ein kleiner Orangenbaum.*
b)	la **pequeña** cocina los **grandes** problemas de la economía	*die kleine Küche* *die großen Wirtschaftsprobleme*
c)	Hace **mucho** calor. **Mucho** gusto. Ahora hay **poco** trabajo. ¿No tiene **otra** fruta?	*Es ist sehr warm.* *Angenehm.* *Jetzt gibt es wenig Arbeit/ist wenig zu tun.* *Haben Sie kein anderes Obst?*

a) Das Adjektiv steht im Spanischen im allgemeinen hinter dem Substantiv.
b) Wenn es besonders betont werden soll, kann das Adjektiv vor dem Substantiv stehen.
c) **Mucho**, **poco**, **otro** stehen immer vor dem Substantiv.

Adverb (§ 91–94)

El adverbio – Umstandswort (normalmente *normalerweise*, poco *wenig*, a veces *manchmal*)

§ 91 normalmente – exacto – bien

a)	No recuerdo **exactamente.** **Normalmente** ceno a las nueve.	*Ich erinnere mich nicht genau.* *Normalerweise esse ich um neun Uhr zu Abend.*
b)	**Exacto.** La señora Marín habla muy **rápido.**	*Genau.* *Frau Marín spricht sehr schnell.*
c)	¿Va **bien** en la fila catorce? (Una bicicleta muy buena.) Lo he hecho **mal**, lo siento. (Ese autor es muy malo.)	*Ist Ihnen Reihe 14 recht?* *(Ein sehr gutes Fahrrad.)* *Ich habe es schlecht gemacht, es tut mir leid.* *(Dieser Autor ist sehr schlecht.)*

a) Viele Adverbien werden im Spanischen gebildet, indem man die Endung **-mente** an die weibliche Form des Adjektivs anhängt.
b) Häufig werden Adjektive anstelle des Adverbs verwendet (**seguro** *sicher*, **exacto** *genau...*).
c) **Bien, mal** sind Adverbien. (**Bueno, malo** sind Adjektive.)

§ 92 muy, mucho

a)	**muy** bueno, **muy** bien, **muy** tarde	*sehr gut, sehr gut, sehr spät*
b)	Trabajas **mucho.** Sí, me gusta **mucho.**	*Du arbeitest viel.* *Ja, es gefällt mir sehr.*
c)	Tengo **mucha** prisa. Me acuerdo **mucho** de ti. Allí trabajan **muchas** mujeres. **mucho** más alegre **mucho** mejor	*Ich habe es sehr eilig.* *Ich denke sehr oft an dich.* *Dort arbeiten viele Frauen.* *viel fröhlicher* *viel besser*
d)	• ¿Estás **muy** contento? ○ Sí, **mucho.**	• *Bist du sehr zufrieden?* ○ *Ja, sehr.*

a) „sehr“ = **muy** vor Adjektiven (in der Grundform) und vor Adverbien.
b) „sehr“ / „viel“ = **mucho** (unveränderlich) bei einem Verb.
c) „sehr“ = **mucho** (veränderlich!) bei einem Substantiv und bei der Komparativform des Adjektivs.
d) „sehr“ = **mucho**, wenn das Adjektiv nicht wiederholt wird.

§ 93 Adverbiale Ausdrücke

ahora mismo	*gleich, sofort*
a lo mejor	*vielleicht*
a veces	*manchmal*
claro que...	*natürlich ...*
dentro de poco	*bald*
de verdad	*sicher*

¿de verdad?	*wirklich?*
juntos	*zusammen*
muchas veces	*oft*
por aquí	*hier (in der Nähe)*
por supuesto	*selbstverständlich*
sobre todo	*besonders*

§ 94 aquí, ahí, allí

a)	No, no vivo **aquí**. ¿Hay un estanco por **aquí**?	*Nein, ich wohne nicht hier.* *Ist hier in der Nähe ein Tabakladen?*
b)	**Ahí** hay un puente. La botella está **ahí**, a tu lado.	*Da ist eine Brücke.* *Die Flasche ist da, neben dir.*
c)	**Allí**, a la izquierda, hay un hotel. ¿Qué tal el tiempo **allí**?	*Dort links ist ein Hotel.* *Wie ist das Wetter dort?*

a) **aquí** bezieht sich auf das, was sich in greifbarer Nähe des Sprechenden befindet.
b) **ahí** bezieht sich auf das, was sich in der Nähe des Sprechenden befindet, aber nicht greifbar ist.
c) **allí** bezieht sich auf das, was weit weg vom Sprechenden liegt.

Die Negation (§ 95–99)

La negación – Verneinung (no *nein*, nunca *niemals*)

§ 95 no – nein, nicht

No dominan bien el español.	*Sie beherrschen das Spanische nicht gut.*
¿**No** habéis visto la casa?	*Habt ihr das Haus nicht gesehen?*
No importa.	*Es macht nichts.*
No hay de qué.	*Keine Ursache.*

No steht im Spanischen immer vor dem Verb (auch vor dem Hilfsverb „haber“).

§ 96 nada – nichts

No sé **nada** de eso.	*Ich weiß nichts davon.*
No hemos visto **nada**.	*Wir haben nichts gesehen.*
De **nada**.	*Bitte schön. Keine Ursache.*

Steht **nada** hinter dem Verb, so muß die zusätzliche Partikel **no** vor dem Verb stehen.

§ 97 nunca, nadie – niemals, niemand
ninguno, ninguna, ningún – kein, -e, -er

a)	La vida **nunca** regresa. Aquí **no** llueve casi **nunca**. Canta mejor que **nadie**. Hoy **no** hay **nadie** en casa. **No** lo uso casi **nunca**. Entre nosotros **no** se dice **nunca** español. ¿Por qué **no** hay **ningún** semáforo aquí?	*Das Leben kehrt nie zurück.* *Hier regnet es fast nie.* *Er singt besser als jeder andere.* *Heute ist niemand zu Hause.* *Ich benutze es fast nie.* *Bei uns sagt man nie „Español".* *Warum ist hier keine Ampel?*
b)	Ellos **no** han dicho **nunca nada** de eso.	*Sie haben nie etwas davon gesagt.*

a) **Nadie, nunca, ninguno** können vor oder hinter dem Verb stehen.
b) Zwei oder mehrere Verneinungen sind im Spanischen möglich. Steht eine dieser Verneinungen hinter dem Verb, so muß die zusätzliche Negation **no** vor dem Verb stehen.

§ 98 no ... ni, ni ... ni – weder ... noch

No sabe **ni** español **ni** francés. **Ni** en coche **ni** en autobús... Vamos a pie.	*Sie/Er kann weder Spanisch noch Französich.* *Weder mit dem Auto noch mit dem Bus... Wir gehen zu Fuß.*

§ 99 «¡Si no es policíaca!»

¡Si ayer compré uno igual! ¡Pero si me ha llamado ayer! ¡Si esa película no es policíaca!	*Gestern habe ich doch den gleichen (Wein) gekauft!* *Sie/Er hat mich aber gestern angerufen!* *Dieser Film ist doch kein Krimi!*

- Sätze, die keine Negation aber einen Widerspruch des Sprechers beinhalten, können im Spanischen mit dem Wort **si...** eingeleitet werden.
- „doch" nach einer verneinten Frage = **sí**:
  • ¿No vienes? • *Kommst du nicht?*
  ○ **Sí.** ○ *Doch.*

Das Pronomen (§ 100–106)

El pronombre – Fürwort

§ 100 Das Personalpronomen

El pronombre personal – Persönliches Fürwort

Als Subjekt

Singular	1	**yo**	*ich*
	2	**tú**	*du*
	3	**él**	*er*
		ella	*sie*
		usted	*Sie*
Plural	1	**nosotros**	*wir*
		nosotras	
	2	**vosotros**	*ihr*
		vosotras	
	3	**ellos**	*sie*
		ellas	
		ustedes	*Sie*

Nach einer Präposition

Singular	1	a	**mí**	*mich, mir*
	2		**ti**	*dich, dir*
	3		**él**	*ihn, ihm*
			ella	*sie, ihr*
			usted	*Sie, Ihnen*
Plural	1	a	**nosotros**	*uns*
			nosotras	
	2		**vosotros**	*euch*
			vosotras	
	3		**ellos**	*sie, ihnen*
			ellas	
			ustedes	*Sie, Ihnen*

- Das Personalpronomen wird im Spanischen – im Gegensatz zum Deutschen – nur dann gebraucht, wenn es besonders betont werden soll: **Yo** no he hecho eso, ha sido **él**. *Nicht ich habe es getan, er ist es gewesen.*
- In Lateinamerika wird fast immer auch für Personen, die man duzt, **ustedes** anstatt **vosotros, vosotras** verwendet.
- Nach der Präposition **con** weisen die 1. und 2. Person Singular des Personalpronomens eine besondere Form auf: **conmigo** *mit mir*, **contigo** *mit dir*.

§ 101 El pronombre personal en acusativo – Akkusativ des Personalpronomens

me	¿**Me** oyes?	*Hörst du mich?*
te	**Te** llevan en grupo.	*Man führt dich in der Gruppe.*
lo	No **lo** tienen tan fácil.	*Sie haben es nicht (so) einfach.*
le, lo	No **le/lo** veo casi nunca.	*Ich sehe ihn fast nie.*
la	¿Dónde está Ana? ¿**La** has visto?	*Wo ist Ana? Hast du sie gesehen?*
nos	¿No **nos** has visto allí?	*Hast du uns dort nicht gesehen?*
os	**Os** espero en casa.	*Ich warte zu Hause auf euch.*
los	¿Seguros? **Los** deseo todos.	*Versicherungen? Ich möchte alle.*
los, les	No **los/les** veo casi nunca.	*Ich sehe sie fast nie.*
las	¿Las bicicletas? Aquí no **las** podemos usar.	*Die Fahrräder? Hier können wir sie nicht benutzen.*

Für Personen heißt die männliche Form der 3. Person Singular oder Plural **le, les** (hauptsächlich in Spanien) oder **lo, los** (in Lateinamerika).

§ 102 Stellung des Personalpronomens im Akkusativ

a)	¿El coche? Voy a alquilar**lo** mañana. (**Lo** voy a alquilar mañana.) No sé, no sé, estoy pensándo**lo**. (**Lo** estoy pensando.)	*¿Das Auto? Ich werde es morgen mieten.* *Ich weiß nicht, ich weiß nicht, ich überlege es mir gerade.*
b)	**Te** llamo más tarde. No **lo** quiero.	*Ich rufe dich später an.* *Ich will es nicht.*
c)	¿No **lo** has hecho tú?	*Hast du es nicht gemacht?*

Das Personalpronomen im Akkusativ steht:
a) Hinter dem Infinitiv oder dem Gerundium (in einem Wort) oder vor dem Hilfsverb.
b) Vor dem konjugierten Verb („llamo"), aber hinter der Negation.
c) Vor dem Hilfsverb („has") bei zusammengesetzten Zeiten, aber hinter der Negation.

§ 103 Doppeltes Personalpronomen im Akkusativ

La culpa **la** tienes tú. El futuro **lo** vemos muy negro.	*Die Schuld liegt bei dir.* *Wir sehen die Zukunft sehr schwarz.*

Wenn das Akkusativobjekt (Person oder Sache) am Anfang des Satzes steht, so wird zusätzlich das Personalpronomen vor das Verb gestellt.

§ 104 El pronombre personal en dativo – Dativ des Personalpronomens

me	**Me** gusta mucho.	*Es gefällt mir sehr.*
te	**Te** regalo las fotos.	*Ich schenke dir die Fotos.*
le	**Le** dio cien marcos por el reloj.	*Er gab ihm/ihr hundert D-Mark für die Uhr.*
nos	¿**Nos** trae la cuenta?	*Bringen Sie uns die Rechnung?*
os	**Os** llevo mañana el disco.	*Ich bringe euch morgen die Schallplatte.*
les	¿**Les** gusta?	*Gefällt es Ihnen/ihnen?*

§ 105 Stellung des Personalpronomens im Dativ

a)	Quiero decir**te** la verdad. (**Te** quiero decir la verdad.)	*Ich möchte dir die Wahrheit sagen.*
b)	¿Qué **nos** recomienda?	*Was empfehlen Sie uns?*
c)	¿Por qué no **le** has contado todo?	*Warum hast du ihr/ihm nicht alles erzählt?*

Das Personalpronomen im Dativ steht:
a) Hinter dem Infinitiv oder dem Gerundium (in einem Wort) oder vor dem Hilfsverb.
b) Vor dem konjugierten Verb („recomienda"), aber hinter der Negation.
c) Vor dem Hilfsverb („has") bei zusammengesetzten Zeiten, aber hinter der Negation.

§ 106 Doppeltes Personalpronomen im Dativ

a)	A los madrileños **les** gusta salir por la noche.	*Die Madrider gehen gerne abends aus.*
b)	Marisa **le** ha pedido a Pablo que venda el coche.	*Marisa hat Pablo gebeten, das Auto zu verkaufen.*
c)	«**Te** las cantamos **a ti**».	*„Wir singen sie dir".*

a) Wenn das Dativobjekt am Anfang des Satzes steht, so wird zusätzlich das Personalpronomen vor das Verb gestellt.
b) Außer dem Dativobjekt kann auch das Personalpronomen verwendet werden.
c) Dativ (und Akkusativ) nach der Präposition „a" wird vor oder nach dem Verb nie allein verwendet.

Das Reflexivpronomen (§ 107–108)

El pronombre reflexivo – Rückbezügliches Fürwort

§ 107 Stellung des Reflexivpronomens

a)	Voy a lavar**me** las manos. (**Me** voy a lavar las manos.)	*Ich will mir die Hände waschen.*
b)	**Se** quita la chaqueta. **Me** quedé allí un mes.	*Er zieht die Jacke aus.* *Ich blieb dort einen Monat.*
c)	Ramón no **se** ha levantado todavía.	*Ramón ist noch nicht aufgestanden.*

Das Reflexivpronomen (s. auch § 4) steht:
a) Hinter dem Infinitiv oder dem Gerundium (in einem Wort) oder vor dem Hilfsverb.
b) Vor dem konjugiertem Verb („quitar", „quedé"), aber hinter der Negation.
c) Vor dem Hilfsverb („ha") bei zusammengesetzten Zeiten, aber hinter der Negation.

§ 108 Se habla... – Se hablan...

Allí **se vende** de todo.	*Dort verkauft man alles.*
Se hablan también otras lenguas.	*Man spricht auch weitere Sprachen.*
¿Cómo **se puede** ir a Pamplona?	*Wie kann man nach Pamplona fahren?*

Den deutschen Ausdrücken „man verkauft", „man spricht"... entspricht oft im Spanischen die reflexive Form des Verbs. (Das Verb steht im Plural, wenn es sich um mehrere Sachen handelt!).

Das Demonstrativpronomen (§ 109–111)

El pronombre demostrativo – Hinweisendes Fürwort

§ 109 este, esta, esto

Este teléfono no funciona.	*Dieses Telefon hier funktioniert nicht.*
¿Tienen otros pantalones como **éstos**?	*Haben Sie andere Hosen wie diese hier?*
Esto no es una tienda de ropa.	*Das ist kein Bekleidungsgeschäft.*
Esta mañana desayuna en el hotel.	*Heute früh frühstückt sie im Hotel.*

§ 110 ese, esa, eso

Esa revista no me gusta.	*Diese Zeitschrift gefällt mir nicht.*
Esos zapatos son cómodos.	*Diese Schuhe sind bequem.*
Eso es todo.	*Das ist alles.*

§ 111 aquel, aquella, aquello

Vivo en **aquella** casa que está detrás del quiosco.	*Ich wohne in jenem Haus dort hinter dem Kiosk.*
Aquel chico que vivió en vuestra casa.	*Jener Junge, der bei euch wohnte.*
No puedo olvidar **aquellos** paisajes de Andalucía.	*Ich kann jene/diese Landschaften in Andalusien nicht vergessen.*

- **Este** bezieht sich auf alles, was in der Nähe des Sprechenden liegt.
- **Ese** bezieht sich auf alles, was sich entweder in der Nähe des Angesprochenen oder in der Nähe des Sprechenden befindet, aber nicht greifbar ist.
- **Aquel** bezieht sich auf alles, was weder in der Nähe des Sprechenden noch des Angesprochenen liegt.
- Unabhängig von der Realität kann ein Gegenstand – oder eine Handlung – in der Vorstellung des Sprechenden „sehr nahe“ oder „weit weg“ liegen (vgl. aquí, ahí, allí, § 94)
- Stehen die männliche oder weibliche Form dieses Pronomens (**este**, **esta...**, **ese**, **esa...**, **aquel**, **aquella...**) allein, so können sie, um Unklarheiten zu vermeiden, einen Akzent tragen. **Esto**, **eso**, **aquello** steht immer allein (und ohne Akzent).

Das unbestimmte Pronomen (§ 112–115)

El pronombre indefinido – Unbestimmtes Fürwort

§ 112 todo, todos, todas – alles, alle

Todos los plátanos son de Canarias.	*Alle Bananen kommen von den Kanarischen Inseln.*
Todo el mundo va de acá para allá.	*Alle (Menschen) gehen hin und her.*
Hay turistas por **todas** partes.	*Es gibt überall Touristen.*
Todo lo cuenta a su padre.	*Er erzählt seinem Vater alles.*

- Steht **todo, todos...** vor dem Substantiv, so wird fast immer der bestimmte Artikel dazwischen geschoben: **todos los** días *jeden Tag*, **todas las** niñas *alle Mädchen*.
- Ist **todo** (alleinstehend) Akkusativobjekt, so steht zusätzlich im Satz das Pronomen **lo.**

§ 113 algo, nada – etwas, nichts

¿**Algo** más?	*Sonst noch etwas?*
Deseo tomar **algo** fresco.	*Ich möchte bitte etwas Kaltes trinken.*
No se da cuenta de **nada.**	*Er merkt nichts.*
No había **nada** español.	*Da war nichts spanisch.*

Wenn **nada** hinter dem Verb steht, so muß die zusätzliche Negation **no** vor dem Verb stehen (s. § 96).

§ 114 alguien, nadie – jemand, niemand

¿Hay **alguien** en casa?	*Ist jemand zu Hause?*
No, **no** hay **nadie.**	*Nein, es ist niemand da.*

- **Alguien**, **nadie** verwendet man für Personen. Es sind unveränderliche Formen.
- Steht **nadie** hinter dem Verb, so muß die zusätzliche Negation **no** vor dem Verb stehen (s. § 97).

§ 115 alguno, ninguno

¿**Alguna** cosita más?	*Sonst noch etwas?*
¿Hay **algún** estanco por aquí?	*Ist hier in der Nähe ein Tabakladen?*
No practico **ningún** deporte.	*Ich mache keinen Sport.*
¿Tienes **algún** libro español?	*Hast du (irgend)ein spanisches Buch?*
No, no tengo **ninguno.**	*Nein, ich habe kein einziges.*

- **Alguno**, **ninguno** verwendet man für Personen und für Sachen (**algunos**, **ningunos** wird selten gebraucht).
- Stehen **alguno**, **ninguno** vor einem männlichen Substantiv im Singular, so verlieren sie die Endung **-o: ningún amigo** *kein Freund.*
- Stehen **ninguno/ningún/ninguna** hinter dem Verb, so muß die zusätzliche Negation **no** vor dem Verb stehen (s. § 97).

Das Relativpronomen (§ 116–117)

El pronombre relativo – Bezügliches Fürwort

§ 116 que – der, die, das

¿Es una señora **que** habla con acento gallego?	*Ist es eine Frau, die mit galicischem Akzent spricht?*
Ese es el libro **que** más me gusta.	*Das ist das Buch, das mir am besten gefällt.*

Que ist unveränderlich und kann sich auf Personen oder Sachen beziehen.

§ 117 lo que – das, was

Eso es **lo que** yo pienso.	*Das ist das, was ich denke.*
Es **lo** último que toman.	*Das ist das letzte, was sie nehmen.*
Es **lo que** cuesta.	*So viel kostet es eben.*

Das Possessivpronomen (§ 118)

El pronombre posesivo – Besitzanzeigendes Fürwort

§ 118 Unbetonte Formen

Singular	1	**mi** amigo, **mis** amigos	*mein Freund, meine Freunde*
		mi amiga, **mis** amigas	*meine Freundin, meine Freundinnen*
	2	**tu** pueblo, **tus** pueblos	*dein Dorf, deine Dörfer*
		tu casa, **tus** casas	*dein Haus, deine Häuser*
	3	**su** hermano, **sus** hermanos	*sein/ihr/Ihr Bruder, seine/ihre/Ihre Brüder*
		su hermana, **sus** hermanas	*sein/ihre/Ihre Schwester, seine/ihre/Ihre Schwestern*
Plural	1	**nuestro** abuelo, **nuestros** abuelos	*unser Großvater, unsere Großväter*
		nuestra abuela, **nuestras** abuelas	*unsere Großmutter, unsere Großmütter*
	2	**vuestro** país, **vuestros** países	*euer Land, eure Länder*
		vuestra oficina, **vuestras** oficinas	*euer Büro, eure Büros*
	3	**su** jersey, **sus** jerseys	*sein/ihr/Ihr Pullover, seine/ihre/Ihre Pullover*
		su maleta, **sus** maletas	*sein/ihr/Ihr Koffer, seine/ihre/Ihre Koffer*

Mi amigo se llama Thomas.	*Mein Freund heißt Thomas.*
¿Dónde está **tu** paraguas?	*Wo ist dein Regenschirm?*
Trescientos millones de personas hablan **nuestro** idioma.	*Dreihundert Millionen Menschen sprechen unsere Sprache.*

- Diese Formen des Possessivpronomens stehen immer vor dem Substantiv.
- „Su maleta“ kann bedeuten: „sein/ihr/Ihr“ Koffer.

Das Interrogativpronomen (§ 119)

El pronombre interrogativo y las partículas interrogativas – Fragepronomen und andere Fragewörter

§ 119 qué, quién

¿**Qué** día es hoy?	*Welchen Tag haben wir heute?*
¿**Qué** tal los niños?	*Wie geht es den Kindern?*
¿Con **quién** has hablado?	*Mit wem hast du gesprochen?*
¿**Cuál** quiere usted, el blanco o el rojo?	*Welches möchten Sie, das weiße oder das rote?*
¿**Cuánto** tarda el tren?	*Wie lange braucht der Zug?*
¿**Cuántas** naranjas quiere?	*Wieviele Apfelsinen möchten Sie?*

- **qué** ist unveränderlich und bezieht sich in der Regel auf Sachen (selten auf Personen).
- **quién** bezieht sich ausschließlich auf Personen.
- **cuál** bezeichnet eine Auswahl zwischen Sachen oder Personen.

Die Präpositionen (§ 120–122)

La preposición – Verhältniswort

§ 120 Akkusativ mit „a“

Conocemos muy bien **a** nuestra profesora.	*Wir kennen unsere Lehrerin sehr gut.*
Ella sí quiere **a** su país.	*Sie jedoch liebt ihr Land.*

- Die Präposition **a** steht vor dem Objekt im Akkusativ, wenn es sich um bestimmte Personen handelt (oder um andere Lebewesen und um personifizierte Begriffe).
- Ausnahme: Wenn von einer näher bestimmten Person die Rede ist: Necesito un mecánico. *Ich brauche einen Mechaniker.*

§ 121 para, por

Necesita monedas **para** llamar a su mujer.	*Er braucht Münzen, um seine Frau anzurufen.*
El tren **para** Pamplona sale a las tres.	*Der Zug nach Pamplona fährt um drei Uhr ab.*
No tengo dinero. **Por** eso no voy.	*Ich habe kein Geld. Deshalb gehe ich nicht.*
El domingo **por** la tarde no estoy en casa.	*Sonntagabend bin ich nicht zu Hause.*
Compra un reloj **por** diez mil pesetas.	*Er kauft eine Uhr für zehntausend Peseten.*

- **Para** bezeichnet meistens den Zweck oder das Ziel.
- **Por** wird u. a. für die Bezeichnung der Ursache, der Zeit, des Preises verwendet.

§ 122 antes de, después de

Miran a la izquierda y a la derecha **antes de** cruzar la calle.	*Sie sehen nach links und rechts, bevor sie über die Straße gehen.*
Después de cenar salen de casa.	*Nach dem Abendessen gehen sie aus dem Haus.*
Después de la clase vamos a jugar al fútbol.	*Nach dem Unterricht werden wir Fußball spielen.*

Antes de, después de können entweder vor einem Substantiv („después de la clase“) oder vor einem Verb im Infinitiv stehen („antes de cruzar“).

Vocabularios

'e Provinz Valencia
10
. Autonome Region
ɪrdspanien 9
ıo *hier:* sehr
ıckhaft 9
hen 9
Rock(musik) 6
Rokoko- 6
Scheibe 9
ıt 8, Ü13
cas Romanistik 10
o romanisch 10
römisch 6
ose 8
ɔ Rumänisch 10

S

Samstag 7
é) wissen 4
. Ich weiß nicht. 1
usted? wissen Sie?
Joaquín *span. Lieder-*
ɜr 7
köstlich;
ackhaft 6
ɔuntas *(m Sing.)*
tiftspitzer 2, Ü5
ier: hervorbringen 8
a mayo florido y
ɔso. Bringen einen
nden und schönen
8

m Beispiel
ɔlumbianer
exikaner
ıdalusier
wohner der
Kanarischen Inseln
ɜrhindern
ır nicht
erbindung;
hier: Verständigung
trachten
ein
e der Töchter des
ateinischen
ɔenso wie die anderen
Sprachen
nanisch
ienisch
tugiesisch
Sprache)

Alphabetisches Wörterverzeichnis

- Die Zahlen verweisen auf die Lektion, in der ein Wort erstmals erscheint.
- *Kursiv- und* ***fettgedruckte*** Wörter gehören zur Wortschatzliste des VHS- Zertifikats.
- **ch** und **ll** finden Sie, im Gegensatz zu den meisten spanischen Wörterbüchern, unter **c** und **l**, **ñ** folgt auf **n**.
- *(ie, ue, i)* = Verben mit unregelmäßigen Präsensformen.
- 8, Ü7 usw: diese Wörter erscheinen in den

8. **opcional**	fakultativ
seguro	Versicherung
turístico	turistisch
acompañante	begleitend
asistencia	*hier:* Betreuung
el personal	Personal
destino	Zielort
vocabulario	*hier:* Wörterverzeichnis
subrayar	unterstreichen
entender *(ie)* § 3	verstehen

3. Un amigo del extranjero

¿A qué hora empiezas?

empezar *(ie)* § 3	beginnen
bachillerato	Oberstufe; Abitur
colegio	Schule
alumno	Schüler
Es la primera vez que...	Es ist das erste Mal, daß...
intercambio	Austausch
escolar	Schul-
a pesar de	trotz
existente	bestehend
muchacho	Junge
Parece un muchacho abierto.	Er scheint ein offener Junge zu sein.

mucho viel; sehr 1; häufig 7
muchas gracias vielen Dank 3
muchas veces oft 10
Mucho gusto. Sehr erfreut. 1
muchísimo sehr viel; sehr 3
Muchísimas gracias. Tausend Dank. 3
el *mueble* Möbel 6

Wörterverzeichnis nach Lektionen

- **ch** und **ll** finden Sie, im Gegensatz zu de sten spanischen Wörterbüchern, innerhalł und **l**, **ñ** folgt auf **n**.
- § verweist auf die Paragraphen im Gram teil.
- Substantive mit den Endungen -o (masku (feminin) erscheinen ohne Artikel; nı unregelmäßigen werden vom Artikel begleit
- Wird ein Wort in einer nicht üblichen l tung verwendet, so werden hier die Haupı die Nebenbedeutung aufgeführt (*garganta hier:* Schlucht).
- *(ue)* = Verben mit unregelmäßigen Präs men.
- Alphabetisches Wörterverzeichnis: Seite

1. Necesito unas aspirinas

Tengo dolor de cabeza

aspirina	Aspirin
el dolor	Schmerz
cabeza	Kopf
Tengo dolor de cabeza.	Ich habe Kopfschmerz
toda la semana § 112	die ganze Woche
entrevista	Interview

sopa	Suppe
tortilla	Omelett
pescado	Fisch
vasito = vaso	Gläschen
vino tinto	Rotwein

Ejercicios

1. **movimiento**	*hier:* Hektik
Tudela	*Stadt in der Autonoı Region Navarra*
notar	bemerken
adelanto	Fortschritt
el carácter	*hier:* Stil
arquillo = arco	Bogen
retablo	*hier:* Heiligenbild
el caserón	Herrenhaus
piedra	Stein
escudo	Wappen
el timbre	*hier:* Zeichen

Wörterverzeichnis nach Lektionen

- **ch** und **ll** finden Sie, im Gegensatz zu den meisten spanischen Wörterbüchern, innerhalb von **c** und **l**, **ñ** folgt auf **n**.
- § verweist auf die Paragraphen im Grammatikteil.
- Substantive mit den Endungen -o (maskulin) -a (feminin) erscheinen ohne Artikel; nur die unregelmäßigen werden vom Artikel begleitet.
- Wird ein Wort in einer nicht üblichen Bedeutung verwendet, so werden hier die Haupt- und die Nebenbedeutung aufgeführt (*garganta* Hals; *hier:* Schlucht).
- *(ie, ue)* = Verben mit unregelmäßigen Präsensformen.
- Alphabetisches Wörterverzeichnis: Seite 177.

1. Necesito unas aspirinas

Tengo dolor de cabeza

aspirina	Aspirin
el dolor	Schmerz
cabeza	Kopf
Tengo dolor de cabeza.	Ich habe Kopfschmerzen.
toda la semana § 112	die ganze Woche
entrevista	Interview
artículo	Artikel
todas las noches § 112	jeden Abend
compañero de trabajo	Arbeitskollege
doler *(ue)* § 3	weh tun
el vientre	Bauch
Le duele el vientre. § 104	Sie hat Bauchschmerzen.
normalmente	normalerweise
esta mañana	heute morgen
desayunar	frühstücken
varios	mehrere
sentarse *(ie)* § 3	sich setzen
Se sienta en una mesa libre.	Sie setzt sich an einen freien Tisch.
el bufé	Buffet
soportar	ertragen
frito *(Part. Perf. freír)*	gebraten
No soporta el olor a aceite frito.	Sie erträgt den Geruch nach gebratenem Öl nicht.
el té	Tee
taza	Tasse
cesta	(Brot-)Korb
panecillo	Brötchen
mantequilla	Butter

El ambulatorio

ambulatorio	Ambulanz
la paz	Frieden
enfermo	krank
jaqueca	Migräne
impresionante	beeindruckend; *hier:* wahnsinnig
no... nada § 96	überhaupt nicht
No me siento nada bien. § 96	Ich fühle mich überhaupt nicht gut.
lo mejor	das Beste
comisaría	Polizeirevier
mejorarse	sich bessern
¡Que se mejore!	Gute Besserung!

En la farmacia

farmacia	Apotheke
poco después	kurz darauf
cerrar *(ie)* § 3	schließen
lista	Liste
guardia	Wache
farmacia de guardia	diensthabende Apotheke
Mariluz espera un rato fuera de la farmacia.	Mariluz wartet eine Weile draußen vor der Apotheke.
farmacéutico	Apotheker
caja	Packung; Schachtel
masticable	kaubar
Está bien.	Es ist in Ordnung.
compresa	Kompresse
higiénico	hygienisch
compresa higiénica	Damenbinde
el tampón	Tampon
la higiene	Hygiene
productos de higiene	Hygieneartikel
cosita	*hier:* Kleinigkeit
¿Alguna cosita más?	Wünschen Sie sonst noch etwas?
el paquete	Packung; Paket
ustedes	Sie *(Pl.)*
tirita	Pflasterstrip
desinfectar	desinfizieren
mercromina	Mercurochrom
botella	Flasche
el agua oxigenada *(f)*	Wasserstoffsuperoxyd
Como quiera.	Wie Sie wünschen.
puesto *(Part. Perf. poner)*	gelegt; gestellt
¿Ha puesto las aspirinas?	Haben Sie die Aspirin(tabletten) eingepackt?

abierto *(Part. Perf. abrir)*	geöffnet
el problema	Problem
el coche	Auto
la atención	Aufmerksamkeit
llamar la atención	Aufmerksamkeit erregen; auffallen
Me ha llamado la atención.	Es ist mir aufgefallen.

El estudiante de medicina

medicina	Medizin
la fiebre	Fieber
probablemente	wahrscheinlich; möglicherweise
resfriado	Erkältung, Schnupfen
médico	Arzt
libro de recetas	Rezeptblock
perro	Hund
licenciado	Akademiker (mit Staatsexamen)
Zafra	*Stadt im Süden der Extremadura*

Cristina Sánchez, torera

torera	Stierkämpferin
cuello	Hals
cara	Gesicht
brazo	Arm
dedo	Finger
pecho	Brust
estómago	Magen
pierna	Bein
pelo	Haare
ojo	Auge
la nariz	Nase
boca	Mund
oreja	Ohrmuschel

¿Cómo estás?

la mar de bien	unheimlich gut
estupendo	großartig
quejarse	sich beklagen; klagen
No me puedo quejar.	Ich kann nicht klagen.
regular	nicht besonders gut
mejor que antes	besser als vorher
fatal	ganz schlecht
Me siento fatal.	Ich fühle mich ganz schlecht.
la depre = depresión	Depression
Tengo la depre.	Ich bin völlig deprimiert.
nervioso	nervös
enfadado	wütend
preocupado	besorgt
polvo	Staub
Estoy hecho polvo.	Ich bin fix und fertig.
resfriado	erkältet
triste	traurig

Guía médica

guía médica	*hier:* Ärzteverzeichnis
la enfermedad	Krankheit
coronario	Herz-
consulta	Sprechstunde
aparato	Apparat
digestivo	Verdauungs-
alameda	(Pappel-)Allee
principal	Haupt-
interno	intern; *hier*: Innen-
medicina interna	innere Medizin
dermatología	Dermatologie
venéreo	Geschlechts-
la enfermedad venérea	Geschlechtskrankheit
oído	Gehör
audiología	Ohrenheilkunde
solicitar	erbitten
Soliciten hora.	Lassen Sie sich einen Termin geben.
general	allgemein
medicina general	Allgemeinmedizin
acupuntura	Akupunktur
tratamiento	Behandlung
clínica	Klinik
dental	Zahn-
clínica dental	Zahnklinik
horario	*hier:* Sprechstunde
oftalmólogo	Augenarzt
lentilla	Kontaktlinse
cirugía	Chirurgie
miopía	Kurzsichtigkeit
el bulevar	Boulevard
ginecología	Frauenheilkunde
parto	Geburt
el pasaje	Passage

Ejercicios

12. «Farmacéuticos sin Fronteras»	„Apotheker ohne Grenzen"
comunal	städtisch
formar	*hier:* ausbilden
el promotor	Förderer
la donación	Spende
genérico	allgemein
castigar	(be-)strafen
el cólera	Cholera
carecer de	nicht verfügen über
sanitario	sanitär

servicios sanitarios	Sanitäranlagen
colaborar	mitarbeiten
13. la aportación	Beitrag
socio	Mitglied
el colaborador	Mitarbeiter
mensual	monatlich
trimestral	vierteljährlich
semestral	halbjährlich
anual	jährlich
domicilio	*hier:* Straße
la población	*hier:* Wohnort
código postal	Postleitzahl
la profesión	Beruf
fecha	Datum
nacimiento	Geburt
complimentar	*hier:* ausfüllen
enviar *(envío)*	schicken
apartado	Postfach
15. cama	Bett
descansar	sich ausruhen
las vacaciones	Urlaub
recetar	verschreiben
penicilina	Penicillin
pastilla	Tablette
la digestión	Verdauung
precisamente	gerade; genau
17. normalmente	normalerweise
habitualmente	gewöhnlich
acostumbrar (hacer algo)	pflegen (etwas zu tun)
los cereales	Getreide(flocken)
bollo	süßes Stückchen
fuerte	stark
aprovechar	*hier:* ausnützen
madrileño	Madrider
limitarse a	sich beschränken auf
normal	normal
porra	(längliches) Ölgebäck
tostada	Toastbrot

2. ¿Cómo se puede ir?

De Valencia a Pamplona

puede*(ue) (Präs. poder)* § 3	
¿Cómo se puede ir? § 108	Wie kommt man da hin?
agencia	Agentur; Vertretung
el viaje	Fahrt; Reise
agencia de viajes	Reisebüro
Pamplona	*Hauptstadt der Autonomen Region Navarra*
siguiente	folgend
al día siguiente	am nächsten Tag
juntos	zusammen; miteinander
depender (de)	abhängen (von)
el tren	Zug
el avión	Flugzeug
unos, unas § 54	*hier:* ungefähr
kilómetro	Kilometer
Hay unos 500 kilómetros.	Es sind ungefähr 500 Kilometer.
Tenemos que estar en Pamplona...	Wir müssen ... in Pamplona sein.
a eso de	gegen
barato	billig
El tren es más barato. § 83	Der Zug ist billiger.
económico	*hier:* preiswert; billig
El autocar es más económico. § 83	Der Bus ist billiger.
de todas formas	jedenfalls
De todas formas quizás mejor el tren.	Jedenfalls ist der Zug vielleicht besser.
tardar	Zeit brauchen
¿Cuánto tarda el tren?	Wie lange braucht der Zug?
Unas nueve o diez horas. § 54	Etwa neun oder zehn Stunden.
sobre	*hier:* gegen
¿Hay uno sobre las diez?	Gibt es einen Zug gegen 10 Uhr?
diario	täglich
excepto	außer
la combinación	Verbindung
Es la mejor combinación. § 84	Das ist die beste Verbindung.
Talgo *(Tren Articulado Ligero Goicochea-Oriol)*	*span. Schnellzug*
¿Para qué día?	Für welchen Tag?
Muchas gracias por todo.	Vielen Dank für alles.
Ha sido muy amable.	Sie waren sehr freundlich.
No faltaba más.	Aber selbsverständlich.
Navarra	*Autonome Region in Nordspanien*
reino	Königreich
independiente	unabhängig
húmedo	feucht
la población	*hier:* Bevölkerung
vasco	baskisch
encontrarse *(ue)*	sich befinden
la estación	*hier:* Station
Camino de Santiago	Jakobsweg
Roncesvalles	*berühmter Bergpaß (1070 m) in Navarra*
Puente la Reina	*Knotenpunkt der verschiedenen europ. Jakobswege*

Estella	*Kleinstadt in der Autonomen Region Navarra*
encierro	Eintreiben der Stiere
celebrar	feiern
el euskera	Baskisch *(Sprache)*
la fundación	Gründung
Ayuntamiento	Rathaus
fachada	Fassade
elegante	elegant

Para ir a la estación

¿Voy bien para ir a la estación?	Geht es hier zum Bahnhof?
recto	geradeaus
todo recto	immer geradeaus
a la derecha	nach rechts
segundo	zweite/r/s
a la izquierda	nach links
No hay de qué.	Keine Ursache.

Ida y vuelta

ida	Hinfahrt
vuelta	*hier:* Rückfahrt
ida y vuelta	Hin- und Rückfahrt
la clase	*hier:* Klasse
grupo	Gruppe
jubilado	Rentner
Un grupo está hablando... § 11	Eine Guppe unterhält sich gerade ...
último	letzte/r/s
el/la vendedor/a	Verkäufer/in
lotería	Lotterie
tratar de	versuchen zu
número (de lotería)	(Lotterie-)Los
el/la emigrante	Emigrant/in
Marruecos	Marokko
Unos emigrantes están esperando el tren. § 11	Einige Emigranten warten auf den Zug.
Algeciras	*bedeutende Hafenstadt in der Provinz Cadiz*
ventanilla	Schalter(fenster)
cola	(Menschen-)Schlange
hacer cola	sich anstellen
No tienen que hacer cola. § 45	Sie müssen sich nicht anstellen.
mañana por la mañana	morgen früh
¿Primera o segunda?	Erster oder zweiter Klasse?
el fumador	Raucher
pasillo	Gang
ventanilla	*hier:* Fensterplatz
Da igual.	Es ist egal.
en efectivo	bar
pagar en efectivo	bar bezahlen
tarjeta	Karte; *hier:* Kreditkarte
el restaurante	Restaurante
¿Lleva restaurante el tren?	Hat der Zug einen Speisewagen?
servicio de cafetería	Cafeteriabetrieb
el andén *(Pl. andenes)*	Gleis
¿De qué andén sale?	Von welchem Gleis fährt er ab?
horario	Fahrplan
salida	*hier:* Abfahrt
horario de salida	Abfahrtszeiten
Tienen que mirar en el horario de salidas. § 45	Sie müssen bei den Abfahrtszeiten nachsehen.
el panel	Anzeigetafel

¿Lotería?

a lo mejor	vielleicht
Vamos para siempre a casa.	Wir gehen für immer nach Hause zurück.

Ejercicios

5. el bonocity	*preiswerte Fahrkarte zwischen verschiedenen Städten*
«a todo tren»	„ganz schnell“
el viaje	Fahrt
frecuencia	Häufigkeit
ventaja	Vorteil
utilizar	benutzen
largo	lang
recorrido	Strecke
transferible	übertragbar
válido	gültig
imaginar	*hier:* träumen
seguro	sicher
relajado	ausgeruht
alto tráfico	starker Verkehr
punto de venta	Verkaufsstelle
6. serio	ernst
alegre	lustig
acertado	treffend
despiste	*hier:* unzutreffend
directo	direkt
indirecto	indirekt
futurista *inv*	futuristisch
realista *inv*	realistisch
cuerdo	vernünftig
demente *inv*	irre
conveniente	passend
Gloria Fuertes (Madrid 1918–)	*spanische Dichterin*
10. perfecto	*hier:* prima

11. arzobispal	erzbischöflich
14. comparar	vergleichen
explicar	erklären
decidirse por	sich entscheiden für
la habitación doble	Doppelzimmer
incluir	einschließen
el bus	Bus
lujo	Luxus
recorrido	*hier:* Fahrt
estancia	Aufenthalt
la pensión	Pension
completo	vollständig
la pensión completa	Vollpension
la excursión	Ausflug
opcional	fakultativ
seguro	Versicherung
turístico	turistisch
acompañante	begleitend
asistencia	*hier:* Betreuung
el personal	Personal
destino	Zielort
vocabulario	*hier:* Wörterverzeichnis
subrayar	unterstreichen
entender *(ie)* § 3	verstehen
la especie	*hier:* Art
chiringuito	Imbiß(verkauf)
ese, esa, eso, esos, esas § 110	dieser, diese, dies(es), diese
cosas de ésas § 110	solche Sachen
jugar *(ue)* § 3	spielen
el pimpón	Pingpong
el tenis	Tennis
almorzar *(ue)* § 3	zu Mittag essen
comida	Essen; Mahlzeit
La Rambla	*berühmte Straße in Barcelona*
mosaico	Mosaik
pavimento	(Straßen-)Pflaster
Miró, Joan (1893–1983)	*span. Maler und Bildhauer*
rojo	rot
negro	schwarz
Casa Batlló	*von Gaudí 1905–1907 gestaltetes Haus für den Textilfabrikanten Batlló*
arquitecto	Architekt
Gaudí, Antoni (1852–1926)	*katalanischer Architekt, Hauptfigur des katalanischen Jugendstils*
Paseo de Gracia	*Straße in Barcelona, einst Verbindung zum Dorf Gracia*

3. Un amigo del extranjero

¿A qué hora empiezas?

empezar *(ie)* § 3	beginnen
bachillerato	Oberstufe; Abitur
colegio	Schule
alumno	Schüler
Colonia	Köln
Es la primera vez que...	Es ist das erste Mal, daß ...
intercambio	Austausch
escolar	Schul-
a pesar de	trotz
la hermandad	*hier:* (Städte-)Partnerschaft
existente	bestehend
muchacho	Junge
Parece un muchacho abierto.	Er scheint ein offener Junge zu sein.
lingüístico	sprachlich
acabar	aufhören; beenden
pausa	Pause
volver *(ue)* § 3	zurückkehren
la clase	Unterricht
recreo	große Pause; Erholung(spause)

¿Catalán o castellano?

el catalán	Katalanisch *(Sprache)*
castellano	Spanisch
entender *(ie)* § 3	verstehen
como todo el mundo	wie alle
dar	*hier:* unterrichten
¿En qué idioma se dan aquí las clases?	In welcher Sprache wird der Unterricht abgehalten?
Eso depende.	Das kommt darauf an.
el cole = colegio	Schule
En el cole dan geografía en catalán.	In der Schule wird Erdkunde auf katalanisch unterrichtet.
asignatura	(Lehr-)Fach
difícil	schwierig
confrontado	konfrontiert
Estamos confrontados con otro idioma.	Wir werden mit einer anderen Sprache konfrontiert.
además de	außer
el País Vasco	Baskenland
Lo mismo pasa en el País Vasco.	Dasselbe geschieht im Baskenland.
Galicia	Galicien

¿Y por la tarde?

por la tarde	am Nachmittag
dicho *(Part. Perf. decir)* § 26	gesagt
Por la tarde siguen las clases.	Am Nachmittag geht der Unterricht weiter.
normal	normal; üblich
particular	*hier:* Privat-
Cuando acaban las clases normales...	Wenn der normale Unterricht zu Ende ist ...
la clase particular	Privatunterricht
¿Qué clases son?	Was für Unterricht ist das?
yudo	Judo
el karate	Karate
el deporte	Sport
hago *(Präs. hacer)* § 31	ich mache
informática	Informatik
chiflar	*hier:* ungemein begeistern
Me chifla, ¿sabes?	Sie begeistert mich ungemein, weißt du?
el ordenador	Computer
las matemáticas	Mathematik
sencillo	einfach; schlicht
juego	Spiel
«Súper Mario»	*beliebtes Videospiel*
«Tetris»	*beliebtes Videospiel*
Me deja usar el aparato.	Sie erlaubt mir, den Apparat zu benutzen.
pasar	*hier:* vorbeikommen
¿Por qué no pasas por casa?	Warum kommst du nicht bei mir zu Hause vorbei?
el footing	Jogging
el tenis	Tennis
haciendo footing	beim Joggen
junto a	am
ciclismo	Rad(fahr)sport
el/la ciclista	Radfahrer/in
equipo	Mannschaft
femenino	weiblich
hierba	Gras
el hockey sobre hierba	Rasenhockey
medalla	Medaille
(los) Juegos Olímpicos	Olympische Spiele
el jugador	Spieler
(el) Barça	*Fußballclub von Barcelona*
canoa	Kanu
el (río) Ebro	*Fluß, der in der Provinz Santander entspringt und nach 910 km ins Mittelmeer mündet*
templo	Tempel, Kirche
Templo del Pilar	*berühmte Kirche in Zaragoza*
al fondo	im Hintergrund
Zaragoza	*Hauptstadt Aragoniens*

¿Qué deporte te gusta?

¿Qué deporte te gusta?	Welche Sportart magst du?
algún § 115	irgendein
¿Tú practicas algún deporte?	Übst du irgendeine Sportart aus?
la natación	Schwimmen
Juego al fútbol.	Ich spiele Fußball.
conocido	bekannt

Lenguas de España

se § 108	man; sich *(refl.)*
se habla(n) § 108	man spricht
Se hablan otras lenguas. § 108	Man spricht weitere Sprachen.
vasco	Baskisch
oficial	offiziell
autónomo	selbständig, autonom
la Comunidad Autónoma	Autonome Region
Euskadi	Baskenland
(las Islas) Baleares	Balearen
la variante	Variante
valenciano	Valencianisch

¿Castellano o español?

Borges, Jorge Luis (1899–1986)	*argentinischer Schriftsteller*
No se dice nunca español. § 97	Man sagt nie Spanisch.
como	*hier:* als
el escritor	Schriftsteller
Paz, Octavio (1914–)	*mexikanischer Schriftsteller*
nacido	geboren
premio	Preis
Premio Nobel	Nobelpreis
literatura	Literatur
morir *(ue, u)*	sterben
¡Que muera el castellano!	Möge das Kastilische sterben!
¡Viva el español!	Möge das Spanische hochleben!
Jiménez, Juan Ramón (1881–1958)	*span. Schriftsteller*

Premios Nobel de Literatura de lengua española

galeoto	*hier:* Kuppler
«El gran galeoto»	„Der große Galeotto"
crear	schaffen
«La ciudad alegre y confiada»	„Die fröhliche Stadt, die so sicher wohnte"

lectura	Lektüre
espiritual	geistlich
«Lecturas espirituales»	„Geistliche Lektüren"
el presidente	Präsident
«El señor Presidente»	„Der Herr Präsident"
«Platero y yo»	„Platero und ich"
confesar *(ie)* § 3	*hier:* bekennen
«Confieso que he vivido»	„Ich bekenne, ich habe gelebt"
la destrucción	Zerstörung
«La destrucción o el amor»	„Die Zerstörung oder die Liebe"
cien § 75	hundert
la soledad	Einsamkeit
«Cien años de soledad»	„Hundert Jahre Einsamkeit"
colmena	Bienenkorb
«La colmena»	„Der Bienenkorb"
laberinto	Labyrinth
«El laberinto de la soledad»	„Das Labyrinth der Einsamkeit"

Ejercicios

6. Gotinga	Göttingen
Aquisgrán	Aachen
Tréveris	Trier
Ratisbona	Regensburg
Friburgo	Freiburg
11. ¿Qué deporte le gusta a usted? § 48	Welche Sportart mögen Sie?
senderismo	Wandern
la equitación	Reitsport
el balonvolea	Volleyball
baloncesto	Korbball
piragüismo	Kanusport
vuelo	Flug
el motor	Motor
vuelo sin motor	Segelfliegen
el ala	Flügel
el ala delta	Drachenfliegen
carrera	*hier:* Rennen
carrera de coches	Autorennen
carrera de bicicleta	Radrennen
el windsurf	Windsurfing
vela	Segelsport
gimnasia	Gymnastik
el baile clásico	Ballet
el patinaje	Schlittschuhlaufen
el patinaje sobre hielo	Eiskunstlauf
el esquí	Ski(sport)
alpino	alpin
el esquí alpino	Ski alpin
el esquí de fondo	(Ski-)Langlauf
el boxeo	Boxen
ningún § 97	kein
No practico ningún deporte. § 97	Ich mache keinen Sport.
el partido	*hier:* Spiel
el campeonato	Meisterschaft(skampf)
la transmisión	Sendung

4. ¿Qué vamos a hacer?

Alquilamos una película

¿Qué vamos a hacer? § 9	Was werden wir machen?
alquilar	*hier:* ausleihen
peli = película	Film
¿Qué vais a hacer? § 9	Was werdet ihr tun?
vídeo	Video
Si no tienes vídeo.	Du hast doch kein Video.
Claro que tengo.	Natürlich habe ich eins.
policíaca	Krimi(nalfilm)
¡Qué suerte!	Was für ein Glück!
¿Qué película vais a ver? § 9	Was für einen Film werdet ihr euch ansehen?
¿Vas a venir? § 9	Wirst du kommen?
Las policíacas no me gustan. § 48	Ich mag keine Krimis.
rollo	langweiliger Schmarren
el terror	Horror
película de terror	Horrorfilm
catálogo	Katalog
hermana	Schwester
visto *(Part. Perf. ver)* § 7	gesehen
Un momentito...	Einen kleinen Augenblick ...
italiano	italienisch
Además, es la mar de divertida.	Außerdem ist er wahnsinnig lustig.
el videoclub	Videoclub
tranquilo	ruhig
Me parece que está cerrado. § 42	Ich glaube, er ist geschlossen.
no... hasta	nicht bis ...
los vaqueros	Jeans
Tengo que comprarme unos vaqueros.	Ich muß mir Jeans kaufen.
vosotros	ihr
llevar	*hier:* bei sich haben
dinero	Geld
Algo llevo.	Etwas habe ich bei mir.
Vale.	Einverstanden.

¿Has visto...?

ése § 110	der da
emocionado	begeistert
Está tan emocionado que... § 85	Er ist so begeistert, daß ...
cámara	Fotoapparat
darse cuenta	(be)merken
No se da cuenta de nada. § 96	Er merkt nichts.
la foto(grafía)	Foto
sacar	*hier:* machen
¿Qué foto está sacando? § 11	Was für ein Foto macht er gerade?
tampoco	auch nicht
interesar	interessieren

El videoclub

cambiar	(ver)ändern
el fin	Ende
el fin de semana	Wochenende
numeroso	zahlreich
cadena de televisión	Fernsehsender
nacional	*hier:* staatlich
privado	privat
autonómico	*hier:* regional
importante	wichtig; bedeutend
Son algo tan importante como... § 85	Sie sind so wichtig wie ...
antaño	früher
la reunión	Zusammenkunft, Treffen
social	gesellschaftlich
partida	Partie, Spiel
partida de cartas	Kartenspiel
incluso	sogar
copa	(Stiel-)Glas *(z.B. für Sherry, Cognac)*
aperitivo	Aperitif
desaparecer *(desaparezco)*	verschwinden
sustituir	ersetzen
Hay más de cinco mil videoclubs. § 85	Es gibt über 5000 Videoclubs.
cuarto	*hier:* Zimmer
cuarto de estar	Wohnzimmer
convertirse en... *(ie, i)*	werden zu ...
lamentablemente	leider
sala de cine	Kinosaal

Mirando el escaparate

el escaparate	Schaufenster
Esta película parece interesante.	Dieser Film scheint interessant zu sein.
la sangre	Blut
arena	Sand
dicho *(Part. Perf. decir)*	gesagt
Si no es policíaca.	Aber es ist doch kein Krimi.
los toros	*hier:* Stierkampf
Parece ser algo sobre los toros.	Es scheint etwas über den Stierkampf zu sein.

¡Cuesta demasiado!

mientras tanto	inzwischen
azul claro *inv*	hellblau
dependienta	Verkäuferin
talla	Kleidergröße
¿Qué tallla tienes?	Was für eine Größe hast du?
moda	Mode
Pero si está de moda.	Es ist doch gerade modern.
el probador	Umkleidekabine
¡Qué va!	Ach was!
ir	*hier:* stehen
Te van muy bien.	Sie stehen dir sehr gut.
seguro	sicher
chaqueta	Jacke
Uff, cuesta demasiado.	Ach, das ist zu teuer.
quedarse con	nehmen; behalten
Me quedo con los vaqueros.	Ich nehme die Jeans.
tienda	Laden
los pantalones	Hose
alegre	fröhlich
castañuela	Kastagnette
alegre como unas castañuelas	quietschvergnügt
el cinturón	Gürtel
camiseta	T-Shirt
hacer juego con	passen zu
Hace juego con los pantalones.	Es paßt (farblich) zu der Hose.
«Televisa»	*mexikanische Fernsehgesellschaft*
mexicano	mexikanisch
pregunta	Frage
Están haciendo unas preguntas sobre...	Sie stellen einige Fragen über ...
Pobrecitos.	Die armen.
seguramente	sicherlich
México D.F. (Distrito Federal)	Mexiko-Stadt (Bundesbezirk)
Tampoco nos podemos quejar.	Wir können uns auch nicht beklagen.

El Ministro

ministro	Minister
economía	Wirtschaft

pasear	spazierengehen
esposa	Ehefrau
Pasan por delante de un escaparate.	Sie gehen an einem Schaufenster vorbei.
pararse	stehenbleiben
precio	Preis
lista de precios	Preisliste
satisfecho	zufrieden
la inflación	Inflation
No es tan alta como... § 85	Sie ist nicht so hoch wie ...
la oposición	(politische) Opposition
camisa	Hemd
el pantalón	Hose
el calcetín *(Pl. calcetines)*	Socke
¡Caramba!	Donnerwetter!
baratísimo § 87	sehr billig
calzoncillo	Unterhose
ropa	Kleidung; Wäsche
Hay que ver en qué mundo vives.	Es ist unglaublich, in welcher Welt du lebst.
tienda de ropa	Bekleidungsgeschäft
lavandería	Wäscherei

Ropa

ropa	Kleidung(sstücke)
la piel	Leder
chaqueta	Jacke
el traje	Anzug

Material

el material	Material
el algodón	Baumwolle
lana	Wolle
lana peinada	Kammgarn
seda	Seide
lino	Leinen
pana	Cord
terciopelo	Samt
pana de terciopelo	Cordsamt
cuero	Leder
el ante	Wildleder
el goretex	Goretex

Ropa

los tejanos	Jeans
los (pantalones) bermudas	Bermudas
el jersey	Pullover
blusa	Bluse
el traje	Anzug
vestido	Kleid
falda	Rock
rebeca	Strickjacke
chaleco	ärmellose Weste
la falda-pantalón	Hosenrock
el traje (de) chaqueta	Kostüm
abrigo	Mantel
el impermeable	Regenmantel
cazadora	Lederjacke
corbata	Krawatte
bufanda	Schal
el guante	Handschuh

Dibujo

dibujo	Zeichnung
el cuadro	*hier:* Karo
a cuadros	kariert
raya	*hier:* Streifen
a rayas	gestreift
el lunar	*hier:* Tupfen
de lunares	gepunktet

Color

gris	grau
marrón	braun
lila *inv*	lila
naranja *inv*	orange
rosa *inv*	rosa
crudo	rohweiß
beis *inv*	beige
azul marino *inv*	dunkelblau
celeste *inv*	himmelblau
rojo coral	korallenrot
burdeos *inv*	bordeauxrot
salmón *inv*	lachsrot
verde musgo *inv*	moosgrün
verde botella *inv*	flaschengrün
caqui *inv*	khaki

Las Ramblas de Barcelona

la calle más popular de Barcelona	*die bekannteste Straße von Barcelona*
Plaza de Cataluña	*Mittelpunkt Barcelonas, weitläufiger Platz*
monumento	Denkmal
monumento a Colón	Kolumbusdenkmal
diferente	unterschiedlich
el nombre	Name
se reúnen *(reunirse)*	sie treffen sich
aficionado	Sportfreund; Anhänger
celebrar	feiern
victoria	Sieg
sentado	sitzend

silla	Stuhl
Allí suele haber numerosas personas.	Dort sind gewöhnlich zahlreiche Leute.
la tercera edad	Senioren(alter)
discutir	diskutieren
política	Politik
simplemente	einfach
Rambla de los Estudios	*diese Straße hat ihren Namen von einer höheren Schule, die sich früher hier befand*
popular(mente)	volkstümlich
pájaro	Vogel
debido a	wegen
puesto	(Verkaufs-)Stand
La Boquería	*eine Jugendstil-Metallkonstruktion, die einen großen Platz überspannt*
más adelante	*hier:* weiter unten
capuchino	*hier:* Kapuziner(mönch)
Gran Teatro del Liceo	*grandioser Opernsaal mit 3500 Sitzplätzen*
la representación	Vorstellung
ópera	Oper
cercano a	nahe bei
puerto	Hafen
ambiguo	*hier:* zwielichtig
la pensión	Pension
continuo	ständig
el continuo ir y venir de la gente	das ständige Kommen und Gehen der Leute
trabajo	Arbeit
juerga	feuchtfröhliches Vergnügen
salir de juerga	zu einem Nachtbummel ausgehen
aún	noch nicht
subir	hinaufgehen
Bajan y suben por el paseo.	Sie gehen die Flanierstraße hinauf und hinunter.
refresco	Erfrischung
el chocolate	(Trink-)Schokolade
nata	Sahne
pájaro	Vogel
tipo	*hier:* Art
de todo tipo	jeglicher Art
el lugar	Ort
ocio	*hier:* Muße
principalmente	hauptsächlich
tienda	Laden
las antigüedades	Antiquitäten
el limpiabotas	Schuhputzer
el/la acróbata	Akrobat/in
el/la cantante	Sänger/in

Ejercicios:

5. dormir *(ue)* § 3	schlafen
negrito	kleines farbiges Kind
la mama	Mutter
la codorniz	Wachtel
seco	trocken
la carne	Fleisch
cerdo	Schwein
diablo	Teufel
¡zas!	patsch!
patita = pata	Bein(chen)
chacapumba	*bedeutungslose Lautmalerei*
duramente	hart
pagar	bezahlen
toser	husten
va tosiendo	sie hustet (unentwegt)
luto	Trauer
ir de luto	Trauer tragen
pa'l = para el	für ihn
chiquitito = chico	klein
14. poner *(pongo)* § 34	*hier:* zeigen
¿Qué película ponen?	Welcher Film wird gezeigt?
moda	Mode
caja	Kasse
al fondo	hinten

5. «Aquí Televisa»

«Los coches no me gustan»

a pie	zu Fuß
aquella § 111	jene
Vivo en aquella casa.	Ich wohne in jenem Haus.
la § 101	*(Pers. Pron. Akk. fem.)*
¿La ve? § 102	Sehen Sie es?
lo § 101	*(Pers. Pron. Akk. mask.)*
Lo ve, ¿no? § 102	Sie sehen ihn, nicht wahr?
aquí mismo	genau hier
o sea	das heißt
así	so
así que...	also ...
los § 101	*(Pers. Pron. Akk. Pl. mask.)*
No los puedo ver. § 102	Ich kann sie nicht sehen.
apestar	verpesten
el ambiente	Umwelt

el claxon	Autohupe
mañanita = mañana	Morgen
por la mañanita temprano	morgens früh
inaguantable	unerträglich
estropear	zerstören
pensar *(ie)* § 3	denken; meinen
Vamos, es lo que yo pienso, ¿eh?	Also, das ist meine Meinung, nicht wahr?
compañía	Gesellschaft
seguro	Versicherung
generalmente	meistens, normalerweise
coger *(cojo)*	nehmen; ergreifen
Hoy no lo he cogido. § 102	Heute habe ich es nicht genommen.
imposible	unmöglich
circular	verkehren; *hier:* fahren
atasco	Stau
Uno va de atasco en atasco.	Man fährt von einem Stau in den anderen.
ventanilla	*hier:* (Auto-)Fenster
la polución	(Luft-)Verschmutzung
por lo de la polución	wegen der Luftverschmutzung
ahorrar(se)	sparen
la crisis	Krise
nervio	Nerv
Me ahorro una crisis de nervios.	Ich erspare mir einen Nervenzusammenbruch.
caballero	Herr
Muchas gracias, caballero.	Vielen Dank, der Herr.

«Si necesito un coche, lo alquilo»

vengo *(Präs. venir)* § 40	ich komme
el taxi	Taxi
circunstancia	Umstand
Depende de las circunstancias.	Es kommt auf die Umstände an.
no... nunca § 97	nie
No lo uso casi nunca. § 102	Ich benutze es fast nie.
Es lo mejor.	Das ist das Beste.
pagar	zahlen
Lo paga mi empresa. § 102	Meine Firma zahlt es.
Lo alquilo. § 102	Ich miete es.
visitar	besuchen
el cliente	Kunde
Cuando tengo que salir a visitar clientes...	Wenn ich wegfahren muß, um Kunden zu besuchen ...
por los pueblos de los alrededores	in den Dörfern der Umgebung
Sitges	*bekannter Küstenort südlich von Barcelona*
motivo	Motiv; Grund
con ese motivo	aus diesem Grunde
Voy a alquilar uno. § 9	Ich werde einen (Wagen) mieten.
Es que yo trabajo...	Es ist so, daß ich ... arbeite.
marroquinería	feine Lederwaren
No lo cojo nunca. §§ 97, 102	Ich nehme es nie.
imprenta	Druckerei
al final de	am Ende von
prohibir *(prohíbo)*	verbieten
el desastre	Katastrophe
tres cuartos de hora	Dreiviertelstunde
Hemos tardado tres cuartos de hora.	Wir haben eine Dreiviertelstunde gebraucht.

Ejercicios:

2. tranquilo	ruhig
ecologista *inv*	*hier:* umweltbewußt
la peste	Pest
parada	Haltestelle
gasolina	Benzin
12. desplazarse	sich fortbewegen
fundamentalmente	hauptsächlich
de un extremo a otro	von einem Ende zum anderen
en tu caso	bei dir, in deinem Fall
emergencia	*hier:* Notfall
maravillosamente	fabelhaft

6. Los Hernández

La comida

Los Hernández § 68	die Hernández
una familia como tantas	eine Familie wie viele andere
Tarazona	*Stadt in der Provinz Zaragoza mit Bauwerken im Mudejarstil*
pisito = piso	(kleine) Wohnung
moderno	modern
el/la contable	Buchhalter/in
Trabaja de contable.	Sie arbeitet als Buchhalterin.
la construcción	Bau
empresa de construcción	Baufirma
dedicarse a...	sich ... widmen

orgullo	Stolz
personal	persönlich
limpio	sauber
patena	Hostienteller
Está limpia como una patena.	Sie ist blitzsauber.
disfrutar de	genießen
la comodidad	Bequemlichkeit
ofrecer *(ofrezco)*	(an)bieten
Disfrutan de las comodidades.	Sie genießen den Komfort.
preparar	zubereiten; vorbereiten
cocina	Küche
todo tipo de...	jede Art von ...
electrodoméstico	elektrisches Haushaltsgerät
poco después de la una	kurz nach ein Uhr
el/la mayor § 84	der/die älteste
el mayor de los hijos § 84	der älteste Sohn
soltero	ledig
compromiso	Verpflichtung
soltero y sin compromiso	Junggeselle und noch zu haben
el/la representante	Vertreter/in
descansar	sich ausruhen
poner *(pongo)* § 34	setzen; stellen; legen
poner la mesa	den Tisch decken
la educación	Erziehung
romper *(roto)*	zerbrechen, zerschlagen
el esquema	Schema
Ha intentado romper los esquemas de antes.	Sie hat versucht, mit früheren Gepflogenheiten aufzuräumen.
éxito	Erfolg
la confección	Anfertigung, Herstellung
el taller de confección	Schneiderwerkstatt
quitarse	ausziehen
el televisor	Fernsehgerät
poner el televisor	das Fernsehgerät einschalten
encargarse de	sich kümmern um
bebida	Getränk
Se encarga de las bebidas.	Er kümmert sich um die Getränke.
Se sienta a la mesa.	Er setzt sich an den Tisch.
la última en llegar	die letzte, die kommt
el/la menor § 84	der/die Jüngste
la menor de los hermanos § 84	die Jüngste unter den Geschwistern
cambiarse § 4	sich umziehen
Se cambia de ropa.	Sie zieht sich um.
lavarse § 4	sich waschen
Telediario	*Nachrichtensendung ähnlich der Tagesschau*
plato	Teller; Gang
Están con el segundo plato.	Sie sind beim zweiten Gang.

De sobremesa

de sobremesa	nach Tisch
el papá	Papa
No te importa, ¿verdad?	Es macht dir nichts aus, nicht wahr?
Claro que no.	Natürlich nicht.
el par	Paar, zwei Stück
un par de	einige
hace un par de meses	vor einigen Monaten
casino	Kasino
Lo conocí en el casino. § 101	Ich lernte ihn im Kasino kennen.
anteayer	vorgestern
bruja	Hexe
Bécquer, Gustavo Adolfo (1836–1870)	*spanischer Schriftsteller*
«Las Brujas de Bécquer»	*bekanntes Restaurant in Tarazona*
Anteayer cené con él. § 13	Vorgestern aß ich zu Abend mit ihm.
invitar	einladen
Me invitó él. § 101	Er lud mich ein.
por primera vez	zum erstenmal
Noruega	Norwegen
Comí salmón de Noruega. § 13	Ich aß norwegischen Lachs.
aquel § 111	jener
abuela	Großmutter
Vivió en casa de la abuela. § 13	Er wohnte bei Großmutter.
marcharse	weggehen
Es otro. § 58	Das ist ein anderer.
éste § 109	dieser (hier)
Nada de novio, guapo.	Nichts davon wegen fester Freund, mein Lieber.
compañera	*hier:* Arbeitskollegin
¡Vaya líos!	Was für ein Durcheinander!
broma	Scherz, Witz
Llaman a la puerta.	Es klingelt an der Tür.
Debe de ser él.	Das muß er sein.
dormitorio	Schlafzimmer
colocar	*hier:* stellen
apagar	ausschalten
guardar	*hier:* einräumen
vajilla	Geschirr
el lavaplatos	Geschirrspülmaschine
aparecer *(aparezco)*	erscheinen

Así son las costumbres

Los hijos lo toman solo.	Die Kinder trinken ihn schwarz.
los «viejos»	die „Alten", Eltern
lo último	das letzte
hora de la cena	Abendessenszeit

merendar *(ie)* § 3	vespern
bocadillo	belegtes Brot
a media tarde	am Nachmittag
abundantemente	reich(haltig)
sopa	Suppe
tortilla	Omelett
pescado	Fisch
vasito = vaso	Gläschen
vino tinto	Rotwein

Ejercicios

1. movimiento	*hier:* Hektik
Tudela	*Stadt in der Autonomen Region Navarra*
notar	bemerken
adelanto	Fortschritt
el carácter	*hier:* Stil
arquillo = arco	Bogen
retablo	*hier:* Heiligenbild
el caserón	Herrenhaus
piedra	Stein
escudo	Wappen
el timbre	*hier:* Zeichen
heráldico	Wappen-
reja	Gitter
hierro	Eisen
la labor	*hier:* Verarbeitung
exquisito	ausgezeichnet
extraño	fremdartig
se cree uno...	man glaubt sich ...
transportar	*hier:* versetzen
histórico	historisch
por excelencia	schlechthin

11. realizar	*hier:* tätigen
cocina	Küche
soñar con *(ue)* § 3	träumen von
el lavavajillas	Geschirrspülmaschine
el microondas	Mikrowellenherd
el informe	Bericht
barajar(se)	*hier:* erörtern
dato	Angabe
curioso	überraschend
acerca de	über
el papel	*hier:* Rolle
el hogar	*hier:* Haushalt
Reino Unido	Vereinigtes Königreich
Italia	Italien
el/la protagonista	*hier:* Hauptteilnehmer/in
encuesta	Umfrage
recoger *(recojo)*	zusammentragen
durante	während
a través de	durch
la conclusión	Schlußfolgerung
de lo más interesante	außerordentlich interessant
ecológico	ökologisch
fijarse en	achten auf
etiqueta	Etikett
organizar	planen
son las más organizadas	sie planen am genauesten
a la hora de	wenn es darum geht
mayoritariamente	die meisten
aunque	auch wenn
los que menos se fijan en...	die am wenigsten achten auf ...
oferta	Angebot
especial	Sonder-
reciclar	wiederverwenden
vidrio	Glas
pescado	Fisch
(las) conservas	Konserven
adquirir *(ie, i)*	kaufen
preferentemente	*hier:* hauptsächlich
verdura	Gemüse
el ave *(f)*	Geflügel
el consumidor	Verbraucher
menor §	geringer
el porcentaje	Prozentsatz
son las que más se fijan en...	sie sind diejenigen, die am meisten auf ... achten
al igual que	genauso wie
preocuparse por	sich Sorgen machen um
el medio ambiente	Umwelt
reconocer	*hier:* zugeben
cárnico	Fleisch-
alimento	Nahrungsmittel
alimentos precocinados	Fertiggerichte
junto a	neben
cocinar	kochen
propio	*hier:* typisch
uso	Gebrauch
los ingredientes	Zutaten
método	*hier:* Art
freír *(frío)*	braten
el aceite de oliva	Olivenöl
por lo que respecta a...	was ... angeht
fregar *(ie)* § 3	*hier:* putzen
suelo	*hier:* Fußboden
disgustar	mißfallen
en comparación a/con	im Vergleich zu
planear	planen
con anticipación	im voraus
cuidado	*hier:* Umsicht
la labor	*hier:* Arbeit
culinario	Küchen-
cotidiano	täglich
requerir *(ie, i)*	verlangen
espacio	Raum
la luminosidad	Helligkeit

13. justicia	Justiz
si no sabe cantar	sie kann doch gar nicht singen
¡Caramba!	*hier:* Alle Achtung!

7. Vacaciones

Me encanta viajar

Me encanta viajar.	Ich reise sehr gerne.
presentar	vorstellen
sus § 118	ihre, seine, Ihre
los padres	Eltern
Después de presentar a Enrico a sus padres...	Nachdem sie Enrico ihren Eltern vorgestellt hat ...
asustado	erschrocken
cafetera	Kaffeemaschine
eléctrico	elektrisch
Como está invitado...	Da er eingeladen ist ...
tener ganas de	Lust haben zu
¡Tengo ganas de hacer un viaje!	Ich habe Lust, eine Reise zu machen!
a mí § 106	mir
A mí me encanta viajar. § 106	Ich reise für mein Leben gern.
año	Jahr
pasado	vergangen
fuiste *(Indefinido ir)* § 32	du gingst/fuhrst
¿Adónde fuiste el año pasado?	Wohin bist du letztes Jahr gefahren?
Lo alquilé por dos semanas.	Ich mietete es für zwei Wochen.
mejor dicho	besser gesagt
fui *(Indefinido ir)* § 32	ich ging/fuhr
Fui con una amiga.	Ich fuhr mit einer Freundin.
perdonar	entschuldigen
¿Cuánto pagasteis?	Wieviel habt ihr gezahlt?
la urbanización	*hier:* Feriensiedlung
cuarto § 76	vierter
categoría	Kategorie
Tarragona	*Provinz mit gleichnamiger Hauptstadt in Katalonien*
Montroig	*Ortschaft südwestlich von Tarragona*
quitar	(weg)nehmen
importancia	Bedeutung
No vas a quitar importancia a Montroig.	Du wirst Montroig nicht seine Bedeutung absprechen.
nacer	geboren werden
Si allí nació Miró. § 13	Wo dort Miró geboren wurde.
conseguir *(i, consigo)*	bekommen; erreichen
por medio de	durch, mittels
hermanita = hermana	Schwester(lein)
naturalmente	natürlich
quedar	*hier:* sich verabreden
un día de éstos	irgendwann dieser Tage
Quedamos en la agencia.	Wir verabreden uns im Reisebüro.
doy *(Präs. dar)* § 25	ich gebe
pista	Spur
Te doy alguna pista.	Ich gebe dir einen Tip.
bastar	genügen
Basta con decir...	Es reicht, wenn du sagst ...
lado	Seite; *hier:* Richtung
escaparse	entfliehen
Basta con decir hacia qué lado piensas escaparte.	Es reicht, wenn du sagst, in welche Richtung du entfliehen willst.

¿Qué hiciste?

hiciste *(Indefinido hacer)* § 31	du machtest
practiqué *(Indefinido practicar)* § 16	ich habe geübt
Yo practiqué el alemán.	Ich habe die deutsche Sprache geübt.
quedarse	bleiben
Me quedé allí.	Ich blieb dort.
lo dicho	wie gesagt
en medio de	mitten in
la invasión	Invasion
austríaco	Österreicher
suizo	Schweizer
tus § 118	deine
¿Fuiste con tus padres?	Bist du mit deinen Eltern gefahren?
No, mujer.	Aber nein.
fueron *(Indefinido ir)* § 32	sie fuhren/gingen
las vacaciones	Urlaub
ir de vacaciones	in Urlaub gehen
Austria	Österreich
Ellos fueron a Austria. § 32	Sie sind nach Österreich gefahren.
Praga	Prag
organizar	veranstalten
el viaje organizado	organisierte Reise
te llevan en grupo	du wirst in der Gruppe herumgeführt
atrevido	mutig
propio	eigen
antes que	vor
¿Qué tal lo pasaron?	Wie hat es ihnen gefallen?

les § 104	ihnen, Ihnen
¿Les gustó? § 48	Hat es ihnen gefallen?
naturaleza	Natur
Pero si todo el mundo habla inglés.	Aber es sprechen doch alle Englisch.
rejuvenecido	verjüngt
pizza	Pizza
hamburguesa	Hamburger
durante tres semanas	drei Wochen lang

Ejercicios:

3. expresar	ausdrücken
la frase	Satz
cuatro por ciento	4%
se llevó el bolígrafo	er nahm den Kugelschreiber mit
recuerdo	*hier:* Souvenir
comentar	besprechen
Coméntelo con su vecino.	Besprechen Sie es mit Ihrem Nachbarn.
cleptómano	Kleptomane
robar	stehlen
percha	Kleiderbügel
mando a distancia	Fernbedienung
el champú	Schampoo
toalla	Handtuch
el jabón	Seife
12. P.C. = Pensión completa	Vollpension
incluir *(incluye)*	einschließen
la excursión	Ausflug
facultativo	fakultativ
medieval	mittelalterlich
el hotel-residencia	Hotel Garni
imprescindible	unerläßlich
D.N.I. = Documento Nacional de Identidad	Personalausweis
en vigor	gültig
Cat. = Categoría	Kategorie
Reg. = Régimen	Regime
precio	Preis
A.D. = Alojamiento y Desayuno	Übernachtung und Frühstück
M.P. = Media Pensión	Halbpension
el fin de semana	Wochenende
Sup. = Suplemento	Aufpreis
vuelo	Flug
línea regular	Linienmaschine
Cía. = Compañía	Gesellschaft
13. Mérida	*Stadt in der Autonomen Region Extremadura*
fuiste *(Indefinido ir)* § 32	du bist gefahren
Cozumel	*mexikanische Insel, beliebter Urlaubsort wegen ihrer Korallenriffe*
Chichén Itza	*alte Mayastadt im Norden der Halbinsel Yucatan*
o sea	das heißt
norteamericano	nordamerikanisch
así que...	also ...
por tu cuenta	*hier:* eigenständig
la mitad	Hälfte
estuve *(Indefinido estar)* § 29	ich bin gewesen
estuviste *(Indefinido estar)* § 29	du bist gewesen
¿Qué tal lo pasaste?	Wie war es?
guapísimo = guapo	(sehr) hübsch
La verdad es que...	Eigentlich ...
romántico	romantisch
14. Florencia	Florenz
Venecia	Venedig
envidia	Neid
¡Qué envidia!	Bin ich neidisch!
el placer	Freude
Tenía que verlo.	Ich mußte es sehen.
imaginarse	sich vorstellen
Me imaginaba que...	Ich dachte, ...
nublado	bewölkt
lloviendo	bei Regen
efectivamente	tatsächlich
loco	verrückt
Me volví loca.	*hier:* Ich war begeistert.
público	*hier:* Menschen
la tranquilidad	Ruhe
las comillas	Anführungszeichen
entre comillas	in Anführungszeichen
el rincón	Ecke
pequeñito = pequeño	(sehr) klein
playa	Strand
añadir	hinzufügen
Te puedes añadir a ellos.	Du kannst dich hinzugesellen.
respecto a	*hier:* über
dinos	sag uns
Me fui a casa.	Ich fuhr nach Hause.
el pozal	Schöpfeimer
ajoarriero	*Stockfischgericht*
juerga	Rummel

8. La cena

Una mesa libre

la cena	Abendessen
unos días más tarde	einige Tage später
reservar	reservieren
hay una libre	einer ist frei
ventana	Fenster
¿Cuántos son?	Wieviele Personen sind Sie?
nieta	Enkeltochter
de un momento a otro	jeden Augenblick
Va a llegar de un momento a otro.	Sie wird jeden Augenblick kommen.
pedir *(i)*	bitten; *hier:* bestellen
Pero ya podemos pedir.	Aber wir können schon bestellen.
entrada	*hier:* Vorspeise
¿De entrada qué toman?	Was nehmen Sie als Vorspeise?
el consomé	Kraftbrühe
pescado	Fisch
ensalada	Salat
ensalada verde	grüner Salat
¿De segundo?	Als Hauptgericht?
el bistec	(Beef-)Steak
ternera	Kalb
merluza	Seehecht
para mí § 100	für mich
pollo	Hähnchen
para ti § 100	für dich
Eso es.	So ist es (richtig).
patata	Kartoffel
¿Cómo quiere las patatas?	Wie wünschen Sie die Kartoffeln?
patatas fritas	Pommes frites
salteado	leicht angeröstet
patatas salteadas	Röstkartoffeln
Tengo mucha hambre.	Ich habe großen Hunger.
¿Lo piden después?	Bestellen Sie ihn später?
Ahora mismo.	Jetzt gleich.
el flan	Karamelpudding
helado	(Speise-)Eis
fruta del tiempo	Obst der Jahreszeit
¿cuál? § 119	welche/r/s?
¿Cuál es la fruta del tiempo? § 119	Welches ist das Obst der Jahreszeit?
Asturias	(Autonome Region) Asturien
buenísimo § 87	sehr gut
Están buenísimas. § 42	Sie sind köstlich.
la ración	Portion
manchego	aus der Mancha
el gas	Gas; *hier:* Kohlensäure
agua mineral sin gas	Mineralwasser ohne Kohlensäure
vino de la casa	Wein der Hausmarke
tinto	*hier:* Rotwein
bien frío	gut gekühlt

Restaurante LOS NARANJOS

el menú	Menü
los entremeses	Vorspeise(n)
ensalada mixta	gemischter Salat
el cóctel	Cocktail
gamba	Garnele, Shrimp
ajo	Knoblauch
la carne	Fleisch
el ave *(f)*	*hier:* Geflügel
solomillo	Filet; Lendenstück
parrilla	Grill
a la parrilla	gegrillt
el escalope	Schnitzel
el escalope (a la) vienesa	Wiener Schnitzel
el curry	Curry
mariscos	Meeresfrüchte
lenguado	Seezunge
a la romana	in Mehl gewälzt und in heißem Öl ausgebacken
langostino	Riesengarnele
el whisky	Whisky
caramelo	Karamel(-zucker)
el flan al caramelo	Pudding mit Karamelsauce
el almíbar	Sirup
macedonia de fruta	Obstsalat
helado variado	gemischtes Eis
plato	*hier:* Gericht
verdura	Gemüse
Todos los platos se sirven con verdura.	Alle Gerichte werden mit Gemüse serviert.
elegir *(i, elijo)*	(aus)wählen
el arroz	Reis
el I.V.A. (Impuesto sobre el Valor Añadido)	Mehrwertsteuer
incluido	inbegriffen

Llega Blanca

por cierto	übrigens
¿Quién la ha hecho? § 102	Wer hat es gemacht?
¿La has hecho tú? § 102	Hast du es gemacht?
enviar *(envío)*	schicken
Vivió en casa unos días.	Sie hat ein paar Tage bei uns gewohnt.
Hace casi un mes.	Vor fast einem Monat.
Año Nuevo	Neujahr

enfocar	*hier:* angehen
No sé cómo piensa enfocar el tema.	Ich weiß nicht, wie sie das Thema anzugehen gedenkt.

El vaso está un poco sucio

sucio	schmutzig
El vaso está sucio. § 42	Das Glas ist schmutzig.
¿Puede cambiarlo? § 102	Können Sie es austauschen?
No faltaba más.	Natürlich.
la sal	Salz
No lo veo. § 102	Ich sehe es nicht.
Aquí la tiene. § 102	Bitte sehr, hier ist es.
equivocarse	sich irren
Tiene razón.	Sie haben recht.
traer *(traigo)*	(her-, mit-)bringen
cuenta	Rechnung
¿Nos trae la cuenta?	Bringen Sie uns die Rechnung?
paciencia	Geduld
al poco rato	kurz darauf
platillo = plato	Teller(chen)
el papel	Papier
lo que § 117	das, was
Es lo que cuesta. § 117	Soviel kostet es.
igual	gleich
Si ayer compré una igual.	Aber gestern habe ich die gleiche gekauft.
el súper = supermercado	Supermarkt
pagué *(Indefinido pagar)* § 16	ich bezahlte
la reclamación	Beschwerde
Libro de Reclamaciones	Beschwerdebuch
tomar el pelo	auf den Arm nehmen; hereinlegen
A mí no me van a tomar el pelo. § 106	Sie werden mich nicht hereinlegen.
considerar(se)	(sich) betrachten
el restaurante de primera	Restaurant erster Klasse
en cuanto a...	was ... angeht
enterarse	erfahren

Quejas

queja	Beschwerde
el tenedor	Gabel
cuchillo	Messer
el mantel	Tischtuch
cuchara	Löffel
servilleta	Serviette
lenguado	Seezunge
salado	*hier:* versalzen
aliñar	würzen; anrichten

El marciano

marciano	Marsmensch
¡Anda!	Nanu!
el planeta	Planet
Marte	Mars
bromear	scherzen
murciano	aus Murcia
Murcia	*Autonome Region und Stadt*
Marciano y punto.	Marsmensch. Punkt.
¡Ya lo creo!	Das glaube ich (gern).
¡Con los precios que tiene usted!	Bei den Preisen, die Sie haben!

Ejercicios

4. el entrante	Vorspeise
albahaca	Basilikum
ajo	Knoblauch
machacar	zerdrücken
apio	(Stangen)Sellerie
(el) roquefort	*Käseart*
salsa	Sauce
el paté	Pastete
pimiento	Paprika
vegetal	*hier:* aus Gemüse
(el) champiñón	Champignon
griego	griechisch
pepino	Gurke
orégano	Oregano
menta	Minze
(los) brotes	Sprossen
alfalfa	Luzerne
soja	Soja
zanahoria	Karotte
rallar	raspeln
el requesón	Frischkäse
lechuga	Kopfsalat
el piñón	Pinienkern
nata	Sahne
hierbas frescas	frische Kräuter
(las) espinacas	Spinat
la besamel	Bechamelsauce
pasa	Rosine
(los) frutos secos	Trockenfrüchte, Nüsse, Samen ...
hamburguesa	Hamburger
el tofu	Tofu
la croqueta	Krokette
el calabacín	Zucchino
horno	Backofen
bizcocho	Biskuit
harina	Mehl
el yogur	Joghurt
cacao	Kakao
crema	Crème

la leche condensada	Kondensmilch
Rueda	*Landstrich in der Provinz Valladolid*
Valdepeñas	*Stadt in Castilla-La Mancha*
Rioja	*Autonome Region in Nordspanien*
(el vino) rosado	Roséwein
Navarra	*Autonome Region zwischen Baskenland und Aragonien*
Roda	*Stadt in der Provinz Albacete*
el alcohol	Alkohol
cerveza sin alcohol	alkoholfreies Bier
5. ¿Qué le pongo?	Was darf ich Ihnen bringen?
apetito	Appetit
ligero	leicht
gazpacho	*kalte Suppe aus Tomaten, Paprika, Gurke ...*
Póngame...	Bringen Sie mir bitte ...
preferir *(ie, i)*	vorziehen
hervir *(ie, i)*	kochen
patatas hervidas	Salzkartoffeln

9. La carta de Mariluz

Querida Blanca

Punta del Este	*Badeort in Uruguay, 160 km von der Hauptstadt Montevideo entfernt*
llegué *(Indefinido llegar)* § 16	ich bin angekommen
hace... días	vor ... Tagen
dentro de	*hier:* in
dentro de unas semanas	in einigen Wochen
salgo *(Präs. salir)* § 36	ausgehen; *hier:* abreisen
¡Qué vida!	Was für ein Leben!
frente a	gegenüber
echar de menos	vermissen
acordarse *(ue)* § 3	sich erinnern
Me acuerdo mucho de...	Ich denke oft an ...
charla	Plauderei
¡Cómo ha cambiado en pocos años!	Wie sehr hat es sich in wenigen Jahren verändert!
tuve *(Indefinido tener)* § 39	ich hatte
No tuve tiempo de...	Ich hatte keine Zeit zu ...
estuve *(Indefinido estar)* § 29	ich war
Barrio Gótico	„Gotisches Viertel" *(in Barcelona)*
Picasso, Pablo (1881–1973)	*spanischer Maler und Bildhauer*
paella	Paella *(valencianisches Reisgericht)*
dormir *(ue, u)*	schlafen
siesta	Mittagsschlaf
un matrimonio amigo de mi padre	ein mit meinem Vater befreundetes Ehepaar
vidriera *LAm*	Schaufenster
mirar vidrieras	Schaufensterbummel machen
Sagrada Familia	*bis heute unvollendete Kirche des Architekten A. Gaudí*
en fin	kurz und gut, kurzum
todo lo que hacen los turistas § 117	alles das, was die Touristen machen
Barrio de La Boca	*typisches Wohnviertel der italienischen Einwanderer in Buenos Aires*
a última hora	im letzten Augenblick
apurado	in Eile
zapato	Schuh
regalo	Geschenk
galería	Galerie; *hier:* Einkaufspassage
Barajas	*Flughafen von Madrid*
sin salir de Barajas	ohne Barajas zu verlassen
volar *(ue)* § 3	fliegen
al llegar a Montevideo	als ich in Montevideo ankam
No había nada español.	Da war nichts spanisch.
editar	herausgeben
mantilla	*Spitzentuch für Kopf oder Schultern*
bolso	Handtasche
lindo	schön
lindísimo § 87	wunderschön
la reproducción	Nachbildung
cuadro	Gemälde
pintar	malen
Botero, Fernando (1939–)	*zeitgenössischer kolumbianischer Bildhauer*
imprimir	drucken
recuerdo	Erinnerung
menos mal que	Ein Glück, daß ...
pude *(Indefinido poder)* § 33	ich konnte
amontillado	trockener Sherry
el turrón	*Süßigkeit, die aus Mandeln und Honig hergestellt und zu Weihnachgegessen wird*

si no	sonst
largo	lang
Muchos recuerdos a tus padres.	Viele Grüße an Deine Eltern.
vos	*in einigen Ländern Lateinamerikas wird „vos“ statt „tú“ gebraucht*
Un abrazo para vos...	Es grüßt Dich herzlich ...

Ejercicios

4. Está preparando la maleta. § 11	Sie packt gerade den Koffer.
Se va a quedar una semana.	Sie hat vor, eine Woche zu bleiben.
sacar	herausnehmen
Saque la ropa.	Nehmen Sie die Kleidungsstücke heraus.
manga	Ärmel
lluvia	Regen
el biquini	Bikini
10. motivo	Grund
por motivos de trabajo	berufsbedingt
el Cono Sur	*Argentinien, Chile, Uruguay*
el continente	Kontinent
diferente	andersartig
Es muy diferente a/de	Er ist ganz anders als ...
el contraste	Kontrast
increíble	unglaublich
Pareciera que estás en...	Es scheint, als wärest Du in ...
realmente	wirklich
acogedor	gastfreundlich
sierra	Gebirge
selva	Urwald
igualmente	gleichermaßen
Todas son igualmente bonitas.	Alle sind gleich schön.
si bien	obschon
11. el contestador automático	automatischer Anrufbeantworter
el mensaje	Nachricht
la señal	*hier:* Piepton
piloto	Pilot
decidir	beschließen
12. Yo lo traigo aquí... § 102	Ich bringe ihn hier ...
Me lo pide a mí. § 106	Man möge ihn bei mir verlangen.
13. las Antillas	Antillen
andar	*hier:* fahren
barco	Schiff
el timonel	Steuermann
La Habana	Havanna
Portobelo	*Hafen in Panama*
Jamaica	Jamaika
Trinidad	Trinidad
el capitán	Kapitän
popa	Heck
proa	Bug
el cañón	Kanone
disparar	schießen
barco marinero	Seeschiff
casco	Schiffsrumpf

10. Fin de semana

A la derecha pueden ver...

tercero § 76	dritter
la edad	Alter
la tercera edad	Senioren
subir	*hier:* einsteigen
el señor mayor	älterer Herr
madrileño	aus Madrid
enseñar	zeigen
las cosas más interesantes § 83	die interessantesten Dinge
almuerzo	Mittagessen
así que...	so daß ...
un par de horas	einige Stunden
Faltan un par de horas.	Es fehlen noch ein paar Stunden.
cuidado	Vorsicht
objeto	Gegenstand
personal	persönlich
ratero	(Taschen-)Dieb
la calle Serrano	*berühmte Einkaufsstraße im Zentrum Madrids*
independencia	Unabhängigkeit
Plaza de la Independencia	*„Unabhängigkeitsplatz“ (in Madrid)*
Puerta de Alcalá	*Triumphbogen zu Ehren Karls III. im Zentrum Madrids*
construir *(construyo)*	bauen
el rey	König
Carlos III (1716–1788)	*Karl III., spanischer König*
Siga.	*(Imperativ seguir)*
ahí	dort
el parque	Park

(el) Retiro	*eine der größten Madrider Parkanlagen*
el parque más famoso § 83	der berühmteste Park
el pulmón	Lunge
Sirve de pulmón a la ciudad.	Er dient der Stadt als grüne Lunge.
la fuente	Brunnen
el estanque	Teich
artificial	künstlich
barca	(Ruder-)Boot
lo más importante § 83	das Wichtigste
zona verde	Grünanlage
reunirse *(me reúno)*	sich versammeln
Pues sí.	Nun ja.
discutir	diskutieren
política	Politik
hacer footing	joggen
recorrer	zurücklegen
adivinar	*hier:* voraussagen
el porvenir	Zukunft
barquillero	Waffelverkäufer
otra vez	*hier:* wieder
el cristal	Kristall

En el centro

la Cibeles	*Brunnen mit der Erd- und Fruchtbarkeitsgöttin Kybele*
diosa	Göttin
Paseo del Prado	*breite Straße, die von der Plaza Cánovas del Castillo bis zum Bahnhof Atocha führt*
al fondo	im Hintergrund
Museo del Prado	*eines der bedeutendsten Museen der Welt*
Palacio de Villahermosa	*Museum, das die Thyssen-Sammlung beherbergt*
la colección	Sammlung
¿quién? § 119	wer?
Felipe II (1527–1598)	*Philipp II., spanischer König*
Es quien más ha hecho por...	Er ist derjenige, der am meisten für ... gemacht hat.
popular	Volks-
Puerta del Sol	*berühmter Platz im Zentrum Madrids*
Aquí hay gente todo el día.	Hier sind den ganzen Tag über Menschen.
buena parte de la noche	großer Teil der Nacht
A los madrileños les gusta... § 106	Die Madrider mögen ...
el/la inmigrante	Einwanderer/in
refugiado	Flüchtling
multicultural	multikulturell
deber	müssen
Debe saber que...	Sie müssen wissen, daß ...
ciertamente	gewiß
abierto	offen
acogedor	gastlich
aunque	obwohl
procedente de	stammend aus
África	Afrika
incluso	sogar
fácil	leicht
No lo tienen tan fácil. § 102	Sie haben es nicht leicht.
abanico	Fächer
miles	Tausende
segoviano	aus Segovia
toledano	aus Toledo
la calle Arenal	*bekannte Einkaufsstraße im Zentrum Madrids*
pues	denn, weil
Plaza Mayor	*großer Platz in Madrid, der im Auftrag von Philipp III. gebaut wurde*
la plaza más bonita § 83	der schönste Platz
Rastro	*Madrider Flohmarkt*
el mercado más grande de España § 83	der größte (Floh-)Markt Spaniens
el chotis	*Madrider Volkstanz*
Dicen que...	Man sagt, daß ...
polca	Polka
Parece verdad.	Es scheint zu stimmen.
eso § 110	das da
himno	Hymne
acordarse *(ue)* § 3	sich erinnern
verso	Strophe
cuerpo	Körper
triángulo	Dreieck
roto *(Partizip Perf. romper)*	zerbrochen, kaputt
la ley *(Pl. leyes)*	Gesetz
decreto	Verordnung; Erlaß
Ávila	*Stadt in Altkastilien*
Guadalajara	*Stadt in Castilla-La Mancha*
Segovia	*Stadt in Altkastilien*
Toledo	*Stadt in Castilla-La Mancha*
oso	Bär
madroño	Erdbeerbaum

Una ganga en el Rastro

ganga	Schnäppchen
hacia	in Richtung
puesto	*hier:* Stand
al aire libre	unter freiem Himmel

Se vende de todo. § 108	Alles mögliche wird verkauft.
Hay toda clase de objetos.	Es gibt alle möglichen Dinge.
fotográfico	Photo-
el ordenador	Computer
el reloj	Uhr
acompañar	begleiten
incómodo	unbequem
máquina	*hier:* Fotoapparat
japonés, japonesa	japanisch
Palabra.	*hier:* Ehrenwort.
locura	Wahnsinn
Qué locura.	Was für ein Wahnsinn.
de segunda mano § 76	aus zweiter Hand
Resulta que...	Es ist so, daß ...
robar	stehlen

Ejercicios

11. triste	traurig
la facultad	Fakultät(sgebäude)
pálido	blaß, fahl
mi vida	*hier:* mein Schatz
12. marcar *(marque)*	*hier:* unterstreichen
específico	besonders
Nochebuena	Heiligabend
villancico	Weihnachtslied
la medianoche	Mitternacht
iglesia	Kirche
oír *(oigo)*	*hier:* besuchen
misa	Messe
misa del gallo	Christmette
reunirse	sich versammeln
pavo	Truthahn
el cava	*spanischer Sekt*
decorar	schmücken
el pesebre	Krippe
la representación	Darstellung
nacimiento	Geburt
(el) Niño Jesús	Christkind
lago	der See
espejo	Spiegel
(el) papel de plata	Staniolpapier
corcho	Kork
barro	*hier:* Töpfererde
sala de estar	Wohnzimmer
abeto	Tanne
plástico	Plastik
céntrico	Zentral-
comercial	Geschäfts-
el escaparate	Schaufenster
ofrecer *(ofrezco)*	anbieten
la publicidad	Werbung
el perfume	Parfum
naturalmente	natürlich
el juguete	Spielzeug
regalo	Geschenk
el día de Reyes	Dreikönigstag
los Reyes Magos	die Heiligen Drei Könige
el paje	Page
camello	Kamel
cabalgata	(Reiter-)Umzug
tirar	werfen
caramelo	Bonbon
la ilusión	*hier:* große Erwartung
sitio	Platz
al lado	daneben
el carbón	Kohle
malo	böse
el dulce	Süßigkeit
13. el personaje	Persönlichkeit
guiar *(guío)*	führen
Belén	Bethlehem
adorar	anbeten
el desfile	(Um-)Zug
el jinete	Reiter
en tono festivo	*hier:* feierlich geschmückt
a base de	(hergestellt) aus
almendra	Mandel
avellana	Haselnuß
la nuez *(Pl. nueces)*	Walnuß
tostar *(ue)* § 3	rösten
mezclar	mischen
la escenificación	Inszenierung
muñeco	Puppe
maqueta	Modell
nacer	geboren werden
acontecimiento	Ereignis
narrar	erzählen
montar	*hier:* aufstellen
establo	Stall
preceder	vorangehen
la composición	*hier:* Komposition
poético	dichterisch
estribillo	Refrain
asunto	*hier:* Thema
religioso	religiös

11. La señora Benavides

Como todos los años

era *(Imperfekt ser)* § 38	es war
el santo	*hier:* Namenstag
Pensaba celebrar una gran fiesta. § 18	Sie wollte ein großes Fest feiern.

joven	jung
vital	vital
Llamó a su hijo por teléfono. § 13	Sie rief ihren Sohn an.
menor § 84	jünger
dos años menor que Carlos § 85	zwei Jahre jünger als Carlos
Carlitos = Carlos	
le	*hier:* ihm
dijo *(Indefinido decir)* § 26	sie sagte
pasado mañana	übermorgen
os § 101	euch
Os espero.	*hier:* Ich erwarte euch.
normalmente	normalerweise
jubilado	pensioniert
despertar *(ie)* § 3	wecken
Su madre lo despertó. § 13	Seine Mutter weckte ihn.
el día del Carmen	*16. Juli = Tag der Jungfrau vom Karmel*
organizar	organisieren

El viaje

fueron *(Indefinido ir)* § 32	sie fuhren
iglesia	Kirche
la iglesia del Pilar	*berühmte Kirche in Saragossa*
los padres	Eltern
iba *(Imperfekt ir)* § 32	ich fuhr
preferir *(ie, i)*	vorziehen
si ir en tren o en coche	ob mit der Bahn oder mit dem Wagen
gasolina	Benzin
la contaminación	Luftverschmutzung
los suegros	Schwiegereltern
decidir	beschließen
Decidieron hacerlo en tren.	Sie beschlossen, die Fahrt mit der Bahn zu machen.
sonar *(ue)* § 3	klingeln
A las siete sonó el teléfono. § 13	Um sieben Uhr klingelte das Telefon.
sentir *(ie, i)*	*hier:* bedauern, leid tun
Lo siento.	Es tut mir leid.
No puedo llegar a la hora.	Ich kann nicht pünktlich da sein.
Calatayud	*kleine Stadt in Aragonien*
estropearse	kaputt gehen
continuar *(continúo)*	*hier:* weiterfahren
inteligente	intelligent

Ramón alquila un coche

alquilar	mieten
Desearía alquilar un coche.	Ich möchte ein Auto mieten.
tipo	Typ; *hier:* Wagenklasse
¿Qué tipo de coche?	Was für ein Auto?
estilo	Typ
del estilo del Ford Fiesta	vom Typ des Ford Fiesta
disponible	verfügbar
¿La diferencia de precio es mucha?	Ist der Preisunterschied groß?
Si lo va a alquilar un día...	Wenn Sie ihn für einen Tag mieten ...
más	*hier:* plus
tenga *(Konjunktiv Präsens tener)* § 39	
la radio	Radio
Quiero que tenga radio. § 22	Ich möchte, daß er Radio hat.
el casete	Cassettenlaufwerk
menos mal	*hier:* immerhin
Los deseo todos.	Ich möchte alle.
en efectivo	bar
tarjeta de crédito	Kreditkarte
Perfecto.	*hier:* Sehr gut.
depósito	*hier:* Benzintank
el carné	Ausweis
conducir *(conduzco)*	fahren
el carné de conducir	Führerschein
contrato	Vertrag
rogar *(ue)* § 3	bitten
firmar	unterschreiben
abajo	unten
Le ruego que lo firme abajo. § 22	Bitte unterschreiben Sie dort unten.

En la gasolinera

lleno	voll
Lleno, por favor.	Bitte volltanken.
revisar	nachsehen
neumático	Reifen
miedo	Angst
pinchazo	Reifenpanne
quiera *(Konjunktiv Präsens querer)*	
Como usted quiera.	Wie Sie wünschen.
faro	*hier:* Scheinwerfer
bombilla	Glühbirne
¿Puede mirar si es por la bombilla?	Könnten Sie bitte nachsehen, ob es wegen der Glühbirne ist?
Faltaba más.	Aber natürlich.

El nombre

popular	*hier:* traditionell
determinado	bestimmt
la comunidad	*hier:* Autonome Region

Celebran más el día del santo que el cumpleaños.	Sie feiern eher den Namenstag als den Geburtstag.

Los apellidos

apellido	Nachname
esposa	Ehefrau
Juan Domingo Perón (1895–1974)	*argentinischer Präsident*
Eva Duarte (1919–1952)	*erste Ehefrau von Juan D. Perón*
el pintor	Maler
Diego Rivera (1887–1957)	*mexikanischer Maler*
Frida Kahlo (1907–1954)	*mexikanische Malerin*
Montserrat Caballé	*spanische Opernsängerin*
casarse	heiraten
tarjeta de visita	Visitenkarte
la ocasión	Gelegenheit
formal	förmlich
la preposición	Präposition
oficialmente	offiziell
el/la artista	Künstler/in
utilizar	benutzen
Pablo Ruiz Picasso (1881–1973)	*span. Maler*

Las mañanitas

como es día de tu santo	da heute dein Namenstag ist
Te las cantamos a ti. § 106	Wir singen sie dir.
despertar *(ie)* § 3	aufwachen
mi bien	meine Liebe
amanecer	Tag werden
pajarito = pájaro	Vogel
meterse	*hier:* untergehen
La luna ya se metió.	Der Mond ist schon untergegangen.
¡Qué linda está la mañana!	Wie schön ist der Morgen!
saludar	grüßen
en que vengo a saludarte	an dem ich komme, um dich zu grüßen
el placer	Freude
felicitar	gratulieren
Venimos con gusto a felicitarte.	Wir kommen gerne, um dir zu gratulieren.
el día en que tu naciste	der Tag, an dem du zur Welt kamst
pila	Becken
bautismo	Taufe
pila del bautismo	Taufbecken
el ruiseñor	Nachtigall

Ejercicios

8.	**reparar**	reparieren
9.	**la excursión**	Ausflug
	en total	im ganzen
	calcular	ausrechnen
	resultar	*hier:* werden
	el kilometraje	Kilometerzahl
	ilimitado	unbegrenzt
11.	**ambos, ambas**	beide
	hace poco	neulich
	Estuve haciendo un curso. § 13	Ich besuchte einen (Fortbildungs-)Kurs.
	Maguncia	Mainz
	Hacía muchísimo calor. § 18	Es war sehr heiß.
	Seguramente que mucho más.	*hier:* Sicherlich viel heißer.
	¿El paisaje te gustó?	Gefiel dir die Landschaft?
	Me gustó mucho. § 48	Sie gefiel mir sehr.
	fuimos *(Indefinido ir)* § 32	wir gingen/fuhren
	pues que...	denn ...
	el casco antiguo	die Altstadt
	el Rin	Rhein
	¿Visteis un poco del Rin? § 18	Habt ihr ein bißchen vom Rhein gesehen?
	estuvimos *(Indefinido estar)* § 29	wir waren
	Estuvimos viendo...	Wir haben gesehen ...
	castillito = castillo	Burg
	orilla	Ufer
	Lo que pasa es que...	Es ist so, daß ...
	No todo el mundo entendía inglés. § 18	Nicht jeder verstand Englisch.
	No nos entendíamos demasiado. § 18	Wir haben uns nicht gut verständigen können.

12. Repaso

Ejercicios

1.	**Hamelín**	Hameln
	el/la flautista	Flötenspieler/in
	bachillerato	*hier:* Gymnasium
	Santander	*Hauptstadt der Autonomen Region Kantabrien*
	realizar	*hier:* machen

intercambio	(Schüler-)Austausch
bello	schön
Baja Sajonia	Niedersachsen
¿Qué habéis hecho...?	Was habt ihr getan ...?
extrañar	verwundern
molestar	stören
manía	fixe Idee
alabar	loben
el pabellón	Pavillon
deportivo	Sport-
el pabellón deportivo	*hier:* Turnhalle
nadie § 97	niemand
el pendiente	Ohrring
oreja	Ohr
Hago siempre lo mismo.	Ich tue immer dasselbe.
balonmano	Handball
ayudar	helfen
menos	*hier:* außer
acento	Akzent
poner (los) acentos	(die) Akzente setzen
Lo saben ellos mejor que nosotros. § 84	Sie wissen es besser als wir.
pronunciar	aussprechen
difícil	schwer
escribirlo (el alemán) correctamente § 102	es (Deutsch) richtig schreiben
3. cambiar de avión	umsteigen
8. factura	Rechnung
Premio de la Paz de los libreros alemanes	*Friedenspreis des deutschen Buchhandels*
Vargas Llosa, Mario (1936–)	*peruanischer Schriftsteller*
peruano	peruanisch
9. peatona	Fußgängerin
10. charco	Pfütze
océano	Ozean
la muerte	Tod
liso	glatt
llano	eben
anciano	der Alte

veterano	*hier:* alt
dimos *(Indefinido dar)*	wir gaben
Ya le dimos alcance a la verdad.	*etwa:* Endlich sehen wir der Wahrheit ins Auge.
por fin	endlich
La muerte empieza a ser la nuestra.	Der Tod beginnt, unserer zu sein.
11. vuelta	*hier:* Rückkehr
Estamos aquí con la vuelta del colegio.	Hier sind wir wieder zum Schulbeginn.
acabar de pasar § 8	*hier:* gerade verbracht haben
pendiente	*hier:* unerledigt
tener pendiente una cosa	etwas erledigen müssen/wollen
¿Qué es lo que ha sido lo mejor...? §§ 50, 84	Was war das Beste ...?
relajarse	sich entspannen
tumulto	Tumult
sitio	*hier:* Ort
Que cuando vas a los sitios...	Wenn du irgendwohin fährst ...
Pues todo está lleno.	Alles ist voll.
único	einzig
Es lo único que no me gusta. § 48	Es ist das einzige, was mir nicht gefällt.
lo demás § 50	der Rest
poquito = poco	wenig
Está aquí un poquito dormido.	Er ist hier noch ein wenig verschlafen.
Lo que más me gusta es... §§ 48, 117	Was mir am meisten gefällt, ist ...
rodeado de	umgeben von
Me gusta estar rodeado de mucha gente. § 48	Ich bin gern von vielen Menschen umgeben.
Lo que menos me gusta... §§ 48, 117	Was mir am wenigsten gefällt ...
lógicamente	logischerweise
en absoluto	*hier:* absolut nicht
de alguna forma	irgendwie
Se vive más que durante el invierno.	Man lebt mehr als im Winter.
Esto ha sido... ¡nuestro verano!	Das war ... unser Sommer(urlaub)!

Alphabetisches Wörterverzeichnis

- Vokabeln und Wendungen aus **Por supuesto 1** wurden hier nicht aufgenommen.
- Die Zahlen verweisen auf die Lektion, in der ein Wort erstmals erscheint.
- ***Kursiv- und fettgedruckte*** Wörter gehören zur Wortschatzliste des VHS- Zertifikats.
- **ch** und **ll** finden Sie, im Gegensatz zu den meisten spanischen Wörterbüchern, unter **c** und **l**, **ñ** folgt auf **n**.
- *(ie, ue, i)* = Verben mit unregelmäßigen Präsensformen.
- 8, Ü 7 usw: diese Wörter erscheinen in den Übungen (= Lektion 8, Übung 7).
- Wörterverzeichnis nach Lektionen: Seite 153.

A

a
  a base de (hergestellt) aus 10, Ü 13
  a cuadros kariert 4
  a eso de gegen 2
  a la derecha nach rechts 2
  a la hora de wenn es darum geht 6, Ü 11
  a la izquierda nach links 2
  a la parrilla gegrillt 8
  a la romana *in heißem Öl ausgebacken* 8
  a lo mejor vielleicht 2
  a media tarde am Nachmittag 6
  a mí mir 7
  a pesar de trotz 3
  a pie zu Fuß 5
  a rayas gestreift 4
  a todo tren ganz schnell 2, Ü 5
  a través de durch 6, Ü 11
  a última hora im letzten Augenblick 9
abajo unten 11
abanico Fächer 10
abeto Tanne 10, Ü 12
abierto *(Part. Perf. abrir)* geöffnet 1; offen 10
abrazo
  Un abrazo para vos... Es grüßt Dich herzlich ... 9
abrigo Mantel 4
abuela Großmutter 6
abundantemente reich(haltig) 6
acabar aufhören; beenden 3
  acabar de pasar *hier:* gerade verbracht haben 12, Ü 11
el ***aceite*** Öl 1
  el aceite de oliva Olivenöl 6, Ü 11
acento Akzent 12, Ü 1
acerca de über 6, Ü 11
acertado treffend 2, Ü 6
acogedor gastfreundlich 9, Ü 10
acompañante begleitend 2, Ü 14
acompañar begleiten 10
acontecimiento Ereignis 10, Ü 13
acordarse *(ue)* sich erinnern 9
  Me acuerdo mucho de... Ich denke oft an ... 9
acostumbrar (hacer algo) pflegen (etwas zu tun) 1, Ü 17
el/la **acróbata** Akrobat/in 4
acupuntura Akupunktur 1
A.D. = Alojamiento y Desayuno Übernachtung und Frühstück 7, Ü 12
adelanto Fortschritt 6, Ü 1
además de außer 3; außerdem 4
  Además, es la mar de divertida. Außerdem ist er wahnsinnig lustig. 4
adivinar *hier:* voraussagen 10
adorar anbeten 10, Ü 13
adquirir *(ie, i)* kaufen 6, Ü 11
aficionado Sportfreund; Anhänger 4
África Afrika 10
agencia Agentur; Vertretung 2
  agencia de viajes Reisebüro 2
agua
  el ***agua mineral sin gas*** Mineralwasser ohne Kohlensäure 8
  el **agua oxigenada** *(f)* Wasserstoffsuperoxyd 1
ahí dort 10
Ahora mismo. Jetzt gleich. 8
ahorrar(se) sparen 5
ajo Knoblauch 8
ajoarriero *Stockfischgericht* 7, Ü 14
al
  al aire libre unter freiem Himmel 10
  al día siguiente am nächsten Tag 2
  al final de am Ende von 5
  al fondo im Hintergrund 3; hinten 4, Ü 14
  al igual que genauso wie 6, Ü 11
  al lado daneben 10, Ü 12
  al llegar a Montevideo als ich in Montevideo ankam 9
  al poco rato kurz darauf 8
el **ala** *(f)* Flügel 3, Ü 11
  el **ala delta** Drachenfliegen 3, Ü 11
alabar loben 12, Ü 1
alameda (Pappel-)Allee 1
albahaca Basilikum 8, Ü 4
el ***alcohol*** Alkohol 8, Ü 4
alegre lustig 2 Ü 6; fröhlich 4
  alegre como unas castañuelas quietschvergnügt 4
alfalfa Luzerne 8, Ü 4
Algeciras *bedeutende Hafenstadt in der Provinz Cadiz* 2
Algo llevo. Etwas habe ich bei mir. 4
el ***algodón*** Baumwolle 4
algún irgendein 3
  ¿Alguna cosita más? Wünschen Sie sonst noch etwas? 1
  de alguna forma irgendwie 12, Ü 11
alimento Nahrungsmittel 6, Ü 11
  alimentos precocinados Fertiggerichte 6, Ü 11
aliñar würzen; anrichten 8
almendra Mandel 10, Ü 13
el **almíbar** Sirup 8
almorzar *(ue)* zu Mittag essen 3
almuerzo Mittagessen 10
alpino alpin 3
alquilar *hier:* ausleihen 4; mieten 11
alto tráfico starker Verkehr 2, Ü 5
alumno Schüler 3
amanecer Tag werden 11
el ambiente Umwelt 5
ambiguo *hier:* zwielichtig 4
ambos, ambas beide 11, Ü 11
ambulatorio Ambulanz 1
amontillado trockener Scherry 9
anciano der Alte 12, Ü 10
¡Anda! Nanu! 8
andar *hier:* fahren 9, Ü 13
el **andén** Gleis 2
  ¿De qué andén sale? Von welchem Gleis fährt er ab? 2
antaño früher 4

el **ante** Wildleder 4
anteayer vorgestern 6
antes que vor 7
con anticipación im voraus 6, Ü 11
las **antigüedades** Antiquitäten 4
las **Antillas** Antillen 9, Ü 13
anual jährlich 1, Ü 13
añadir hinzufügen 7, Ü 14
  Te puedes añadir a ellos. Du kannst dich hinzugesellen. 7, Ü 14
Año Nuevo Neujahr 8
apagar ausschalten 6
aparato Apparat 1
  aparato digestivo Verdauungsapparat 1
aparecer *(aparezco)* erscheinen 6
apartado Postfach 1, Ü 13
apellido Nachname 11
aperitivo Aperitif 4
apestar verpesten 5
apetito Appetit 8, Ü 5
apio (Stangen)Sellerie 8, Ü 4
la **aportación** Beitrag 1, Ü 13
aprovechar *hier:* ausnützen 1, Ü 17
apurado in Eile 9
aquí
  Aquí la tiene. Bitte sehr, hier ist es. 8
  aquí mismo genau hier 5
Aquisgrán Aachen 3, Ü 6
arena Sand 4
arquillo = **arco** Bogen 6, Ü 1
arquitecto Architekt 3
*el **arroz*** Reis 8
artículo Artikel 1
artificial künstlich 10
*el/la **artista*** Künstler/in 11
arzobispal erzbischöflich 2, Ü 11
así que... also ... 5; so daß ... 10
asignatura (Lehr-)Fach 3
asistencia *hier:* Betreuung 2, Ü 14
aspirina Aspirin 1
Asturias (Autonome Region) Asturien 8
asunto *hier:* Thema 10, Ü 13
asustado erschrocken 7
atasco Stau 5
*la **atención*** Aufmerksamkeit 1
  llamar la atención auffallen 1
atrevido mutig 7
audiología Ohrenheilkunde 1
aún noch nicht 4
aunque auch wenn 6, Ü 11; obwohl 10

Austria Österreich 7
austríaco Österreicher 7
autonómico *hier:* regional 4
autónomo selbständig, autonom 3
el **ave** *(f)* Geflügel 6 Ü 11; 8
avellana Haselnuß 10, Ü 13
Ávila *Hauptstadt der gleichnamigen Provinz in Altkastilien* 10
*el **avión*** Flugzeug 2
ayudar helfen 12, Ü 1
Ayuntamiento Rathaus 2
azul
  azul claro *inv* hellblau 4
  azul marino *inv* dunkelblau 4

B

bachillerato Oberstufe; Abitur 3; *hier:* Gymnasium 12, Ü 1
el **baile clásico** Ballet 3, Ü 11
Baja Sajonia Niedersachsen 12, Ü 1
Bajan y suben por el paseo. Sie gehen die Flanierstraße hinauf und hinunter.4
baloncesto Korbball 3
balonmano Handball 12, Ü 1
el **balonvolea** Volleyball 3
barajar(se) *hier:* erörtern 6, Ü 11
Barajas *Flughafen von Madrid* 9
baratísimo sehr billig 4
barato billig 2
barca (Ruder-)Boot 10
el **Barça** *Fußballclub von Barcelona* 3
barco Schiff 9, Ü 13
  barco marinero Seeschiff 9, Ü 13
barquillero Waffelverkäufer 10
Barrio de La Boca *typisches Wohnviertel der italienischen Einwanderer in Buenos Aires* 9
Barrio Gótico „Gotisches Viertel" (in Barcelona) 9
barro *hier:* Töpfererde 10, Ü 12
bastar genügen 7
  Basta con decir... Es reicht, wenn du sagst ... 7
bautismo Taufe 11
bebida Getränk 6
Bécquer, Gustavo Adolfo (1836–1870) *spanischer Schriftsteller* 6
beis *inv* beige 4

Belén Bethlehem 10, Ü13
bello schön 12, Ü 1
los **(pantalones) bermudas** Bermudas 4
la **besamel** Bechamelsauce 8, Ü 4
bien frío gut gekühlt 8
mi bien meine Liebe 11
el **biquini** Bikini 9, Ü 4
el **bistec** (Beef-)Steak 8
bizcocho Biskuit 8, Ü 4
blusa Bluse 4
boca Mund 1
bollo süßes Stückchen 1, Ü 17
bolso (Hand-)Tasche 9
bombilla Glühbirne 11
bonito
  la **plaza más bonita** der schönste Platz 10
el **bonocity** *preiswerte Fahrkarte zwischen verschiedenen Städten* 2, Ü 5
La Boquería *Markt, Jugendstil-Metallkonstruktion in Barcelona* 4
Borges, Jorge Luis (1899–1986) *argentinischer Schriftsteller* 3
botella Flasche 1
Botero, Fernando *zeitgenössischer kolumbianischer Maler und Bildhauer* 9
boxeo Boxen 3, Ü 11
brazo Arm 1
broma Scherz, Witz 6
bromear scherzen 8
(los) **brotes** Sprossen 8, Ü 4
bruja Hexe 6
  «Las Brujas de Bécquer» *bekanntes Restaurant in Tarazona* 6
buenísimo sehr gut 8
bufanda Schal 4
el **bufé** Buffet 1
el **bulevar** Boulevard 1
burdeos ***inv*** bordeauxrot 4
el **bus** Bus 2, Ü 14

C

cabalgata (Reiter-)Umzug 10, Ü 12
Caballé, Montserrat *spanische Opernsängerin* 11
caballero Herr 5
cabeza Kopf 1
cacao Kakao 8, Ü 4

cadena de televisión Fernsehsender 4
cafetera Kaffeemaschine 7
caja Packung; Schachtel 1; Kasse 4, Ü 14
el **calabacín** Zucchino 8, Ü 4
Calatayud *kleine Stadt in Aragonien* 11
el **calcetín** Socke 4
calcular ausrechnen 11, Ü 9
calzoncillo Unterhose 4
calle
la calle Arenal *bekannte Einkaufsstraße im Zentrum Madrids* 10
la calle Serrano *Einkaufsstraße im Zentrum Madrids* 10
cama Bett 1, Ü 15
cámara Fotoapparat 4
cambiar (ver)ändern 4
cambiar de avión umsteigen 12, Ü 3
cambiarse sich umziehen 6
Se cambia de ropa. Sie zieht sich um. 6
camello Kamel 10, Ü 12
Camino de Santiago Jakobsweg 2
camisa Hemd 4
camiseta T-Shirt 4
canoa Kanu 3
el/la **cantante** Sänger/in 4
el **cañón** Kanone 9, Ü 13
el **capitán** Kapitän 9, Ü 13
capuchino *hier:* Kapuziner(mönch) 4
caqui *inv* khaki 4
cara Gesicht 1
el ***carácter*** *hier:* Stil 6, Ü 1
¡Caramba! Kaum zu glauben!; Donnerwetter! 4
caramelo Karamel(-zucker) 8; Bonbon 10, Ü 12
el **carbón** Kohle 10, Ü 12
carecer de nicht verfügen über 1, Ü 12
Carlitos = Carlos 11
Carlos III (1716–1788) *Karl III., spanischer König* 10
el **día del Carmen** *16. Juli = Tag der Jungfrau vom Karmel* 11
la ***carne*** Fleisch 4, Ü 5; 8
el ***carné*** Ausweis 11
el carné de conducir Führerschein 11
cárnico Fleisch- 6, Ü 11
carrera *hier:* Rennen 3
carrera de bicicletas Radrennen 3
carrera de coches Autorennen 3
Casa Batlló *von Gaudí 1905–1907 gestaltetes Haus für den Textilfabrikanten Batlló* 3
casarse heiraten 11
casco Schiffsrumpf 9, Ü 13
el **casco antiguo** Altstadt 11, Ü 11
el **caserón** Herrenhaus 6, Ü 1
el **casete** Cassettenlaufwerk 11
casino Kasino 6
en tu caso bei dir, in deinem Fall 5, Ü 12
castañuela Kastagnette 4
castellano *Spanisch 3*
castigar (be-)strafen 1, Ü 12
castillito = castillo *Burg* 11, Ü 11
Cat. = Categoría Kategorie 7, Ü 12
el ***catalán*** Katalanisch *(Sprache)* 3
catálogo Katalog 4
categoría Kategorie 7
el **cava** *spanischer Sekt* 10, Ü 12
cazadora Lederjacke 4
celebrar feiern 2
celeste *inv* himmelblau 4
la ***cena*** Abendessen 8
céntrico Zentral- 10, Ü 12
cercano a nahe bei 4
cerdo Schwein 4, Ü 5
los **cereales** Getreide(flocken) 1, Ü 17
cerrar *(ie)* schließen 1
cerveza sin alcohol alkoholfreies Bier 8, Ü 4
cesta (Brot-)Korb 1
chacapumba *bedeutungslose Lautmalerei* 4, Ü 5
chaleco ärmellose Weste 4
(el) **champiñón** Champignon 8, Ü 4
el **champú** Schampoo 7, Ü 3
chaqueta Jacke 4
charco Pfütze 12, Ü 10
charla Plauderei 9
Chichén Itza *alte Mayastadt im Norden der Halbinsel Yucatan* 7, Ü 13
chiflar *hier:* ungemein begeistern 3
Me chifla, ¿sabes? Sie begeistert mich ungemein, weißt du? 3
chiquitito = chico klein 4, Ü 5
chiringuito Imbiß(verkauf) 3
el ***chocolate*** (Trink-)Schokolade 4
el **chotis** Madrider Volkstanz 10
Cía. = Compañía Gesellschaft 7, Ü 12
la **Cibeles** *Brunnen mit der Erd- und Fruchtbarkeitsgöttin Kybele* 10
ciclismo Rad(fahr)sport 3
el/la **ciclista** Radfahrer/in 3
cien hundert 3
«Cien años de soledad» „Hundert Jahre Einsamkeit" 3
ciertamente gewiß 10
por cierto übrigens 8
el ***cinturón*** Gürtel 4
circular verkehren; *hier:* fahren 5
circunstancia Umstand 5
cirugía Chirurgie 1
«La ciudad alegre y confiada» „Die fröhliche Stadt, die so sicher wohnte" 3
claro
Claro que no. Natürlich nicht. 6
Claro que tengo. Natürlich habe ich eins. 4
la ***clase*** *hier:* Klasse 2; Unterricht 3
la clase particular Privatunterricht 3
el **claxon** Autohupe 5
cleptómano Kleptomane 7, Ü 3
el **cliente** Kunde 5
clínica Klinik 1
clínica dental Zahnklinik 1
el ***coche*** Auto 1
cocina Küche 6
cocinar kochen 6, Ü 11
el **cóctel** Cocktail 8
código postal Postleitzahl 1, Ü 13
la **codorniz** Wachtel 4, Ü 5
coger *(cojo)* nehmen; ergreifen 5
No lo cojo nunca. Ich nehme es nie. 5
cola (Menschen-)Schlange 2
No tienen que hacer cola. Sie müssen sich nicht anstellen. 2
el **colaborador** Mitarbeiter 1, Ü 13
colaborar mitarbeiten 1, Ü 13
el ***cole = colegio*** Schule 3
la ***colección*** Sammlung 10
colegio Schule 3
el **cólera** Cholera 1, Ü 12
colmena Bienenkorb 3
colocar *hier:* stellen 6
Colón Kolumbus 4

Colonia Köln 3
la ***combinación*** Verbindung 2
comentar besprechen 7, Ü 3
Coméntelo con su vecino. Besprechen Sie es mit Ihrem Nachbarn. 7, Ü 3
comercial Geschäfts- 10, Ü 12
las **comillas** Anführungszeichen 7, Ü 14
entre comillas in Anführungszeichen 7, Ü 14
comisaría Polizeirevier 1
como *hier:* als 3
como es día de tu santo da heute dein Namenstag ist 11
Como está invitado... Da er eingeladen ist ... 7
Como quiera. Wie Sie wünschen. 1
como todo el mundo wie alle 3
cómo
¡Cómo ha cambiado en pocos años! Wie sehr hat es sich in wenigen Jahren verändert! 9
¿Cómo quiere las patatas? Wie wünschen Sie die Kartoffeln? 8
¿Cómo se puede ir? Wie kommt man da hin? 2
la **comodidad** Bequemlichkeit 6
compañera *hier:* Arbeitskollegin 6
compañero de trabajo Arbeitskollege 1
compañía Gesellschaft 5
en comparación a/con im Vergleich zu 6, Ü 11
comparar vergleichen 2, Ü 14
completo vollständig 2, Ü 14
la **composición** *hier:* Komposition 10, Ü 13
compresa Kompresse 1
compresa higiénica Damenbinde 1
compromiso Verpflichtung 6
comunal städtisch 1, Ü 12
la **comunidad** *hier:* Autonome Region 11
la Comunidad Autónoma Autonome Region 3
la ***conclusión*** Schlußfolgerung 6, Ü 11
conducir *(conduzco)* fahren 11
la **confección** Anfertigung, Herstellung 6
confesar *(ie) hier:* bekennen 3
«Confieso que he vivido» „Ich bekenne, ich habe gelebt" 3
confrontado konfrontiert 3
el **Cono Sur** Argentinien, Chile, Uruguay 9, Ü 10
conocido bekannt 3
conseguir *(i, consigo)* bekommen; erreichen 7
(las) ***conservas*** Konserven 6, Ü 11
considerar(se) (sich) betrachten 8
el **consomé** Kraftbrühe 8
la ***construcción*** Bau(en) 6
construir (construyo) bauen 10
consulta Sprechstunde 1
el ***consumidor*** Verbraucher 6, Ü 11
el/la **contable** Buchhalter/in 6
la ***contaminación*** Luftverschmutzung 11
el **contestador automático** automatischer Anrufbeantworter 9, Ü 11
el **continente** Kontinent 9, Ü 10
continuar *(continúo) hier:* weiterfahren 11
continuo ständig 4
el **contraste** Kontrast 9, Ü 10
contrato Vertrag 11
conveniente passend 2, Ü 6
convertirse en... *(ie, i)* werden zu ... 4
copa (Stiel-)Glas *(z.B. für Sherry, Cognac)* 4
corbata Krawatte 4
corcho Kork 10, Ü 12
coronario Herz- 1
cosas de ésas solche Sachen 3
cosita = cosa *hier:* Kleinigkeit 1
cotidiano täglich 6, Ü 11
Cozumel *mexikanische Insel, beliebter Urlaubsort wegen ihrer Korallenriffe.* 7, Ü 13
crear schaffen 3
se cree uno... man glaubt sich ... 6, Ü 1
crema Crème 8, Ü 4
la ***crisis*** Krise 5
el **cristal** Kristall 7
la **croqueta** Krokette 8, Ü 4
crudo rohweiß 4
cuadro *hier:* Karo 4; Gemälde 9
a cuadros kariert 4
¿cuál? welche/r/s? 8
¿Cuál es la fruta del tiempo? Welches ist das Obst der Jahreszeit? 8
cuando
Cuando acaban las clases normales... Wenn der normale Unterricht zu Ende ist ... 3
Cuando tengo que salir a visitar clientes... Wenn ich wegfahren muß, um Kunden zu besuchen ... 5
en cuanto a... was ... angeht 8
cuánto
¿Cuánto tarda el tren? Wie lange braucht der Zug? 2
¿Cuántos son? Wieviele Personen sind Sie? 8
cuarto *hier:* Zimmer 4
cuarto de estar Wohnzimmer 4
cuarto vierter 7
cuatro por ciento 4% 7, Ü 3
cuchara Löffel 8
cuchillo Messer 8
cuello Hals 1
cuenta Rechnung 8
cuerdo vernünftig 2, Ü 6
cuero Leder 4
cuerpo Körper 10
cuidado *hier:* Umsicht 6, Ü 11; Vorsicht 10
culinario Küchen- 6, Ü 11
cumplimentar *hier:* ausfüllen 1, Ü 13
curioso überraschend 6, Ü 11
el **curry** Curry 8

D

dar *hier:* unterrichten 3
Da igual. Es ist egal. 2
Dan natación en catalán. Man hat Schwimmunterricht auf katalanisch. 3
Te doy alguna pista. Ich gebe dir einen Tip. 7
Ya le dimos alcance a la verdad. *etwa:* Endlich sehen wir der Wahrheit ins Auge. 12, Ü 10
darse cuenta (be)merken 4
No se da cuenta de nada. Er merkt nichts. 4
dato Angabe 6, Ü 11
de
de alguna forma irgendwie 12, Ü 19
¿De entrada qué toman? Was nehmen Sie als Vorspeise? 8

De todas formas quizás mejor el tren. Jedenfalls ist der Zug vielleicht besser. 2
de todo tipo jeglicher Art 4
deber müssen 10
Debe de ser él. Das muß er sein. 6
Debe saber que... Sie müssen wissen, daß ... 10
debido a wegen 4
decidir beschließen 9, Ü 11; 11
Decidieron hacerlo en tren. Sie beschlossen, die Fahrt mit der Bahn zu machen. 11
decidirse por sich entscheiden für 2, Ü 14
decorar schmücken 10, Ü 12
decreto „Verordnung; Erlaß" 10
dedicarse a... sich ... widmen 6
dedo Finger 1
lo demás der Rest 12, Ü 11
demente *inv* irre 2, Ü 6
dental Zahn- 1
dentro de *hier:* in 9
dentro de unas semanas in einigen Wochen 9
depender (de) abhängen (von) 2
Depende de las circunstancias. Es kommt auf die Umstände an. 5
dependienta Verkäuferin 4
el ***deporte*** Sport 3
deportivo Sport- 12, Ü 1
depósito *hier:* Benzintank 11
la **depre = depresión** Depression 1
a la derecha nach rechts 2
dermatología Dermatologie 1
desaparecer (desaparezco) verschwinden 4
el **desastre** Katastrophe 5
desayunar frühstücken 1
descansar sich ausruhen 1, Ü 15
desear
Desearía alquilar un coche. Ich möchte ein Auto mieten. 11
el **desfile** (Um-)Zug 10, Ü 13
desinfectar desinfizieren 1
despertar (ie) wecken 11; aufwachen 11
Su madre lo despertó. Seine Mutter weckte ihn. 11
despiste *hier:* unzutreffend 2, Ü 6
desplazarse sich fortbewegen 5, Ü 12
destino Zielort 2, Ü 14
la **destrucción** Zerstörung 3
«La destrucción o el amor» „Die Zerstörung oder die Liebe" 3
determinado bestimmt 11
un día de éstos irgendwann dieser Tage 7
diablo Teufel 4, Ü 5
diario täglich 2
dibujo Zeichnung 4
Dicen que... Man sagt, daß ... 10
dicho *(Part. Perf. decir)* gesagt 3
¿La diferencia de precio es mucha? Ist der Preisunterschied groß? 11
diferente unterschiedlich 4; andersartig 9, Ü 10
difícil schwierig 3
la **digestión** Verdauung 1, Ü 15
digestivo Verdauungs- 1
dijo *(Indefinido decir)* sie sagte 11
dimos *(Indefinido dar)* wir gaben 12, Ü 10
dinero Geld 4
dinos sag uns 7, Ü 14
diosa Göttin 10
directo direkt 2, Ü 6
discutir diskutieren 4
disfrutar de genießen 6
Disfrutan de las comodidades. Sie genießen den Komfort. 6
disgustar mißfallen 6, Ü 11
disparar schießen 9, Ü 13
disponible verfügbar 11
divertido amüsant 4
D.N.I. = Documento Nacional de Identidad Personalausweis 7, Ü 12
doler *(ue)* weh tun 1
Le duele el vientre. Sie hat Bauchschmerzen. 1
el ***dolor*** Schmerz 1
domicilio *hier:* Straße 1, Ü 13
la **donación** Spende 1, Ü 12
dormir *(ue)* schlafen 4, Ü 5; 9
dormitorio Schlafzimmer 6
doy *(Präs. dar)* ich gebe 7
Duarte, Eva (1919–1952) *erste Ehefrau von Juan D. Perón* 11
el ***dulce*** Süßigkeit 10, Ü 12
duramente hart 4, Ü 5
durante während 6, Ü 11
durante tres semanas drei Wochen lang 7

E

echar de menos vermissen 9
ecológico ökologisch 6, Ü 11
ecologista ***inv*** *hier:* umweltbewußt 5, Ü 2
economía Wirtschaft 4
económico *hier:* preiswert; billig 2
la ***edad*** Alter 10
editar herausgeben 9
la ***educación*** Erziehung 6
efectivamente tatsächlich 7, Ü 14
en efectivo bar 2
eléctrico elektrisch 7
electrodoméstico elektrisches Haushaltsgerät 6
elegante elegant 2
elegir *(i, elijo)* (aus)wählen 8
emergencia *hier:* Notfall 5, Ü 12
el/la ***emigrante*** Emigrant/in 2
emocionado begeistert 4
empezar (ie) beginnen 3
empresa de construcción Baufirma 6
en
en absoluto *hier:* absolut nicht 12, Ü 11
en comparación a/con im Vergleich zu 6, Ü 11
en fin kurz und gut 9
en vigor gültig 7, Ü 12
encantar
Me encanta viajar. Ich reise sehr gerne. 7
encargarse de sich kümmern um 6
Se encarga de las bebidas. Er kümmert sich um die Getränke. 6
encierro Eintreiben der Stiere 2
encontrarse *(ue)* sich befinden 2
encuesta Umfrage 6, Ü 11
enfadado wütend 1
la ***enfermedad*** Krankheit 1
la enfermedad coronaria Herzkrankheit 1
la enfermedad venérea Geschlechtskrankheit 1
enfermo krank 1
enfocar *hier:* angehen 8
ensalada mixta gemischter Salat 8
ensalada verde grüner Salat 8
enseñar zeigen 10
entender *(ie)* verstehen 2, Ü 14; 3

enterarse erfahren 8
entrada *hier:* Vorspeise 8
¿De entrada qué toman? Was nehmen Sie als Vorspeise? 8
el **entrante** Vorspeise 8, Ü 4
los entremeses Vorspeise(n) 8
entrevista Interview 1
enviar *(envío)* schicken 1, Ü 13; 8
envidia Neid 7, Ü 14
equipo Mannschaft 3
la **equitación** Reitsport 3
equivocarse sich irren 8
era *(Imperfekt ser)* es war 11
el **escalope** Schnitzel 8
el **escalope (a la) vienesa** Wiener Schnitzel 8
el ***escaparate*** Schaufenster 4
escaparse entfliehen 7
la **escenificación** Inszenierung 10, Ü 13
escolar Schul- 3
escribirlo (el alemán) correctamente es (Deutsch) richtig schreiben 12, Ü 1
el ***escritor*** Schriftsteller 3
escudo Wappen 6, Ü 1
ese, esa, eso, esos, esas dieser, diese, dies(es), diese 3
eso 10
a eso de gegen 2
Eso depende. Das kommt darauf an. 3
Eso es. So ist es (richtig). 8
espacio Raum 6, Ü 11
especial Sonder- 6, Ü 11
la ***especie*** *hier:* Art 3
específico besonders 10, Ü 12
espejo Spiegel 10, Ü 12
(las) **espinacas** Spinat 8, Ü 4
espiritual geistlich 3
esposa Ehefrau 4
el **esquema** Schema 6
el **esquí** Ski(sport) 3
el **esquí alpino** Ski alpin 3
el **esquí de fondo** (Ski-)Langlauf 3
establo Stall 10, Ü 13
la ***estación*** *hier:* Station 2
estancia Aufenthalt 2, Ü 14
el **estanque** Teich 10
estar
Estamos aquí con la vuelta del colegio. Hier sind wir wieder zum Schulbeginn. 12, Ü11
Estamos confrontados on otro idioma. Wir werden mit einer anderen Sprache konfrontiert. 3
Están buenísimas. Sie sind köstlich. 8
Están con el segundo plato. Sie sind beim zweiten Gang. 6
Están haciendo unas preguntas sobre... Sie stellen einige Fragen über ... 4
Estoy hecho polvo. Ich bin fix und fertig. 1
Estuve haciendo un curso. Ich besuchte einen (Fortbildungs-) Kurs. 11, Ü 11
Estuvimos viendo... Wir haben gesehen ... 11, Ü 11
Un grupo está hablando... Eine Guppe unterhält sich gerade ... 2
éste dieser (hier) 6
Estella *Kleinstadt in der Autonomen Region Navarra* 2
estilo Typ 11
del estilo del Ford Fiesta vom Typ des Ford Fiesta 11
estómago Magen 1
estribillo Refrain 10, Ü 13
estropear zerstören 5
estropearse kaputt gehen 11
estupendo großartig 1
estuve *(Indefinido estar)* ich bin gewesen 7, Ü 13; ich war 9
estuvimos *(Indefinido estar)* wir waren 11, Ü 11
estuviste *(Indefinido estar)* du bist gewesen 7, Ü 13
etiqueta Etikett 6, Ü 11
Euskadi Baskenland 3
el **euskera** Baskisch (Sprache) 2
excepto außer 2
la ***excursión*** Ausflug 2, Ü 14
existente bestehend 3
éxito Erfolg 6
explicar erklären 2, Ü 14
expresar ausdrücken 7, Ü 3
exquisito ausgezeichnet 6, Ü 1
extrañar verwundern 12, Ü 1
extraño fremdartig 6, Ü 1
extremo *hier:* Ende 5, U 12
de un extremo al otro von einem Ende zum anderen 5, U 12

F

fachada Fassade 2
fácil leicht 10
factura Rechnung 12, Ü 8
la **facultad** Fakultät(sgebäude) 10, Ü 11
facultativo fakultativ 7, Ü 12
falda Rock 4
la falda-pantalón Hosenrock 4
faltar
Faltaba más. Aber natürlich. 11
No faltaba más. Aber selbsverständlich. 2
farmacéutico Apotheker 1
«Farmacéuticos sin Fronteras» „Apotheker ohne Grenzen" 1, Ü 12
farmacia Apotheke 1
farmacia de guardia diensthabende Apotheke 1
faro *hier:* Scheinwerfer 11
fatal ganz schlecht 1
fecha Datum 1, Ü 13
fecha de nacimiento Geburtsdatum 1, Ü 13
felicitar gratulieren 11
Felipe II (1527–1598) *Philipp II., spanischer König* 10
femenino weiblich 3
la ***fiebre*** Fieber 1
fijarse en achten auf 6, Ü 11
el ***fin*** Ende 4
el fin de semana Wochenende 4
en fin kurz und gut, kurzum 9
al final de am Ende von
firmar unterschreiben 11
el ***flan*** Karamelpudding 8
el flan al caramelo Pudding mit Karamelsauce 8
el/la **flautista** Flötenspieler/in 12, Ü 1
Florencia Florenz 7, Ü 14
al fondo im Hintergrund 3; hinten 4, Ü 14
el **footing** Jogging 3
de todas formas jedenfalls 2
formal förmlich 11
formar *hier:* ausbilden 1, Ü 12
la ***foto(grafía)*** Foto 4
fotográfico Photo- 10
la ***frase*** Satz 7, Ü 3
frecuencia Häufigkeit 2, Ü 5
fregar *(ie) hier:* putzen 6, Ü 11
freír *(frío)* braten 6, Ü 11
frente a gegenüber 9
Friburgo Freiburg 3, Ü 6
frito *(Part. Perf. freír)* gebraten 1
fruta del tiempo Obst der Jahreszeit 8
(los) frutos secos Trockenfrüchte, Nüsse, Samen ... 8, Ü 4

la fuente 10
fueron (Indefinido ir) sie fuhren/gingen 7
fuerte stark 1, Ü 17
Fuertes, Gloria (* Madrid 1918) *spanische Dichterin* 2, Ü 6
fui (Indefinido ir) ich ging/fuhr 7
fuimos (Indefinido ir) wir gingen/fuhren 11, Ü 11
fuiste (Indefinido ir) du gingst/fuhrst 7
el **fumador** Raucher 2
la **fundación** Gründung 2
fundamentalmente hauptsächlich 5, Ü 12
futurista *inv* futuristisch 2, Ü 6

G

galeoto *hier:* Kuppler 3
«El gran galeoto» „Der große Galeotto" 3
galería Galerie; *hier:* Einkaufspassage 9
gamba Garnele, Shrimp 8
ganga Schnäppchen 10
el **gas** Gas; *hier:* Kohlensäure 8
gasolina Benzin 5, Ü 2; 11
Gaudí, Antoni (1852–1926) *katalanischer Architekt und Hauptfigur des katalanischen Jugendstils* 3
gazpacho *kalte Suppe aus Tomaten, Paprika, Gurke ...* 8, Ü 5
general allgemein 1
generalmente meistens, normalerweise 5
genérico allgemein 1, Ü 12
gimnasia Gymnastik 3
ginecología Frauenheilkunde 1
el **goretex** Goretex 4
Gotinga Göttingen 3, Ü 6
grande
el mercado más grande der größte (Floh-) Markt 10
griego griechisch 8, Ü 4
gris grau 4
grupo Gruppe 2
Guadalajara *Hauptstadt der gleichnamigen Provinz in Castilla-La Mancha* 10
el **guante** Handschuh 4
guapísimo = guapo (sehr) hübsch 7, Ü 13
guardar hier: einräumen 6
guardia Wache 1
guía médica *hier:* Ärzteverzeichnis 1
guiar *(guío)* führen 10, Ü 13
gustar
Las policíacas no me gustan. Ich mag keine Kriminalfilme. 4
Lo que más me gusta es... Was mir am meisten gefällt, ist ... 12, Ü 11
Lo que menos me gusta... Was mir am wenigsten gefällt ... 12, Ü 11
Me gusta estar rodeado de mucha gente. Ich bin gern von vielen Menschen umgeben. 12, Ü 11
Me gustó mucho. Sie gefiel mir sehr. 11, Ü 11

H

La Habana Havanna 9, Ü 13
la habitación doble Doppelzimmer 2, Ü 14
habitualmente gewöhnlich 1, Ü 17
hacer
hace... días vor ... Tagen 9
Hace juego con los pantalones. Es paßt (farblich) zu der Hose. 4
hace poco neulich 11, Ü 11
hace un par de meses vor einigen Monaten 6
hacer cola sich anstellen 2
hacer footing joggen 10
hacer juego con passen zu 4
Hacía muchísimo calor. Es war sehr heiß. 11, Ü 11
hacia nach 10
haciendo (Gerundium hacer)
haciendo footing beim Joggen 3
hago (Präs. hacer) ich mache 3
hamburguesa Hamburger 7
Hamelín Hameln 12, Ü 1
harina Mehl 8, Ü 4
no... hasta nicht bis ... 4
hay
Hay toda clase de objetos. Es gibt alle möglichen Dinge. 10
hay una libre einer ist frei 8
No hay de qué. Keine Ursache. 2
helado (Speise-)Eis 8
helado variado gemischtes Eis 8
heráldico Wappen- 6, Ü 1
hermana Schwester 4
la **hermandad** *hier:* (Städte-)Partnerschaft 3
hermanita = hermana Schwesterlein 7
hervir *(ie, i)* kochen 8, Ü 5
hiciste (Indefinido hacer) du machtest 7
hierba Gras 3
hierbas frescas frische Kräuter 8, Ü 4
hierro Eisen 6, Ü 1
la **higiene** Hygiene 1
higiénico hygienisch 1
himno Hymne 10
histórico historisch 6, Ü 1
el **hockey sobre hierba** Rasenhockey 3
el **hogar** *hier:* Haushalt 6, Ü 11
hora
a la hora pünktlich 11
a la hora de wenn es darum geht 6, Ü 11
a última hora im letzten Augenblick 9
hora de la cena Abendessenszeit 6
horario hier: Sprechstunde 1; Fahrplan 2
horario de salida Abfahrtszeiten 2
horno Backofen 8, Ü 4
el **hotel-residencia** Hotel Garni 7, Ü 12
húmedo feucht 2

I

iba (Imperfekt ir) ich fuhr 11
ida Hinfahrt 2
ida y vuelta Hin- und Rückfahrt 2
iglesia Kirche 10, Ü 12
la iglesia del Pilar *berühmte Kirche in Saragossa* 11
igual gleich 8
al igual que genauso wie 6, Ü 11
igualmente gleichermaßen 9, Ü 10
ilimitado unbegrenzt 11, Ü 9
la ilusión hier: große Erwartung 10, Ü 12
imaginar hier: träumen 2, Ü 5
imaginarse sich vorstellen 7, Ü 14

el ***impermeable*** Regenmantel 4
importancia Bedeutung 7
No te importa, ¿verdad? Es macht dir nichts aus, nicht wahr? 6
imposible unmöglich 5
imprenta Druckerei 5
imprescindible unerläßlich 7, Ü 12
impresionante beeindruckend; *hier:* wahnsinnig 1
imprimir drucken 9
inaguantable unerträglich 5
incluido inbegriffen 8
incluir *(incluye)* einschließen 2, Ü 14
incluso sogar 4
incómodo unbequem 10
increíble unglaublich 9, Ü 10
independencia Unabhängigkeit 10
independiente unabhängig 2
indirecto indirekt 2, Ü 6
la ***inflación*** Inflation 4
informática Informatik 3
el **informe** Bericht 6, Ü 11
los **ingredientes** Zutaten 6, Ü 11
el/la **inmigrante** Einwanderer/in 10
inteligente intelligent 11
intentar versuchen 6
intercambio Austausch 3
interesante
  de lo más interesante außerordentlich interessant 6, Ü 11
  las cosas más interesantes die interessantesten Dinge 10
interesar interessieren 4
interno intern; *hier:* Innen- 1
la **invasión** *(Pl. invasiones)* Invasion 7
invitar einladen 6
ir *hier:* stehen 4
  el continuo ir y venir de la gente das ständige Kommen und Gehen der Leute 4
  ir de luto Trauer tragen 4, Ü 5
  ir de vacaciones in Urlaub gehen 7
  ¿Qué película vais a ver? Was für einen Film werdet ihr euch ansehen? 4
  ¿Qué vais a hacer? Was werdet ihr tun? 4
  ¿Qué vamos a hacer? Was werden wir machen? 4
  Te van muy bien. Sie stehen dir sehr gut. 4
  Va a llegar de un momento a otro. Sie wird jeden Augenblick kommen. 8
  Vamos para siempre a casa. Wir gehen für immer nach Hause zurück. 2
  ¿Vas a venir? Wirst du kommen? 4
  Voy a alquilar uno. Ich werde einen (Wagen) mieten. 5
  ¿Voy bien para ir a la estación? Geht es hier zum Bahnhof? 2
(las Islas) **Baleares** Balearen 3
Italia Italien 6, Ü 11
(el) **I.V.A. (Impuesto sobre el Valor Añadido)** Mehrwertsteuer 8

J

el ***jabón*** Seife 7, Ü 3
Jamaica Jamaika 9, Ü 13
japonés, japonesa japanisch 10
jaqueca Migräne 1
el ***jersey*** Pullover 4
Jiménez, Juan Ramón (1881–1958) *span. Schriftsteller* 3
el **jinete** Reiter 10, Ü 13
joven jung 11
jubilado Rentner 2; pensioniert 11
juego Spiel 3
  hace juego con es paßt zu ... 4
  (los) Juegos Olímpicos Olympische Spiele 3
juerga feuchtfröhliches Vergnügen 4; Rummel 7
el **jugador** Spieler 3
jugar *(ue)* spielen 3
  hace juego con... es paßt zu ... 4
  Juego al fútbol. Ich spiele Fußball. 3
el **juguete** Spielzeug 10, Ü 12
junto a am 3; neben 6, Ü 11
juntos zusammen; miteinander 2
justicia Justiz 6, Ü 13

K

Kahlo, Frida (1907–1954) *mexikanische Malerin* 11
el **karate** Karate 3
el **kilometraje** Kilometerzahl 11, Ü 9
kilómetro Kilometer 2

L

la *(Pers. Pron. Akk. fem.)*
laberinto Labyrinth 3
  «El laberinto de la soledad» „Das Labyrinth der Einsamkeit" 3
la **labor** *hier:* Verarbeitung 6, Ü 1 *hier:* Arbeit 6, Ü 11
lado Seite; *hier:* Richtung 7
lago der See 10, Ü 12
lamentablemente leider 4
lana Wolle 4
  lana peinada Kammgarn 4
langostino Riesengarnele 8
largo lang 2, Ü 5; 9
lavandería Wäscherei 4
el **lavaplatos** Geschirrspülmaschine 6
lavarse sich waschen 6
el **lavavajillas** Geschirrspülmaschine 6, Ü 11
le *hier:* ihm 11
lectura Lektüre 3
  «Lecturas espirituales» „Geistliche Lektüren" 3
la ***leche*** Milch 1
  la leche condensada Kondensmilch 8, Ü 4
lechuga Kopfsalat 8, Ü 4
lenguado Seezunge 8
lentilla Kontaktlinse 1
les *hier:* ihnen, Ihnen 7
  ¿Les gustó? Hat es ihnen gefallen? 7
la ***ley*** *(Pl. leyes)* Gesetz 10
libro de recetas Rezeptblock 1
Libro de Reclamaciones Beschwerdebuch 8
licenciado Akademiker (mit Staatsexamen) 1
el **Liceo de Barcelona** *berühmtes Opernhaus* 6, Ü 13
ligero leicht 8, Ü 5
lila *inv* lila 4
limitarse a sich beschränken auf 1, Ü 17
el **limpiabotas** Schuhputzer 4
limpio sauber 6
lindísimo wunderschön 9
lindo schön 9
línea regular Linienmaschine 7, Ü 12
lingüístico sprachlich 3
lino Leinen 4
liso glatt 12, Ü 10

lista Liste 1
lista de precios Preisliste 4
literatura Literatur 3
llamar
Llaman a la puerta. Es klingelt an der Tür. 6
llamar la atención auffallen 1
Llamó a su hijo por teléfono. Sie rief ihren Sohn an. 11
llano eben 12, Ü 10
llegué *(Indefinido llegar)* ich bin angekommen 9
lleno voll 11
Lleno, por favor. Bitte volltanken. 11
llevar *hier:* bei sich haben 4
¿Lleva restaurante el tren? Hat der Zug einen Speisewagen? 2
se llevó el bolígrafo er nahm den Kugelschreiber mit 7, Ü 3
lloviendo bei Regen 7, Ü 14
lluvia Regen 9, Ü 4
lo *(Pers. Pron. Akk. mask.)* 5
Es lo que cuesta. Soviel kostet es. 8
Es lo único que no me gusta. Es ist das einzige, was mir nicht gefällt.12, Ü 19
Hago siempre lo mismo. Ich tue immer dasselbe. 12, Ü 1
Lo alquilo. Ich miete es. 5
lo demás der Rest, Ü 19 12
lo dicho wie gesagt 7
lo más importante das Wichtigste 10
¿Lo piden después? Bestellen Sie ihn später? 8
lo que das, was 8
Lo que pasa es que ... Es ist so, daß ... 11, Ü 11
Lo siento. Es tut mir leid. 11
lo último das letzte 6
Lo ve, ¿no? Sie sehen ihn, nicht wahr? 5
No lo veo. Ich sehe es nicht. 8
por lo de la polución wegen der Luftverschmutzung 5
por lo que respecta a... was ... angeht 6, Ü 11
todo lo que hacen los turistas alles das, was die Touristen machen 9
loco verrückt 7, Ü 14
locura Wahnsinn 10
lógicamente logischerweise 12, Ü 11
los (Pers. Pron. Akk. Pl. mask.) 5
Los deseo todos. Ich möchte alle. 11
No los puedo ver. Ich kann sie nicht sehen. 5
Los Hernández die Hernández 6
lotería Lotterie 2
*el **lugar*** Ort 4
lujo Luxus 2, Ü 14
la **luminosidad** Helligkeit 6, Ü 11
el **lunar** *hier:* Tupfen 4
de lunares gepunktet 4
luto Trauer 4, Ü 5

M

macedonia de fruta Obstsalat 8
machacar zerdrücken 8, Ü 4
madrileño Madrider 1, Ü 17; aus Madrid 10
madroño Erdbeerbaum 10
Maguncia Mainz 11, Ü 11
malo böse 10, Ü 12
la **mama** Mutter 4, Ü 5
manchego aus der Mancha 8
mando a distancia Fernbedienung 7, Ü 3
manga Ärmel 9, Ü 4
manía fixe Idee 12, Ü 1
el **mantel** Tischtuch 8
mantequilla Butter 1
mantilla *Spitzentuch für Kopf oder Schultern* 9
mañana por la mañana morgen früh 2
esta mañana heute morgen 1
mañanita = mañana Morgen 5
por la mañanita temprano morgens früh 5
maqueta Modell 10, Ü 13
máquina *hier:* Fotoapparat 10
la mar de bien unheimlich gut 1
maravillosamente fabelhaft 5, Ü 12
marcar *(marque) hier:* unterstreichen 10, Ü 12
marciano Marsmensch 8
marcharse weggehen 6
mariscos Meeresfrüchte 8
marrón braun 4
marroquinería feine Lederwaren 5
Marruecos Marokko 2
Marte Mars 8
más *hier:* plus 11
el mercado más grande de España der größte (Floh-)Markt Spaniens 10
el parque más famoso der berühmteste Park 10
Hay más de cinco mil videoclubs. Es gibt über 5000 Videoclubs. 4
la **plaza más bonita** der schönste Platz 10
las cosas más interesantes die interessantesten Dinge 10
lo más importante das Wichtigste 10
más adelante *hier:* weiter unten 4
son las más organizadas sie planen am genauesten 6, Ü 11
son las que más se fijan en... sie sind diejenigen, die am meisten auf ... achten 6, Ü 11
masticable kaubar 1
las **matemáticas** Mathematik 3
*el **material*** Material 4
*el/la **mayor*** der/die älteste 6
el mayor de los hijos der älteste Sohn 6
mayoritariamente die meisten 6, Ü 11
medalla Medaille 3
*la **medianoche*** Mitternacht 10, Ü 12
medicina Medizin 1
medicina general Allgemeinmedizin 1
medicina interna innere Medizin 1
médico Arzt 1
medieval mittelalterlich 7, Ü 12
en medio de mitten in 7
por medio de mittels, durch 7
*el **medio ambiente*** Umwelt 6, Ü 11
mejor
Es la mejor combinación. Das ist die beste Verbindung. 2
Es lo mejor. Das ist das Beste. 5
lo mejor das Beste 1
mejor dicho besser gesagt 7
mejor que antes besser als vorher 1
mejorarse sich bessern 1
*el/la **menor*** der/die Jüngste 6
la menor de los hermanos die Jüngste unter den Geschwistern 6
menor geringer 6, Ü 11; jünger 11;
dos años menor que Carlos zwei Jahre jünger als Carlos 11

menos *hier:* außer 12, Ü 1
los que menos se fijan en die am wenigsten achten auf ... 6, Ü 11
menos mal *hier:* immerhin 11
menos mal que Ein Glück, daß ... 9
el **mensaje** Nachricht 9, Ü 11
mensual monatlich 1, Ü 13
menta Minze 8, Ü 4
el ***menú*** MenÜ 8
mercromina Mercurochrom 1
merendar *(ie)* vespern 6
Mérida *Stadt in der autonomen Region Extremadura* 7, Ü 13
merluza Seehecht 8
meterse *hier:* untergehen 11
método *hier:* Art 6, Ü 11
mexicano mexikanisch 4
México D.F. (Distrito Federal) Mexiko-Stadt (Bundesbezirk) 4
mezclar mischen 10, Ü 13
mí mich, mir 7
A mí me encanta viajar. Ich reise für mein Leben gern. 7
para mí für mich 8
el **microondas** Mikrowellenherd 6, Ü 11
miedo Angst 11
mientras tanto inzwischen 4
miles Tausende 10
ministro Minister 4
miopía Kurzsichtigkeit 1
Miró, Joan (1893–1983) *span. Maler und Bildhauer* 3
misa Messe 10, Ü 12
misa del gallo Christmette 10, Ü 12
la ***mitad*** Hälfte 7, Ü 13
moda Mode 4
moderno modern 6
molestar stören 12, Ü 1
de un momento a otro jeden Augenblick 8
montar *hier:* aufstellen 10, Ü 13
Montroig *Ortschaft südwestlich von Tarragona* 7
morir *(ue, u)* sterben 3
mosaico Mosaik 3
motivo Motiv; Grund 5
con ese motivo aus diesem Grunde 5
por motivos de trabajo berufsbedingt 9, Ü 10
el ***motor*** Motor 3
movimiento *hier:* Hektik 6, Ü 1
M.P. = Media Pensión Halbpension 7, Ü 12
muchacho Junge 3
la ***muerte*** Tod 12, Ü 10
La muerte empieza a ser la nuestra. Der Tod beginnt, unserer zu sein. 12, Ü 10
No, mujer. Aber nein. 7
multicultural multikulturell 10
muñeco Puppe 10, Ü 13
Murcia *Autonome Region und Stadt* 8
murciano aus Murcia 8
Museo del Prado *eines der reichsten und bedeutendsten Museen der Welt* 10

N

nacer geboren werden 7
el día en que tu naciste der Tag, an dem du zur Welt kamst 11
nacido geboren 3
nacimiento Geburt 1, Ü 13
nacional *hier:* staatlich 4
nada
Nada de novio, guapo. Nichts da von wegen fester Freund, mein Lieber. 6
No había nada español. Da war nichts spanisch. 9
No me siento nada bien. Ich fühle mich überhaupt nicht gut. 1
No se da cuenta de nada. Er merkt nichts. 4
nadie niemand 12, Ü 1
naranja *inv* orange 4
la **nariz** Nase 1
narrar erzählen 10, Ü 13
nata Sahne 4
la **natación** Schwimmen 3
naturaleza Natur 7
naturalmente natürlich 7
Navarra *Autonome Region in Nordspanien* 2
negrito (= negro) kleines farbiges Kind 4, Ü 5
negro schwarz 3
nervio Nerv 5
nervioso nervös 1
neumático Reifen 11
nieta Enkeltochter 8
ningún kein 3
No practico ningún deporte. Ich mache keinen Sport. 3
no... hasta nicht ... bis 4
no... nada überhaupt nicht 1
no... nunca nie 5
(el) Niño Jesús Christkind 10, Ü 12
Nochebuena Heiligabend 10, Ü 12
el ***nombre*** Name 4
normal normal 1, Ü 17; 3
normalmente normalerweise 1
norteamericano nordamerikanisch 7, Ü 13
Noruega Norwegen 6
nos uns 8
¿Nos trae la cuenta? Bringen Sie uns die Rechnung? 8
notar bemerken 6, Ü 1
nublado bewölkt 7, Ü 14
la **nuez** Walnuß 10, Ü 13
número (de lotería) (Lotterie-) Los 2
numeroso zahlreich 4
nunca
No lo cojo nunca. Ich nehme es nie. 5
No lo uso casi nunca. Ich benutze es fast nie. 5
No se dice nunca español. Man sagt nie Spanisch. 3

O

o sea das heißt 5
objeto Gegenstand 10
la ***ocasión*** Gelegenheit 11
océano Ozean 12, Ü 10
ocio *hier:* Muße 4
oferta Angebot 6, Ü 11
oficial offiziell 3
oficialmente offiziell 11
ofrecer *(ofrezco)* (an)bieten 6
oftalmólogo Augenarzt 1
oído Gehör 1
oír *(oigo) hier:* besuchen 10, Ü 12
ojo Auge 1
opcional fakultativ 2, Ü 14
ópera Oper 4
la ***oposición*** (politische) Opposition 4
el **ordenador** Computer 3
orégano Oregano 8, Ü 4
oreja Ohrmuschel 1
organizar planen 6, Ü 11; veranstalten 7, organisieren 11
orgullo Stolz 6
orilla Ufer 11, Ü 11
os euch 11

Os espero. hier: Ich erwarte euch. 11
oso Bär 10
otro
Es otro. Das ist ein anderer. 6
otra vez 10

P

pa'l = para el für ihn 4, Ü 5
el **pabellón** Pavillon 12, Ü 1
el pabellón deportivo *hier:* Turnhalle 12, Ü 1
paciencia Geduld 8
*los **padres*** Eltern 7
paella Paella *(valencianisches Reisgericht)* 9
pagar bezahlen 4, Ü 5
pagar en efectivo bar bezahlen 2
¿Cuánto pagasteis? Wieviel habt ihr gezahlt? 7
pagué *(Indefinido pagar)* ich bezahlte 8
el **País Vasco** Baskenland 3
pajarito = pájaro Vogel 11
pájaro Vogel 4
el **paje** Page 10, Ü 12
Palabra. *hier:* Ehrenwort. 10
Palacio de Comunicaciones Hauptpostgebäude 10
Palacio de Villahermosa *Museum, das die Thyssen-Sammlung beherbergt* 10
pálido blaß 10, Ü 11
Pamplona *Hauptstadt der Autonomen Region Navarra* 2
pana Cord 4
pana de terciopelo Cordsamt 4
panecillo Brötchen 1
el **panel** Anzeigetafel 2
*el **pantalón*** Hose 4
el **papá** Papa 6
*el **papel*** *hier:* Rolle 6, Ü 11; Papier 8
(el) **papel de plata** Staniolpapier 10, Ü 12
*el **paquete*** Packung; Paket 1
*el **par*** Paar, zwei Stück 6
un par de einige 6
un par de horas einige Stunden 10
para
para mí für mich 8
¿Para qué día? Für welchen Tag? 2
para ti für dich 8
parada Haltestelle 5, Ü 2
pararse stehenbleiben 4
parecer
Parece ser algo sobre los toros. Es scheint etwas über den Stierkampf zu sein. 4
Parece un muchacho abierto. Er scheint ein offener Junge zu sein. 3
Parece verdad. Es scheint zu stimmen. 10
Pareciera que estás en... Es scheint, als wärest Du in ... 9, Ü 10
*el **parque*** Park 10
parrilla Grill 8
particular *hier:* Privat- 3
partida Partie, Spiel 4
partida de cartas Kartenspiel 4
parto Geburt 1
pasa Rosine 8, Ü 4
pasado vergangen 7
pasado mañana Übermorgen 11
el **pasaje** Passage 1
pasar *hier:* vorbeikommen 3
Pasan por delante de un escaparate. Sie gehen an einem Schaufenster vorbei. 4
pasear spazierengehen 4
Paseo de Gracia *Straße in Barcelona 3*
Paseo del Prado *breite Straße in Madrid* 10
pasillo Gang 2
pastilla Tablette 1, Ü 15
patata Kartoffel 8
patatas fritas Pommes frites 8
patatas hervidas Salzkartoffeln 8, Ü 5
patatas salteadas Röstkartoffeln 8
el **paté** Pastete 8, Ü 4
patena Hostienteller 6
Está limpia como una patena. Sie ist blitzsauber. 6
el **patinaje** Schlittschuhlaufen 3
el **patinaje sobre hielo** Eiskunstlauf 3
patita = pata Bein(chen) 4, Ü 5
pausa Pause 3
pavimento (Straßen-)Pflaster 3
pavo Truthahn 10, Ü 12
*la **paz*** Frieden 1
Paz, Octavio (* 1914) *mexikanischer Schriftsteller* 4
P.C.= Pensión completa Vollpension 7, Ü 12
peatona Fußgängerin 12, Ü 9
pecho Brust 1
pedir (i) bitten; *hier:* bestellen 8
*la **peli = película*** Film 4
película de terror Horrorfilm 4
pelo Haare 1
el **pendiente** Ohrring 12, Ü 1
pendiente *hier:* unerledigt 12, Ü 11
penicilina Penicillin 1, Ü 15
pensar (ie) denken; meinen 5
*la **pensión*** Pension 2, Ü 14; 4
*la **pensión completa*** Vollpension 2, Ü 14
pepino Gurke 8, Ü 4
pequeñito = pequeño sehr klein 7, Ü 14
percha Kleiderbügel 7, Ü 3
perdonar entschuldigen 7
perfecto *hier:* prima 2, Ü 10; 11
el **perfume** Parfum 10, Ü 12
Pero si está de moda. Es ist doch gerade modern. 4
Perón, Juan Domingo (1895–1974) *argentinischer Präsident* 11
perro Hund 1
el **personaje** Persönlichkeit 10, Ü 13
*el **personal*** Personal 2, Ü 14
personal persönlich 6
peruano peruanisch 12, Ü 8
pescado Fisch 6
el **pesebre** Krippe 10, Ü 12
la **peste** Pest 5, Ü 2
Picasso, Pablo (1881–1973) *spanischer Maler und Bildhauer* 9
piedra Stein 6, Ü 1
a pie zu Fuß 5
*la **piel*** Leder 4
pierna Bein 1
pila Becken 11
pila del bautismo Taufbecken 11
piloto Pilot 9, Ü 11
pimiento Paprika 8, Ü 4
el **pimpón** Pingpong 3
pinchazo Reifenpanne 11
pintar malen 9
*el **pintor*** Maler 11
el **piñón** Pinienkern 8, Ü 4
piragüismo Kanusport 3
pisito = piso (kleine) Wohnung 6
pista Spur 7
pizza Pizza 7
el **placer** Freude 7, Ü 14
planear planen 6, Ü 11

el **planeta** Planet 8
plástico Plastik 10, Ü 12
«Platero y yo» „Platero und ich" 3
platillo = plato Teller(chen) 8
plato Teller; Gang 6; *hier:* Gericht 8
playa Strand 7, Ü 14
Plaza de Cataluña *weitläufiger Platz in Barcelona 4*
Plaza de la Independencia *„Unabhängigkeitsplatz" (in Madrid)* 10
Plaza Mayor *großer Platz im Zentrum von Madrid* 10
la ***población*** *hier:* Wohnort 1, Ü 13; Bevölkerung 2
Pobrecitos. Die armen. 4
poco
poco después kurz darauf 1
poco después de la una kurz nach ein Uhr 6
un poco de leche etwas Milch 1
poético dichterisch 10, Ü 13
polca Polka 10
policíaca Krimi(nalfilm) 4
Las policíacas no me gustan. Ich mag keine Krimis. 4
política Politik 4
la **polución** (Luft-)Verschmutzung 5
polvo Staub 1
Estoy hecho polvo. Ich bin fix und fertig. 1
pollo Hähnchen 8
poner *(pongo)* setzen; stellen; legen 6; *hier:* zeigen 4, Ü 14
poner el televisor das Fernsehgerät einschalten 6
poner la mesa den Tisch decken 6
poner (los) acentos (die) Akzente setzen 12, Ü 1
Póngame... Bringen Sie mir bitte ... 8, Ü 5
¿Ha puesto las aspirinas? Haben Sie die Aspirin(tabletten) eingepackt? 1
popa Heck 9, Ü 13
popular Volks-10; *hier:* traditionell 11
popular(mente) volkstümlich 4
poquito = poco wenig 12, Ü 11
por
por cierto übrigens 8
por excelencia schlechthin 6, Ü 1
por fin endlich 12, Ü 10
por la mañanita temprano morgens früh 5
por la tarde am Nachmittag 3
por lo de la polución wegen der Luftverschmutzung 5
por lo que respecta a... was ... angeht 6, Ü 11
por medio de mittels, durch 7
por primera vez zum erstenmal 6
por tu cuenta *hier:* eigenständig 7, Ü 13
el **porcentaje** Prozentsatz 6, Ü 11
porra *(längliches) Ölgebäck* 1, Ü 17
Portobelo *Hafen in Panama* 9, Ü 13
el **porvenir** Zukunft 10
el **pozal** Schöpfeimer 7, Ü 14
practiqué *(Indefinido practicar)* ich habe geübt 7
Praga Prag 7
preceder vorangehen 10, Ü 13
precio Preis 4
¡Con los precios que tiene usted! Bei den Preisen, die Sie haben! 8
precisamente gerade; genau 1, Ü 15
preferentemente *hier:* hauptsächlich 6, Ü 11
preferir *(ie, i)* vorziehen 8, Ü 5
pregunta Frage 4
premio Preis 3
Premio de la Paz de los libreros alemanes Friedenspreis des deutschen Buchhandels 12, Ü 8
Premio Nobel Nobelpreis 3
preocupado besorgt 1
preocuparse por sich Sorgen machen um 6, Ü 11
preparar zubereiten; vorbereiten 6
la **preposición** Präposition 11
presentar vorstellen 7
el ***presidente*** Präsident 3
primero erster 2
¿Primera o segunda? Erster oder zweiter Klasse? 2
principal Haupt- 1
principalmente hauptsächlich 4
privado privat 4
proa Bug 9, Ü 13
probablemente warscheinlich; möglicherweise 1
el **probador** Umkleidekabine 4
el ***problema*** Problem 1
procedente de stammend aus 10
productos de higiene Hygieneartikel 1
la ***profesión*** Beruf 1, Ü 13
prohibir *(prohíbo)* verbieten 5
el **promotor** Förderer 1, Ü 12
pronunciar aussprechen 12, Ü 1
propio *hier:* typisch; eigen 7, 6, Ü 11
el/la **protagonista** *hier:* Hauptteilnehmer/in 6, Ü 11
la ***publicidad*** Werbung 10, Ü 12
público *hier:* Menschen 7, Ü 14
pude *(Indefinido poder)* ich konnte 9
puede *(ue) (Präs. poder)* er/sie kann 2
¿Puede cambiarlo? Können Sie es austauschen? 8
Puente la Reina *Knotenpunkt der verschiedenen europäischen Jakobswege* 2
Puerta de Alcalá *Triumphbogen zu Ehren Karls III. im Zentrum Madrids* 10
Puerta del Sol *berühmter Platz im Zentrum Madrids* 10
puerto Hafen 4
pues denn, weil 10
pues que... dann ... 11, Ü 11
Pues sí. Nun ja. 10
puesto (Verkaufs-)Stand 4
puesto *(Part. Perf. poner)* gelegt; gestellt 1
el **pulmón** Lunge 10
Punta del Este *Badeort in Uruguay 9*
punto Punkt 8
punto de venta Verkaufsstelle 2, Ü 5

Q

que
Que cuando vas a los sitios... Wenn du irgendwohin fährst ... 12, Ü 11
¡Que muera el castellano! Möge das Kastilische sterben! 3
¡Que se mejore! Gute Besserung! 1
qué
¿Qué clases son? Was für Unterricht ist das? 3

¿Qué deporte te gusta? Welche Sportart magst du? 3
¿Qué es lo que ha sido lo mejor...? Was war das Beste ...? 12, Ü 11
¡Qué envidia! Bin ich neidisch! 7, Ü 14
¿Qué foto está sacando? Was für ein Foto macht er gerade? 4
¿Qué le pongo? Was darf ich Ihnen bringen? 8, Ü 5
¡Qué linda está la mañana! Wie schön ist der Morgen! 11
Qué locura. Was für ein Wahnsinn. 10
¿Qué película ponen? Welcher Film wird gezeigt? 4, Ü 14
¡Qué suerte! Was für ein Glück! 4
¿Qué tal lo pasaron? Wie hat es ihnen gefallen? 7
¿Qué tal lo pasaste? Wie war es? 7, Ü 13
¿Qué talla tienes? Was für eine Größe hast du? 4
¿Qué tipo (de coche)? Was für ein Auto? 11
¡Qué va! Ach was! 4
¡Qué vida! Was für ein Leben! 9
quedar *hier:* sich verabreden 7
Quedamos en la agencia. Wir verabreden uns im Reisebüro. 7
quedarse bleiben 7
Me quedé allí. Ich blieb dort. 7
quedarse con nehmen; behalten 4
Me quedo con los vaqueros. Ich nehme die Jeans. 4
queja Beschwerde 8
quejarse sich beklagen; klagen 1
querer
quiera *(Konjunktiv Präsens querer)* 11
Quiero que tenga radio. Ich möchte, daß er Radio hat. 11
quitar (weg)nehmen 7
No vas a quitar importancia a Montroig. Du wirst Montroig nicht seine Bedeutung absprechen. 7
quitarse ausziehen 6

R

la **ración** Portion 8
la ***radio*** Radio 11
rallar raspeln 8, Ü 4
La Rambla *berühmte Straße in Barcelona* 3
Rambla de los Estudios *diese Straße Barcelonas hat ihren Namen von einer höheren Schule, die sich früher hier befand* 4
Rastro Madrider Flohmarkt 10
ratero (Taschen-)Dieb 10
Ratisbona Regensburg 3, Ü 6
raya *hier:* Streifen 4
a rayas gestreift 4
realista *inv* realistisch 2, Ü 6
realizar *hier:* tätigen 6, Ü 11; *hier:* machen 12, Ü1
realmente wirklich 9, Ü 10
rebeca Strickjacke 4
recetar verschreiben 1, Ü 15
reciclar wiederverwenden 6, Ü 11
la reclamación Beschwerde 8
recoger *(recojo)* zusammentragen 6, Ü 11
reconocer *hier:* zugeben 6, Ü 11
recorrer zurücklegen 10
recorrido Strecke 2, Ü 5; *hier:* Fahrt 2, Ü 14
recreo große Pause; Erholung(spause) 3
recto geradeaus 2
recuerdo *hier:* Souvenir 7, Ü 3; Erinnerung 9
Muchos recuerdos a tus padres. Viele Grüße an deine Eltern. 9
refresco Erfrischung 4
refugiado Flüchtling 10
Reg. = Régimen Regime 7, Ü 12
regalo Geschenk 9
regular nicht besonders gut 1
reino Königreich 2
Reino Unido Vereinigtes Königreich 6, Ü 11
reja Gitter 6, Ü 1
rejuvenecido verjüngt 7
relajado ausgeruht 2, Ü 5
relajarse sich entspannen 12, Ü 11
religioso religiös 10, Ü 13
el reloj Uhr 10
reparar reparieren 11, Ü 8
la representación Vorstellung 4
la representación Darstellung 10, Ü 12
el/la **representante** Vertreter/in 6
la reproducción Nachbildung 9
requerir *(ie, i)* verlangen 6, Ü 11
el requesón Frischkäse 8, Ü 4
reservar reservieren 8
resfriado Erkältung, Schnupfen 1
resfriado erkältet 1
el ***restaurante*** Restaurante 2
el restaurante de primera Restaurant erster Klasse 8
resultar *hier:* werden 11, Ü 9
Resulta que... Es ist so, daß ... 10
retablo *hier:* Heiligenbild 6, Ü 1
(el) **Retiro** *eine der größten Madrider Parkanlagen* 10
la ***reunión*** Zusammenkunft, Treffen 4
reunirse *(me reúno)* sich treffen 4; *hier:* sich versammeln10
revisar nachsehen 11
el ***rey*** König 10
el **día de Reyes** Dreikönigstag 10, Ü 12
los Reyes Magos die Heiligen Drei Könige 10, Ü 12
el **Rin** Rhein 11, Ü 11
el ***rincón*** Ecke 7, Ü 14
el **(río) Ebro** *Fluß, der ins Mittelmeer mündet 3*
Rioja *Autonome Region in Nordspanien* 8, Ü 4
Rivera, Diego (1887–1957) *mexikanischer Maler* 11
robar stehlen 7, Ü 3
Roda *Stadt in der Provinz Albacete* 8, Ü 4
rodeado de umgeben von 12, Ü 11
rogar *(ue)* bitten 11
Le ruego que lo firme abajo. Bitte unterschreiben Sie dort unten. 11
rojo rot 3
rojo coral korallenrot 4
rollo *hier:* langweiliger Schmarren 4
romántico romantisch 7, Ü 13
romper *(roto) hier:* brechen 6
Roncesvalles *berühmter Bergpaß (1070 m) in Navarra* 2
ropa Kleidung; Wäsche 4
(el) **roquefort** Käseart 8, Ü 4
rosa *inv* rosa 4
(el vino) rosado Roséwein 8, Ü 4
roto *(Partizip Perf. romper)* zerbrochen, kaputt 10
Rueda *Landstrich in der Provinz Valladolid* 8, Ü 4
el **ruiseñor** Nachtigall 11

S

sacar *hier:* machen 4; herausnehmen 9, Ü 4
¿Qué foto está sacando? Was für ein Foto macht er gerade? 4
Sagrada Familia *bis heute unvollendete Kirche des Architekten A. Gaudí 9*
la ***sal*** Salz 8
sala de cine Kinosaal 4
sala de estar Wohnzimmer 10, Ü 12
salado *hier:* versalzen 8
salgo *(Präs. salir) hier:* ich reise ab 9
salida *hier:* Abfahrt 2
salir de juerga zu einem Nachtbummel ausgehen 4
el **salmón** Lachs 10, Ü 12
salmón *inv* lachsrot 4
salsa Sauce 8, Ü 4
salteado leicht angeröstet 8
saludar grüßen 11
la ***sangre*** Blut 4
sanitario sanitär 1, Ü 12
Santander *Hauptstadt der Autonomen Region Kantabrien* 12, Ü 1
el ***santo*** *hier:* Namenstag 11
Saque la ropa. Nehmen Sie die Kleidungsstücke heraus. 9, Ü 4
satisfecho zufrieden 4
se man; sich (refl.) 3
se habla(n) man spricht 3
Se hablan otras lenguas. Man spricht weitere Sprachen. 3
Se vende de todo. Alles Mögliche wird verkauft. 10
seco trocken 4, Ü 5
seda Seide 4
segoviano aus Segovia 10
segundo zweite/r/s 2
de segunda mano aus zweiter Hand 10
¿De segundo? Als Hauptgericht? 8
Están con el segundo plato. Sie sind beim zweiten Gang. 6
seguramente sicherlich 4
Seguramente que mucho más. *hier:* Sicherlich viel heißer. 11, Ü 11
seguro sicher 2, Ü 5; 4
seguro Versicherung 2, Ü 14; 5
selva Urwald 9, Ü 10
semestral halbjährlich 1, Ü 13
sencillo einfach; schlicht 3
senderismo Wandern 3
sentado sitzend 4
sentarse *(ie)* sich setzen 1
Se sienta a la mesa. Er setzt sich an den Tisch. 6
Se sienta en una mesa libre. Sie setzt sich an einem freien Tisch. 1
sentir *(ie, i) hier:* bedauern, leid tun 11
sentirse sich fühlen 1
Me siento fatal. Ich fühle mich ganz schlecht. 1
No me siento nada bien. Ich fühle mich überhaupt nicht gut. 1
la ***señal*** *hier:* Piepton 9, Ü 11
el señor mayor älterer Herr 10
«El señor Presidente» „Der Herr Präsident“ 3
ser
Es la primera vez que... Es ist das erste Mal, daß ... 3
Es lo mejor. Das ist das Beste. 5
Es lo que cuesta. Soviel kostet es. 8
Es lo único que no me gusta. Es ist das einzige, was mir nicht gefällt. 12, Ü 11
Es otro. Das ist ein anderer. 6
Es muy diferente a/de Er ist ganz anders als ... 9, Ü 10
Es que yo trabajo... Es ist so, daß ich ... arbeite. 5
Es quien más ha hecho por... Er ist derjenige, der am meisten für ... gemacht hat. 10
serio ernst 2, Ü 6
servicio de cafetería Cafeteriabetrieb 2
servicios sanitarios Sanitäranlagen 1, Ü 12
servilleta Serviette 8
servir dienen 10
Sirve de pulmón a la ciudad. Er dient der Stadt als grüne Lunge. 10
si
Si allí nació Miró. Wo dort Miró geboren wurde. 7
Si ayer compré una igual. Aber gestern habe ich die gleiche gekauft. 8
si bien obschon 9, Ü 10
si es posible wenn es geht 1
si ir en tren o en coche ob mit der Bahn oder mit dem Wagen 11
Si lo va a alquilar un día... Wenn Sie ihn für einen Tag mieten ... 11
si no sonst 9
Si no es policíaca. Aber es ist doch kein Krimi. 4
Si no sabe cantar. Sie kann doch gar nicht singen. 6, Ü 13
Si no tienes vídeo. Du hast doch kein Video. 4
sierra Gebirge 9, Ü 10
siesta Mittagsschlaf 9
Siga. *(Imperativ seguir)* 10
siguiente folgend 2
silla Stuhl 4
simplemente einfach 4
Sitges *bekannter Küstenort südlich von Barcelona* 5
sitio Platz 10, Ü 12; *hier:* Ort 12, Ü 11
sobre *hier:* gegen 2
sobremesa Nachtisch 6
de sobremesa nach Tisch 6
social gesellschaftlich 4
socio Mitglied 1, Ü 13
soja Soja 8, Ü 4
la **soledad** Einsamkeit 3
solicitar erbitten 1
Soliciten hora. Lassen Sie sich einen Termin geben. 1
solomillo „Filet; Lendenstück“ 8
soltero ledig 6
soltero y sin compromiso Junggeselle und noch zu haben 6
sonar *(ue)* klingeln 11
soñar con *(ue)* träumen von 6, Ü 11
sopa Suppe 6
soportar ertragen 1
subir hinaufgehen 4; *hier:* einsteigen 10
subrayar unterstreichen 2, Ü 14
sucio schmutzig 8
los **suegros** Schwiegereltern 11
suelo *hier:* Fußboden 6, Ü 11
suizo Schweizer 7
Sup. = Suplemento Aufpreis 7, Ü 12
«Súper Mario» *beliebtes Videospiel 3*
el ***súper = supermercado*** Supermarkt 8
sus ihre, seine, Ihre 7
sustituir ersetzen 4

T

Talgo (Tren Articulado Ligero Goicochea-Oriol) *span. Schnellzug* 2
talla Kleidergröße 4
¿Qué talla tienes? Was für eine Größe hast du? 4
el **taller de confección** Schneiderwerkstatt 6
tampoco auch nicht 4
Tampoco nos podemos quejar. Wir können uns auch nicht beklagen. 4
el **tampón** Tampon 1
tan
No es tan alta como... Sie ist nicht so hoch wie... 4
No lo tienen tan fácil. Sie haben es nicht leicht. 10
Son algo tan importante como... Sie sind so wichtig wie ... 4
tan emocionado que... so begeistert, daß ... 4
tanto (s,-as)
una familia como tantas eine Familie wie viele andere 6
Tarazona *Stadt in der Provinz Zaragoza mit Bauwerken im Mudejarstil* 6
tardar Zeit brauchen 2
Hemos tardado tres cuartos de hora. Wir haben eine Dreiviertelstunde gebraucht. 5
¿Cuánto tarda el tren? Wie lange braucht der Zug? 2
tarde
por la tarde am Nachmittag 3
Por la tarde siguen las clases. Am Nachmittag geht der Unterricht weiter. 3
tarjeta Karte; *hier:* Kreditkarte 2
tarjeta de crédito Kreditkarte 11
tarjeta de visita Visitenkarte 11
Tarragona *Provinz mit gleichnamiger Hauptstadt in der Autonomen Region Katalonien* 7
el ***taxi*** Taxi 5
taza Tasse 1
el ***té*** Tee 1
Gran Teatro del Liceo *grandioser Opernsaal mit 3500 Sitzplätzen* 4
los **tejanos** Jeans 4
Telediario *Nachrichtensendung ähnlich der Tagesschau* 6
«Televisa» *mexikanische Fernsehgesellschaft* 4
el televisor Fernsehgerät 6
templo Tempel, Kirche 3
Templo del Pilar *berühmte Kirche in Zaragoza* 3
el ***tenedor*** Gabel 8
tener que
Tenemos que estar en Pamplona... Wir müssen in Pamplona sein 2
tener ganas de Lust haben zu 7
tener pendiente una cosa etwas erledigen müssen/wollen 12, Ü 11
¡Tengo ganas de hacer un viaje! Ich habe Lust, eine Reise zu machen! 7
Tengo la depre. Ich bin völlig deprimiert. 1
Tengo mucha hambre. Ich habe großen Hunger. 8
Tengo que comprarme unos vaqueros. Ich muß mir Jeans kaufen. 4
Tenía que verlo. Ich mußte es sehen. 7, Ü 14
Tiene razón. Sie haben recht. 8
tenga *(Konj. Präsens tener)* 11
el **tenis** Tennis 3
la tercera edad Senioren(alter) 4
tercero dritter 10
terciopelo Samt 4
ternera Kalb 8
el **terror** Horror 4
«Tetris» *beliebtes Videospiel* 3
ti dich, dir 8
para ti für dich 8
Te las cantamos a ti. Wir singen sie dir. 11
tienda Laden 4
tienda de ropa Bekleidungsgeschäft 4
el **timbre** *hier:* Zeichen 6, Ü 1
el **timonel** Steuermann 9, Ü 13
tinto *hier:* Rotwein 8
tipo *hier:* Art 4; Typ, *hier:* Wagenklasse 11
de todo tipo jeglicher Art 4
tirar werfen 10, Ü 12
tirita Pflasterstrip 1
toalla Handtuch 7, Ü 3
todo
De todas formas quizás mejor el tren. Jedenfalls ist der Zug vielleicht besser. 2
de todo tipo jeglicher Art 4
No todo el mundo entendía inglés. Nicht jeder verstand Englisch. 11, Ü 11
Pero si todo el mundo habla inglés. Aber es sprechen doch alle Englisch. 7
Se vende de todo. Alles Mögliche wird verkauft. 10
toda la semana die ganze Woche 1
todas las noches jeden Abend 1
Todas son igualmente bonitas. Alle sind gleich schön. 9, Ü 10
todo tipo de... jede Art von ... 6
todo recto immer geradeaus 2
el **tofu** Tofu 8, Ü 4
toledano aus Toledo 10
Toledo *Hauptstadt der gleichnamigen Provinz in Castilla-La Mancha* 10
tomar el pelo auf den Arm nehmen; hereinlegen 8
torera Stierkämpferin 1
los ***toros*** *hier:* Stierkampf 4
tortilla Omelett 6
toser husten 4, Ü 5
va tosiendo sie hustet (unentwegt) 4, Ü 5
tostada Toastbrot 1, Ü 17
tostar *(ue)* rösten 10, Ü 13
en tono festivo *hier:* feierlich geschmückt 10, Ü 13
en total im ganzen 11, Ü 9
Trabaja de contable. Sie arbeitet als Buchhalterin. 6
trabajo Arbeit 4
traer *(traigo)* (her-, mit-)bringen 8
Yo lo traigo aquí... Ich bringe ihn hier ... 9, Ü 12
alto tráfico starker Verkehr 2, Ü 5
el ***traje*** Anzug 4
el traje (de) chaqueta Kostüm 4
la **tranquilidad** Ruhe 7, Ü 14
tranquilo ruhig 4
transferible Übertragbar 2, Ü 5
transportar *hier:* versetzen 6, Ü 1
tratamiento Behandlung 1
tratar de... versuchen zu ... 2
el ***tren*** Zug 2
a todo tren ganz schnell 2, Ü 5
tres cuartos de hora Dreiviertelstunde 5

Tréveris Trier 3, Ü 6
triángulo Dreieck 10
trimestral vierteljährlich 1, Ü 13
Trinidad Trinidad 9, Ü 13
triste traurig 1
Tudela *Stadt in der Autonomen Region Navarra* 6, Ü 1
tumulto Tumult 12, Ü 11
turístico turistisch 2, Ü 14
el **turrón** *Süßigkeit, die aus Mandeln und Honig hergestellt und zu Weihnachten gegessen wird* 9
tus deine 7
tuve *(Indefinido tener)* ich hatte 9

U

¡Uff! Ach 4
último letzte/r/s 2
la última en llegar die letzte, die kommt 6
único einzig 12, Ü 11
uno *hier:* man 5
Uno va de atasco en atasco. Man fährt von einem Stau in den anderen. 5
¿Hay uno sobre las diez? Gibt es einen Zug gegen 10 Uhr? 2
unos, unas *hier:* ungefähr 2
Hay unos 500 kilómetros. Es sind ungefähr 500 Kilometer. 2
unos días más tarde einige Tage später 8
la **urbanización** *hier:* Feriensiedlung 7
uso Gebrauch 6, Ü 11
ustedes Sie (Pl.) 1
utilizar benutzen 2, Ü 5

V

las ***vacaciones*** Urlaub 1, Ü 15
vajilla Geschirr 6
Valdepeñas Stadt in Castilla-La Mancha 8, Ü 4
Vale. Einverstanden. 4
valenciano Valencianisch 3
válido gültig 2, Ü 5
vamos *(Präsens ir)* wir gehen 2
Vamos, es lo que yo pienso, ¿eh? Also, das ist meine Meinung, nicht wahr? 5
los **vaqueros** Jeans 4
Vargas Llosa, Mario (*1936) *peruanischer Schriftsteller 8*
la **variante** Variante 3
varios mehrere 1
vasco baskisch 2
vasito = vaso Gläschen 6
¡Vaya líos! Was für ein Durcheinander! 6
vegetal *hier:* aus Gemüse 8, Ü 4
vela Segelsport 3
el/la **vendedor/a** Verkäufer/in 2
Venecia Venedig 7, Ü 14
venéreo Geschlechts- 1
vengo *(Präs. venir)* ich komme 5
ventaja Vorteil 2, Ü 5
ventana Fenster 8
ventanilla Schalter(fenster) 2; *hier:* Fensterplatz 2; *hier:* (Auto-) Fenster 5
ver
¿Visteis un poco del Rin? Habt ihr ein bißchen vom Rhein gesehen? 11, Ü 11
La verdad es que... Eigentlich 7, Ü 13
verde botella *inv* flaschengrün 4
verde musgo *inv* moosgrün 4
verdura Gemüse 6, Ü 11
verso Strophe 10
vestido Kleid 4
veterano *hier:* alt 12, Ü 10
el ***viaje*** Fahrt; Reise 2
el viaje organizado organisierte Reise 7
victoria Sieg 4
mi vida *hier:* mein Schatz 10, Ü 11
vídeo Video 4
el videoclub Videoclub 4
vidriera *(LAm)* Schaufenster 9
mirar vidrieras Schaufensterbummel machen 9
vidrio Glas 6, Ü 11
los «viejos» die „Alten", Eltern 6
el **vientre** Bauch 1
en vigor gültig 7, Ü 12
villancico Weihnachtslied 10, Ü 12
vino
vino de la casa Wein der Hausmarke 8
vino tinto Rotwein 6
visitar besuchen 5
visto *(Part. Perf. ver)* gesehen 4
vital vital 11
vivir
¡Viva el español! Möge das Spanische hochleben! 3
Se vive más que durante el invierno. Man lebt mehr als im Winter. 12, Ü 11
vocabulario *hier:* Wörterverzeichnis 2, Ü 14
volar *(ue)* fliegen 9
volver *(ue)* zurückkehren 3
vosotros ihr 4
vuelo Flug 3
vuelo sin motor Segelfliegen 3
vuelta Rückfahrt 2; Rückkehr 12, Ü 11

W

el **whisky** Whisky 8
el **windsurf** Windsurfing 3

Y

¡Ya lo creo! Das glaube ich (gern). 8
el **yogur** Joghurt 8, Ü 4
yudo Judo 3

Z

Zafra *Stadt im Süden der Autonomen Region Extremadura* 1
zanahoria Karotte 8, Ü 4
zapato Schuh 9
Zaragoza *Hauptstadt der Autonomen Region Aragonien* 3
¡zas! patsch! 4, Ü 5
zona verde Grünanlage 10